多边贸易体制的

理论与实践

庄惠明 ◎ 著

厦门大学出版社

XIAMEN UNIVERSITY PRESS

国家一级出版社

全国百佳图书出版单位

摘　要

　　当前国内外学界对世界贸易体制的研究主要基于国际法学角度,国际贸易体系作为国际贸易研究的三大方向之一,其研究范式理应与传统国际经济学的研究框架保持一致。20 世纪 90 年代后期,多边贸易体制经济学研究范式的提出,使得对世界贸易体制的研究"回归"到国际经济学研究框架中,初步实现了经济学与国际法学的交叉融合。

　　本书的逻辑结构主要分三个层次展开:一是基于经济学研究范式对多边贸易体制的理论基础、制度特征以及多边贸易谈判的三大特征等进行分析;二是对多边贸易体制的实践与绩效进行考察,并从多哈发展议程视角剖析多边贸易体制的深层危机;三是在多边贸易体制框架下探讨中国参与 WTO 的绩效与应对策略。

　　首先,通过对多边贸易体制不同研究范式的比较,重点阐述了多边贸易体制经济学研究范式的基本框架,分析了该体制的内在逻辑,回答了贸易协定存在的目的,即各国在特定目标函数下,通过制度化的合作博弈(贸易协定),提供一个能避免陷入由贸易条件变化导致的"囚徒困境",改善整体福利水平的制度框架,并对多边贸易体制的主要制度特征进行进一步的扩展分析。在此基础上,从博弈的角度,指出多边贸易体制的规则导向、国际贸易利益分配和成员实力的非对称性,决定了多边贸易谈判过程是一个动态的竞争又合作的博弈过程,分析了多边贸易谈判的三个明显特征:基于演化的共赢性博弈;基于最优关税组合的多层合作博弈和一揽子议题谈判下的市场准入交换博弈。

　　其次,对多边贸易体制的实践与绩效的考察,基本证实了多边贸易体制经济学研究范式得出的结论:虽然"多哈发展议程"的进展中遇到一些挫折,突显多边贸易体制的深层危机,但并非意味着多边贸易体制的毁灭;战后世界经济发展的实践证明,一个具有权威的、合理的多边贸易体制是符合各方利益的。本书试图从多哈发展议程视角分析多边贸易体制的困境,为多边贸易体制的健康发展寻找改革的方向。

最后,基于上述对多边贸易体制的理论和实践的认识,本书认为,作为WTO成员和一个发展中的贸易大国,中国在推动多边贸易体制发展和参与多边贸易体制中应有自己的立场和作为,必须在维护中国主权和国家利益、进一步开放市场和促进改革的前提下,积极推动多边贸易体制的改革和发展,享受多边贸易自由化的成果。本书从多边贸易体制、区域经济合作、国内贸易改革三个方面提出了相关的对策建议。

本书的主要结论是,多边贸易体制制度安排的内在机理是实现互惠性的合作共赢博弈,也是目前为止最理想的国际贸易体制,其所代表的共赢贸易理念是在国家界限存在情况下,国际贸易理论演化的最高阶段,一个具有权威的、合理的多边贸易体制是符合各方利益的。多边贸易体制的实践和绩效表明,在多边贸易体制发展进程中出现的一些困境和挫折是正常的现象,符合事物发展的客观规律,各成员方只有积极推动多边贸易体制的改革和发展,才能更好地享受多边贸易自由化带来的成果。

关键词:多边贸易体制;理论;实践;策略

目 录

第一章　导　论

一、研究背景

　　有关多边贸易体制本身的性质、特征、运行的机理、谈判的博弈特点、成员方参与其中的政治与经济互动的状态以及未来走向等核心问题,历来有不同的观点。例如,有些发展中国家或地区认为 GATT/WTO 是"富人俱乐部",甚至将其看作是"国际剥削工具";冷战时期,有些计划经济国家则把多边贸易体制看作是"资本主义国家俱乐部",是不公正、不合理的国际经济秩序的基石;有些中小发达成员则把 WTO 看作是几个贸易大国垄断的"国际警察署";还有一些知名经济学家把 GATT/WTO 看作是"空谈俱乐部";有些国际法学家则把 WTO 看作是"只会务虚,不会求实"的一个经济论坛。在乌拉圭回合暂时搁浅和当前多哈发展议程谈判遇到较大困难的时候,有一种观点被追捧,即以 WTO 为代表的多边贸易体制在所进行的贸易自由化、协调实施、功能发挥等方面远不如自由贸易区、关税同盟等区域经济合作组织,甚至为其前途忧心忡忡。应该说,这些看法大多是消极的或者情绪化的,不是与时势和实际不符,就是偏离了世界经济客观发展的主流,难以对多边贸易体制的性质和内涵作出较为客观冷静的分析。

　　多边贸易体制的本质是什么? 多边贸易体制的设计理念是什么? 多边贸易体制下的多边与双边贸易谈判有何博弈特征? ……虽说中国加入WTO 已经很久,但国内对多边贸易体制内在逻辑的理解依然存在混乱,这已成为困扰中国积极参与 WTO 和经济一体化并谋求和平发展的障碍,急需有的放矢地加以澄清;也依然存在许多与中国战略需求不一致的体制障碍,急需比照多边贸易体制对成员的资格要求进行改革,以便谋取国家利益的最大化。不弄清楚上述这些问题,就无法解决中国在复杂多变的国际政治与经济关系中如何应对的问题。因而,解决对多边贸易体制的深层次认识问题已经成为当务之急,而且对解决中国如何参与多边贸易体制的策略问题具有极为重要的现实意义。

多边贸易体制作为国际经济领域的一项重要实践成果,在相当长的一段时期中,经济学都无法对这种实践成果作出规范的经济学解释,只是从实证的角度分析高关税对贸易的发展不利,而低关税有利于贸易发展,这一结论同以比较优势为基础的自由贸易的理论是相一致的,以至于一种不甚明了的观点由此产生,即认为多边贸易体制的理论基础是自由贸易主义的理论。目前,这一结论已经成为国内学界的主流观点,并成为有关世界贸易组织本科教材的内容广为讲授。

但是,直到现在,"GATT 和 WTO 还没有成为规范经济学系统分析的对象"(Bagwell,2002)[①]。上述这种认识更多的是定性的考查,不是基于严格的经济学分析工具。在克鲁格曼对 GATT 是否存在经济学的理论基础提出质疑之后,西方经济学界开始尝试用规范的经济学方法分析多边贸易体制的内在逻辑。早在 20 世纪 60 年代后期,法律方面的学者就开始从国际法的角度积极探索 GATT 原则的内在逻辑,但国际贸易体系作为国际贸易研究的三大方向之一,随着 WTO 的成立及多边谈判进程的深入,正在成为国际经济学的一个热点。这种引入了西方经济学理论的新研究范式,体现了多边贸易体制研究的突破,使得对多边贸易体制的研究"回归"到国际经济学研究框架中,初步实现了经济学与国际法学的交叉融合。

本研究正是基于这样的背景展开的,研究主题是以 GATT/WTO 的理论与实践为基础,寻求用合理的经济学研究范式来解释当今多边贸易体制。本书的写作初衷是希望在规范的经济学系统分析基础上,对多边贸易体制的内在逻辑、规则设立、谈判特征、实践绩效和未来发展等方面进行研究,认清多边贸易体制的本质及特征,以有助于正确把握 WTO 各项原则的度,从而为中国参与多边贸易体制提供决策依据和对策建议。

[①] Bagwell,Kyle,and Robert W. Staiger. The Economics of World Trading System [M].Cambridge Ma:MIT Press,2002:97－98.

二、相关研究的现状评述

翻阅世界经济、法律的研究资料,不难发现,针对某一国际组织的研究文献,最多的应首推 GATT 与 WTO。不仅如此,针对多边贸易体制的研究形成了若干个经济、法律和国际关系(政治)等方面的研究方法,这些方法构成了分析多边贸易体制的不同的研究范式基础。概括地归类,国内外对多边贸易体制的研究主要采用了三种范式:以博弈论为背景的经济学研究范式,以国际关系理论为基础的政治学研究范式,以及以法理学为基础的法学研究范式。

其中,多边贸易体制的经济学研究范式的形成有一个过程。从 20 世纪 80 年代后期开始,随着人们对博弈论的逐渐熟悉和了解,特别是随着博弈论在经济学领域的广泛应用,人们开始尝试用博弈论这一全新的分析方法来阐述 GATT 和 WTO 存在的理论基础。最早将博弈论引入宏观决策分析和国际经济政策协调领域的是施希托夫斯基(Scitovsky)[1]和约翰逊(Harry Johnson)[2],他们于 1942 年和 1953 年分别撰写了有关关税和贸易报复的文章,这是较早从博弈论的角度对国际贸易冲突进行的一种探索性分析。1995 年,美国经济学家克鲁格曼(Krugman)[3]对国际贸易冲突进行了较好的分析,对贸易冲突的协商机制进行过研究;格罗斯曼(Grossman)[4]进一步认为加强贸易协商和合作有利于减少贸易冲突。这些研究为从博弈论角度研究 GATT/WTO 的存在奠定了坚实的理论基础。然而,真正从博弈论角度研究 GATT/WTO 的是美国学者约翰·麦克米伦(John McMillan),他于 1986 年出版了专著《国际经济学中的博弈论》[5]。该书虽然并没

---

[1]　Tibor Scitovsky. A Reconsideration of the Theory of Tariffs[J].Review of Economic Studies,1942:2.

[2]　Harry Gordon Johnson. Optimum Tariffs and Retaliation[J].Review of Economic Studies,1953,21(2).

[3]　Krugman. The Illusion of Conflict in International Trade[J].Peace Economics, Peace Science and Public Policy,1995:2.

[4]　Grossman. Trade Wars and Trade Talks[J]. Journal of Political Economy, 1995:103.

[5]　约翰·麦克米伦.国际经济学中的博弈论[M].北京:北京大学出版社,2004.

有直接以 GATT 与 WTO 作为研究对象,但却用数理经济学的方法建立关税博弈模型,证明了"互惠的贸易协定(关税削减)能增进国民福利",从而为 GATT/WTO 这种最典型互惠贸易协定的确立和存在奠定了理论基础。而进入 20 世纪 90 年代之后,逐渐有学者开始有针对性地运用博弈论来解决 GATT 与 WTO 的规则体系问题。其代表人物有托马斯·亨格福德(Thomas Hungerford)。1991 年,他在《国际经济学杂志》发表了一篇题为《关贸总协定:在非合作贸易制度下的合作均衡》的文章,将关税博弈研究扩大至非关税博弈领域,从而得出与关税博弈相类似的结论,即"非关税壁垒的削减也会增加双方的福利"。[①] 此外,霍克曼(Bernard M. Hoekman)和考斯泰基(Michel M. Kostecki)两位经济学家为将博弈论应用于世界贸易体制的研究做出了开创性的探索。在《世界贸易体制的政治经济学》一书中[②],作者在论述多边贸易自由化概念时,指出"在 WTO 支持下的多边贸易谈判是多阶段、多议题、多方的博弈",进而从博弈论的视角论述了 WTO 多边贸易谈判的互惠性及其机制。贝格威尔和思泰格尔以贸易条件博弈作为切入点,用一般均衡模型展开分析,提出了贸易条件模型,揭示了国际贸易协定的真正含义是用来解决贸易条件外部性的,这个观点解释了 GATT/WTO 的许多特征。

至于国内将博弈论运用于 GATT/WTO 体制的研究则更属于一个全新的领域。从 2001 年以来,基于这种研究而形成系统理论的,仍然较为少见。其中主要代表成果有:《WTO 体制、规则与谈判:一个博弈论的经济分析》(盛斌,2001)、《世界贸易组织的博弈分析》(夏晖、韩轶,2001)、《由 WTO 谈判所衍生的博弈研究》(施锡铨,2001)、《多边贸易自由化与区域贸易协定:一个博弈论分析框架》(谢建国,2003)、《世界贸易组织多边贸易体制的博弈分析》(胡磊,2004)、《试析多边贸易体制谈判中的博弈战略问题》(刘光溪,2004)、《WTO 制度的博弈分析》(冯春丽,2005),以及《共赢博弈论》(刘光溪,2007)等。此外,国内还有学者用博弈论解释 WTO 体制某一具体规则或者国际贸易政策制定过程中的博弈。在上述文献中,盛斌教授

---

① Thomas Hungerford. GATT:A Cooperative Equilibrium in a Noncooperative Trading Regime[J].Journal of International Economics,1991:30.

② Bernard M. Hoekman,Michel M.Kostecki. The Political Economy of the World Trading System—From GATT to WTO[M]. Oxford:Oxford Press,1995.

在借鉴贝格威尔和思泰格尔博弈模型的基础上,对 WTO 的体制与核心规则进行了较为系统而科学的理性分析,并结合 WTO 规则的具体含义、功能和谈判策略及技巧,对相关模型进行了分析和论证,阐明 WTO 的设计原则、运行机理和哲学思想。该文可以说是国内运用博弈论研究 GATT 与 WTO 的开山之作。夏晖博士则借鉴了麦克米伦的两国关税政策静态博弈模型,从博弈论角度分析了 WTO 成立的原因及条件。该文为用数理博弈模型研究 GATT 与 WTO 提供了一个新视角。刘光溪教授从历史、制度、文化以及政治与经济互动的整体与立体、多维与系统的视角,首先总结具体的实践,回归到指导和规范这一实践的制度体系,加以验证,然后符合逻辑地提出了共赢性博弈论,该书可以说是国内应用合作博弈理论来分析多边贸易体制的较为重要的著述。

尽管对世界贸易体制的规范经济学分析比规范的法学分析晚了 30 余年,但国内外学者在这一方向的努力正逐渐促成研究范式的转变,这也为本书的研究提供了最原始的素材和基本出发点。但随着多哈发展议程的深入,驱动多边贸易体系的动力——谈判的运行机制出现了一些新的特点,如谈判博弈的共赢演化、基于最优关税组合的多层合作博弈及一揽子议题谈判下的市场准入交换博弈,等等,这些在多边贸易体制经济学研究范式中较为鲜见。此外,如何基于经济学范式看待陷入困境的多哈发展议程、未来多边贸易体制的发展等问题,重建人们对 WTO 的信心,以及在弄清了多边贸易体制本身的内在运行机理和发展趋势后,中国如何参与多边贸易体制,这些也是值得研究的问题。

三、研究思路与分析框架

作为一种尝试性的研究,本书的重点并不在于用大量篇幅来构建一个庞大的体系,而是层层递进地对多边贸易体制的理论与实践进行深入分析。根据研究思路,本书以多边贸易体制的经济学研究范式的梳理作为切入点,将其与法学、政治学研究范式的联系与区别做详细分析,深化对经济学研究范式的进一步理解,并对 GATT/WTO 的几大核心原则做出经济学解释。然后在多边贸易体制下的经济学研究范式下,分析多边贸易体制的一个重要机制——谈判机制的特征。由此揭示多边贸易体制本身的内在运行机理,得出相关的结论。之后对多边贸易体制的实践与绩效进行实证分析,对相关结论提供初步的验证,并进一步分析多哈发展议程陷入困境的原因,提出改进多边贸易体制的思路。最后,对中国参与多边贸易体制的贸易政策调整进行了实证分析,提出中国参与多边贸易体制、推动多边贸易体制的策略。

本书的分析框架如下:

第二章、第三章是对多边贸易体制理论的分析。第二章通过对多边贸易体制不同研究范式的比较,重点阐述多边贸易体制经济学研究范式的基本框架,分析该体制的内在逻辑,并对多边贸易体制的主要制度特征进行进一步的扩展分析。第三章从博弈的角度,指出多边贸易体制的规则导向、国际贸易利益分配和成员实力的非对称性,决定了多边贸易谈判过程是一个动态的不断竞争又不断合作的博弈过程,此外还分析了多边贸易谈判的特征。

第四章是对多边贸易体制实践的分析。通过对多边贸易体制的实践与绩效的考察,验证多边贸易体制经济学研究范式得出的结论。同时结合当前多边贸易谈判进展缓慢,区域集团化(包括双边 FTA)的浪潮日益高涨,分析了两者之间的互补竞争关系,并从静态和动态两个方面对多边贸易体制与区域集团的互动效应分别给予验证。最后从多哈发展议程视角分析多边贸易体制的困境,为多边贸易体制的健康发展寻找改革的方向。

第五章考察了中国参与多边贸易体制的实践、绩效与遇到的挑战,指出加入 WTO 在给中国带来贸易和经济快速增长的同时,也给中国外贸的进一步发展带来了不和谐的因素。

第六章基于上述对多边贸易体制的理论和实践的认识,提出中国推动多边贸易体制、参与多边贸易体制以及应对挑战的策略。

四、研究的创新与不足之处

本书吸收与借鉴了前人的研究成果,并结合近几年的研究心得,力求在以下几方面有所创新与突破:

第一,对多边贸易体制的研究范式进行重新梳理,理清当前该领域混乱的研究思路,追求研究范式的创新,寻求用合理的理论框架来解释当今多边贸易体制,认清世界贸易体制的本质及特征。同时将不同研究范式进行比较,指出其异同点及其在贸易政策制定中所起的不同作用。

第二,对多边贸易谈判运行机制的特征进行归纳总结,并逐一建立数理模型展开分析,指出多边贸易谈判具有基于演化的共赢性博弈、基于最优关税组合的多层合作博弈和一揽子议题谈判下的市场准入交换博弈等特征,这对指导中国充分利用多边贸易体制,争取有利的谈判地位和贸易利益有重要的启示作用。

第三,基于经济学范式分析陷入困境的多哈发展议程,以及未来多边贸易体制的发展等问题,重建人们对 WTO 的信心,并就中国如何参与多边贸易体制提出针对性的策略。

本书的写作经过一段较长的曲折过程,在长时间的写作过程中,笔者时常感到力不从心,加上自身学识积累和研究水平有限,对该领域的研究时间较短,无法非常深入、准确地把握研究对象的内在机制和变化规律,因而存在的缺陷和不足一定不少。

首先,理论的理解、掌握和应用方面存在不足。多边贸易体制的经济学研究是 20 世纪 90 年代中期国际贸易理论研究的一个新领域,涉及的研究方法较前沿,相关的理论还未完全成熟,尚在不断发展中。由于笔者初步涉及该领域的研究,无法彻底、全面地理解和掌握该领域理论的精髓与内涵,只能提取其某些观点和思想进行分析与探讨。

其次,研究方法有待进一步完善。在研究方法上,一方面多边贸易体制的实证分析较难,另一方面笔者尚无法熟练自如地运用定量分析等交叉学科知识,因此本书偏重理论分析和主观描述,对多边贸易体制的绩效分析还不能用较前沿的计量工具展开分析。

第二章　多边贸易体制的
经济学研究范式

　　当前国内外学界对世界贸易体制的研究主要基于国际法学角度。20世纪 60 年代后期,法律方面的学者开始从国际法的角度积极探索 GATT原则的内在逻辑,把 WTO 当作一个国际组织进行研究,通过对 WTO 的结构、功能和改革趋势等法律制度安排及实践的法学剖析,深入分析其背后所包含的国际法关系中的国家主权让渡与博弈(张军旗,2005),以及 WTO 的法律制度安排在促进贸易自由化进程中的法理学(McGinnis,2000)等等。除此之外,相关学者还从国际政治学等角度,运用国际机制理论,通过国际机制变迁模式分析多边贸易体制的产生、变迁路径和发展趋势(罗伯特·基欧汉,2002)。

　　国际贸易体系与国际贸易理论、国际贸易政策并称为国际贸易研究的三大方向,其研究范式[①]理应与传统国际经济学的研究框架保持一致。在Krugman 提出 GATT 是否存在经济学的理论基础的质疑(Krugman,1997)后,西方经济学界开始尝试使用规范的经济学方法分析世界贸易体制的内在逻辑。目前这方面的研究处于初步阶段,成果比较零散,但这个研究范式的转变趋势正在逐渐形成。随着 WTO 的成立及多边谈判进程的

---

　　① 范式是美国著名科学哲学家库恩在《科学革命的结构》(1968)中提出的一个词语,指常规科学所赖以运作的理论基础和实践规范。范式是从事某一科学的研究者群体所共同遵从的世界观和行为方式,它包括三个方面的内容:共同的基本理论、观念和方法;共同的信念;某种自然观(包括形而上学假定)。范式的基本原则可以在本体论、认识论和方法论三个层次表现出来,分别回答的是事物存在的真实性问题、知者与被知者之间的关系问题以及研究方法的理论体系问题。这些理论和原则对特定的科学家共同体起规范的作用,协调他们对世界的看法以及他们的行为方式。

深入,它正在成为国际经济学的一个热点。这种引入了西方经济学理论的新研究范式,体现了世界贸易体制研究的突破,使得对世界贸易体制的研究回归到国际经济学研究框架中,初步实现了经济学与国际法学的交叉融合。

第一节　多边贸易体制研究范式的比较

对多边贸易体制的研究范式,主要有三种:法学范式、政治学范式、经济学范式。法学范式的研究在时间上比经济学范式早了 30 年。本书基于经济学的视角,将多边贸易体制的不同研究范式进行比较,探讨经济学范式的特点。

一、多边贸易体制的法学、政治学研究范式

(一)法学研究范式

多边贸易体制的法学研究范式主要包括两个层面:一是对 WTO 具体法律问题的探讨,主要包括对 WTO/GATT 原则、规则、争端解决机制等具体问题的法学剖析,这方面的相关研究文献几乎涵盖 WTO 的方方面面,国内法律方面的学者对 WTO 的研究也更多地停留在这一层面上;二是在构建 WTO 法理学①方面的尝试,这是一个新的领域,争议较多,代表性的学者包括约翰·O.麦金尼斯和马克·L.莫维塞西恩等人。他们认为,WTO 可以被视为一种能通过减少保护主义利益集团的权力,在促进国际贸易的同时增强国内民主的组织结构,主张 WTO 的有限裁理权是解决隐形贸易保护主义难题的更好手段,并论证了 WTO 正在形成之中的对付隐形贸易

---

①　法理学(jurisprudence)是关于法律观念和法律理论的学说。法理学作为一种思想方法,是在不同学术流派的批评性思考中发展的,它使人们从有关法的观念的哲学层次上来理解法律如何规范社会制度和个人行为。

保护主义的手段,在很大程度上与他们所推崇的增进民主性法理学相一致。[①]

具体而言,对多边贸易体制的法学范式的研究主要按下述逻辑展开:自由贸易和民主政府面临着一个共同的障碍——集结的利益集团的影响。因为自由贸易为每一个国家创造财富,人们本可期望国民的多数会支持自由贸易政策,反对以牺牲多数人利益为代价使特殊利益集团得利的那些政策。然而,一些国内产业却从自由贸易中蒙受损害,这些产业中的业主和工人会鼓动限制进口的贸易保护主义措施。这类保护主义者利益集团对国内政治的影响远远超过其人数所占的比例,他们在议会中的游说往往能够达到最终对进口的限制,即使损害全体公民的利益也在所不惜。WTO 与其管辖下的贸易协定体现了一种策略,在这种策略下,多数的民众支持政治机构,政治机构则使多数民众在立法或行政部门的代表更难用那些对权势利益集团有利但对社会整体利益有害的政策,来回报这些利益集团,从而发挥着抵制保护主义者利益集团的作用,并借此同时促进自由贸易和民主。在这方面的一个成功标志是关税的下降。

多边贸易体制下关税的成功降低迫使保护主义者利益集团寻求其他进口壁垒得到庇护。一种典型的做法是游说制定用隐蔽手法保护区内产业的措施——这些措施的设计从表现上看服务于劳工、环保、卫生和安全的目标,但真正的意图是阻止外来的竞争。隐形贸易保护主义制造了一个两难选择:一方面,政策不应允许利益集团打着合法的幌子设立贸易保护主义屏障,将成本强加在民众身上;另一方面,政府确实也遇到市场失灵本身不能解决的危险,真正的劳工、环保、卫生和安全法规可能是必要的。对此,作为 WTO 最重要的和最有争议的功能性工具,"争端解决机制"是该组织最为重要的设计机制。

在考察多边贸易体制的核心成分——对隐形贸易保护主义的管理机制上,相关学者发生了分歧,代表性的观点有"监管模式"和"反歧视模式"两种。前者认为,WTO 对其成员的主权和代议制民主制构成了一种严重的

---

① 约翰·O.麦金尼斯,马克·L.莫维塞西恩.世界贸易宪法[M].北京:中国人民大学出版社,2004:1—15.

威胁。① 在盲目追逐自由贸易的过程中,一个不负责任的 WTO 将阻碍民选的民族政府为促进公共福利事业而采取重要措施和付出种种努力。因此,应授权 WTO 制定全球性的劳工、环保、卫生和安全标准。他们相信,该模式通过在劳工、环保、卫生和安全等价值观和自由贸易之间保持平衡,将提高 WTO 的民主化程度。另一些人则认为,为防止"削高就低"②(races to the bottom)的发生,有必要制定国际规则;在"削高就低"的情况发生时,各国为了在全球经济中吸引和保持生意而采用并非最佳的监管标准。还有一些人认为,通过防止各国仅仅以其本土方式制定规则,全球监管标准会有助于减少隐形的贸易保护主义行为。后者则赞成 WTO 利用其有限授权的裁理机制去解决就歧视性贸易措施提出的争诉。他们认为这种法学理论能在允许该组织取缔隐形贸易保护主义的同时,不排斥在劳工、环保、卫生和安全政策上的民族裁定,并论证了授予 WTO 建立全球性劳工、环保、卫生和安全等规则的权力会损害民族主权导致无效率的监管,同时进一步说明即使就解决"外溢"(spillover)问题(由一个国家的行动引起的对另一个国家的负面外部效应)而言,这样一种权力也不是解决问题的最佳方式,提倡采取多种程序取向的检验方法(它们能够甄别歧视政策,并通过这一过程加强国内民主),并说明为什么 WTO 成员方在其管辖权之外不应该以公共福利的名义拥有一般监管权。从 WTO 法理学角度进行研究的国内代表性学者是张军旗等,其基本观点认为,"WTO 协议并未违背国家主权的属性"。③

---

① 肖恩·D.默菲编著.美国国际法的当代实践[J].美国国际法杂志,2000,94:375;马克·L.莫维塞西恩.主权、守则和世界贸易组织:最高法院复审史的教训[J].密歇根国际法杂志,1997,20:779.

② 在国际范围内,"削高就低"是一种国际竞争加速导致的监管标准的不断降低。参见弗雷德里克·M.艾博特.国际贸易和社会福利:新议程[J].比较劳动法杂志,1995,17:368.

③ 张军旗.多边贸易关系中的国家主权问题[M].北京:人民法院出版社,2006:119-123.

(二)政治学研究范式①

多边贸易体制的政治学研究范式研究的主要是,"当存在共同利益的情况下,世界政治经济中的合作是如何以及怎样才能组织起来的"②。国际政治学研究范式主要运用国际机制理论,通过国际机制变迁模式分析多边贸易体制的产生、变迁路径和发展趋势。国际机制是国际关系特定领域中行为主体愿望趋同的一系列隐含或明示的原则、规范、规则和决策程序,是有关国际关系特定问题领域中的、政府同意建立的有明确规则的制度。无论何种国际机制,其目的都是通过权威式或约束性制度安排以促进全球福利和提高交往效率。这样,尽管国际社会具有无政府性,但是国际行为主体的相互依赖及其建立的基于共同利益的国际机制可以减少纷争与冲突,从而增强合作。因此,国际机制反映的是一段时间内国际行为主体合作和纷争的模式,即国际行为主体政策调整与否及其趋同程度。在国际机制中,合作与冲突应该是并存的,合作是对冲突或潜在冲突的反映,没有冲突或解决冲突的要求,也就没有合作的必要,而国际机制也正是在冲突和合作中演进并得到加强的。③

根据罗伯特·基欧汉和约瑟夫·奈的相互依赖论,战后国际机制经历了四种变迁模式,即经济进程模式、总体权力结构模式、问题结构模式和国际组织模式。作为一种国际机制,战后多边贸易体制的产生与变迁完全符合国际机制变迁理论的解释,即经历了从总体权力结构模式到问题结构模式,再到问题结构模式与国际组织模式并存的变迁路径,亦即著名国际贸易法学家杰克逊所谓的权力导向向规则导向的转变。④

---

① 事实上,试图将现实中的经济活动领域与政治活动领域分开,是徒劳的和失败的。财富和权力是互补的,在一定程度上是合二为一的,本书对国际政治学范式的界定,主要是在以权力为基础的博弈论分析的指引下,从国际机制研究多边贸易体制。

② 罗伯特·基欧汉.霸权之后 世界政治经济中的合作与纷争[M].上海:上海世纪出版集团,2006:4.

③ 张斌.多边贸易体制的变迁:一个国际机制理论的解释[J].世界经济研究,2003 (7).本部分引用、参考了张斌一文的研究成果,特表感谢。

④ 约翰·H.杰克逊.世界贸易体制:国际经济关系的法律与政策[M].上海:复旦大学出版社,2001:121.

(1)总体权力结构模式:从 GATT 创立到狄龙回合。从多边贸易体制的历史可知,多边贸易体制的产生首先是美国霸权的产物,其实体条款很大程度上是美国国内法及其双边贸易协定的延伸,美国国内立法与授权直接决定了多边贸易谈判和规则制定的进程。从 ITO 的流产,到 GATT 的生效,再到 WTO 的建立,无一不受美国国内立法的影响(见表 2-1)。

表 2-1　美国历次贸易立法与多边贸易体制谈判进程的相关性

美国国内贸易立法	主 要 内 容	对应的多边贸易体制谈判
1945 年贸易协定延长法	授权总统进行关税减让谈判,削减幅度为 1945 年 1 月 1 日关税水平的 50%。	1947 年 GATT 建立和日内瓦回合
1948 年贸易协定延长法	同上。	1949 年安纳西回合
1951 年贸易协定延长法	同上。	1950 年托奎回合
1955 年贸易协定延长法	授权总统进行关税减让谈判,削减幅度为 1955 年 1 月 1 日关税水平的 15%,或将任一进口产品的关税征收水平削减到 50%(包括从量和从价税)。	1956 年日内瓦回合
1958 年贸易协定延长法	授权总统进行关税减让谈判,削减幅度为 1958 年 1 月 1 日关税水平的 20%,或削减 2 个百分点,或将征收水平高于 50% 的关税削减到 50%(包括从量和从价税)。	1960—1961 年狄龙回合
1962 年贸易扩大法	总体将现有关税水平削减 50%;关税水平(包括从量和从价税)在 5% 以下的减为 0;具体规定了与欧共体的关税谈判;设立贸易谈判特别代表处;授予总统采取单边贸易措施的权力(301 条款的前身)。总统谈判权力期限截止到 1967 年 6 月 30 日。	1962—1967 年肯尼迪回合
1974 年贸易法	提升贸易谈判特别代表处的行政级别;修改免责条款;增加有关非关税壁垒全章节;增加 USTR 和 ITC 权限;包含非市场经济、GSP、快速通道授权、201、301 等条款。总统谈判权力期限为 1975 年 1 月 3 日起的 13 年。	1973—1979 年东京回合

续表

美国国内贸易立法	主 要 内 容	对应的多边贸易体制谈判
1984 年贸易和关税法	包含服务、投资措施、知识产权、高新技术产品贸易有关的条款及其谈判目标；扩大 301 条款范围；广泛修改反倾销、反补贴程序以利投诉人；修改了 201 条款。	1986—1994 年乌拉圭回合
1988 年综合贸易和竞争法	对每一领域的谈判目标做了详细规定；进一步修改了 301 条款和超级 301 条款。总统谈判权力期限截止到 1994 年 4 月 15 日。	

资料来源：Donald G.Beane.The United States and GATT：A Relational Study[M]. Elsevier Science Ltd,2000：301；John W.Evans.The Kenedy Round in American Trade Policy：The Twilight of the GATT? Harvard University Press,1971：11－16；韩立余.美国外贸法[M].北京：法律出版社,1999.

(2)问题结构模式：从肯尼迪回合到乌拉圭回合。20 世纪 60 年代开始，贸易体制中的美国霸权结构随着其总体实力相对欧洲及后来日本的下降而开始出现裂变，霸权平衡开始受到威胁。其间多边贸易体制的发展呈现两个明显的特征：一是发展中成员经过不断抗争，在多边贸易体制中的地位不断提升，成员数量不断增加（见表 2-2）。二是随着贸易体制的权力结构由美国霸权向美欧日三极，到美欧日加和发展中成员多极格局转变，问题结构模式开始形成，谈判议题范围开始逐渐扩大。在不同议题领域，虽仍由

表 2-2 GATT/WTO 中发展中成员数量统计

时间	GATT/WTO 成员总数	发展中成员数量	发展中成员比重(%)
1947 年	23	10	43
1973 年	82	56	68
1986 年 9 月 15 日	98	72	73
1995 年 1 月 1 日	120	92	77
2003 年 2 月 5 日	145	111	77
2013 年 12 月 4 日	160	122	76

资料来源：世界贸易组织官网,http://www.wto.org/。

强国制定规则,但议题的扩展与延伸为利益平衡创造了条件。2002 年全面启动的多哈发展回合中,发展中成员和发达成员间的利益平衡问题成为关注焦点,议题数量增至 21 个(见表 2-3)。

表 2-3　各轮多边贸易谈判主要议题

谈判回合	主要议题
前 5 轮	关税减让
肯尼迪回合	直线关税减让;农产品;欠发达成员参与;特殊经济体参与;非关税壁垒
东京回合	关税;非关税;部门谈判;保障措施;农产品;热带产品;GATT 框架
乌拉圭回合	关税;非关税;热带产品;自然资源产品;纺织品与服装;农产品;GATT 条款;保障措施;多边贸易谈判协议和安排;补贴和反补贴措施;争端解决;GATT 体制运作;与贸易有关的投资措施;与贸易有关的知识产权;服务贸易
多哈发展回合	与实施有关的问题和关注;农产品;服务贸易;非农产品市场准入;与贸易有关的知识产权;贸易与投资关系;贸易与竞争政策的相互作用;政府采购透明度;贸易便利化;WTO 规则(包括反倾销、反补贴和区域贸易安排);争端解决;贸易与环境;电子商务;小经济体;贸易、债务和财政;贸易与技术转让;技术合作和能力建设;最不发达成员;特殊和差别待遇

资料来源:张斌.多边贸易体制的变迁:一个国际机制理论的解释[J].世界经济研究,2003(7).

(3)问题结构模式与国际组织模式并存:乌拉圭回合之后。随着乌拉圭回合的结束和 WTO 的成立,GATT 结束了临时协定的历史使命,国际贸易体制也进入了问题结构模式与国际组织模式并存的时代。一方面,议题数量日趋增加,不同议题中的政治力量结构日趋复杂,议题间的挂钩和平衡日趋频繁;另一方面,国际组织的稳定性能为各方妥协和合作提供缓冲。可以预见,随着多边谈判议题的进一步延伸和扩展,成员数量的不断增加,以及各国政治经济实力的消长,这两种模式并存将是多边贸易体制在今后相当长一段时间内变迁的基本格局。

从理论的角度讲,国际机制可以被看作是世界政治的基本特征(例如国际权力配置和国家与非国家行为者的行为)中的调解性因素(intermediate factors)。在政治学研究范式下,相关研究指出在当今全球化和多极化的国际政治经济格局中,"多边贸易体制得以维持和发展的根源在于其错综复杂的议题网络和稳定的组织结构,而两者的共存也正是国际行为主体在多边贸易体制中冲突与合作的反映"①。多边贸易体制一方面成为各成员相互依赖的纽带,另一方面,也成为各成员相互调整政策的平台。

二、多边贸易体制的经济学研究范式

尽管对世界贸易体制的规范经济学分析比规范的法学分析晚了 30 余年,但国内外学者在这一方向的努力正逐渐促成研究范式的转变,从而为本书的研究提供了最原始的素材和基本出发点。对此进行系统研究的国内学者主要有:樊瑛(2006)对多边贸易体制的绩效、面临的挑战进行了研究;黄静波(2004)通过考察国际贸易理论与政策的演变,勾勒出国际贸易体制发展的基本线索,对战后国际贸易体制的发展进行了深入的剖析,探讨了以 GATT/WTO 为核心的多边贸易体制的理论框架;沈玉良(2003)从制度变迁的角度,运用制度经济学的分析工具,对 GATT/WTO 多边贸易体制及我国经济制度变迁进行了深入的分析;等等。上述研究多属于基于经济学研究范式的定性分析,尚未对多边贸易体制的机理进行深入的探讨。

本书就西方经济学文献对世界贸易体制研究范式的转变和基本框架进行简单的梳理。用经济学方法分析多边贸易体制,目前常见的有三种:一是传统经济学方法,二是政治—经济的方法,三是承诺方法。在这三种方法中,前两种方法得出的结论是一致的,即贸易协定的目的在于给政府提供一个能避免陷入由贸易条件变化导致的囚徒困境的手段。而承诺方法则认为贸易协定对政府的作用在于帮助政府解决对私人部门的政策承诺问题。②

1.传统经济学方法

(1)多边贸易体制研究的传统经济学方法,并不是严格意义上的西方经济学分析范式,两者有很多共性和根本性区别。之所以称为传统经济学方

① 张斌.多边贸易体制的变迁:一个国际机制理论的解释[J].世界经济研究,2003 (7):50-55.

② 雷达.从经济学角度看世界贸易体系[J].中国人民大学学报,2005(1).本部分引用、参考了雷达一文的研究成果,特表感谢。

法,在于它源于传统理论,一是这种理论在分析世界贸易体系时所运用的两个国家—两种商品的一般均衡模型直接来源于传统的西方经济学理论;二是这种理论分析借用了西方国际贸易理论中所固有的贸易条件概念;三是这种理论运用了西方经济学中约束条件下的最大化问题的基本分析方法。这种分析方法所得出的最优关税结论与传统理论所认为的自由贸易政策并不存在根本冲突。

但两种分析方法的逻辑有着根本性的区别。传统的经济学分析是孤立地站在一国角度进行分析,以两国—两种商品的一般均衡模型的小国假设为基础,小国被动地接受世界价格。而多边贸易体制的传统经济学分析方法引入了博弈论工具,改变了假设前提,认为模型中的两个国家的国内经济政策对世界价格都会产生影响。当博弈论方法被引入模型后,尽管两国的目标函数仍然是国民福利最大化,但传统的经济学方法中关税政策带来的福利损失,被多边贸易体制的传统经济学方法中各国关税政策能够通过改变各自的贸易条件来实现国民福利的最大化目标所代替。因此,在非合作的博弈过程中,一国不会轻易放弃关税政策,两国都会选择使用提高关税的策略,两国相同的政策会在关税的竞相提高中达到非合作的纳什均衡,而且这种非效率的均衡是无法通过一国政策的变化来加以改进的,这就是所谓的关税政策选择"囚徒困境"。这时,就需要一种国际贸易协定来确保两国同时进行关税的调整,这就是多边贸易体制的传统经济学分析方法的结论。

(2)用传统的经济学方法来解释贸易协定可以追溯到 Torrens(1844)和 Mill(1844)的著作[1],他们讨论了贸易条件对决定最优关税政策的作用。Johnson(1953)的开创性贡献,是完整地阐述了贸易协定能够纠正贸易条件的变化所导致的非效率现象,其手段是将各国政府独立地追求国民福利最大化的行为假设与各国政府运用关税来控制贸易条件变化的行为假设结合起来。没有贸易协定下的关税政策是非效率的,贸易协定下的互惠自由贸易的目的是实现各国有效率的关税组合。[2] Mayer(1981)进一步指出了一

---

① Mill,John Stuart. Essays on Some Unsettled Questions of Political Economy [M]. London:Parker,1844. Torrens,Robert. The Budget:*On Commercial Policy and Colonial Policy*[M]. London:Smith,Elder,1844.

② Johnson,Harry G. Optimum Tariffs And Retaliation. Review of Economic Studies, 1953,21(2):142−153.

对有效关税组合要满足的关系式。① 最近的研究已经将这种观点用规范的博弈论术语来解释。在模型中所用到的方法是,政府根据其"策略"(即关税)的运用来获得"支付"(即国民福利),这种处理方法是为了建立一个关于福利与关税的纳什均衡(Dixit,1987)。

2.政治—经济的方法

(1)在政治—经济的方法中,政府关税政策的选择不仅仅包含传统经济学方法中所关注的经济效率的结果,同时也关注政治结果(即政策选择可分配的结果)。这种方法将关税变动的效应分为成本转移效应和贸易条件改善的效应。因此,运用政策手段,一国可以割裂国际市场价格变动和国内市场价格变动的联系,当国内市场价格不变,而国际市场价格变动时,本国的福利水平同样可以改善。② 另外,在关税转移效应存在的情况下,一国贸易政策的外部性便成了另一国市场价格扭曲的根源,而政策的外部性所造成的市场价格扭曲是一国的国内政策无法解决的问题,这就要求在贸易领域中建立国际经济协调机制。两国的关税减让虽然克服了一国关税政策的外部性对另一国经济的影响,但与此同时,关税提高所产生的贸易条件改变的利益也会因此而消失。因此,政治—经济的方法强调,世界贸易体制所带来的只是互惠自由贸易利益。

(2)用政治—经济方法对多边贸易体制进行的研究分三类:其一是以Bagwell和Staiger(1999)为代表,将国际政治经济学的方法运用于两国—两种商品的一般均衡分析;其二是以Bhagwati(1988)等人为代表,假设政府是"自由贸易主义者",但它们实施自由贸易政策的能力会受到支持出口的政治要求的约束;其三是Grossman和Helpman(1995)所提出的"游说模型"(Lobbying Model)。用政治—经济的方法与传统经济学方法研究的结果是一致的,两者的区别在于传统经济学方法忽略了贸易政策的政治因素,因此造成了经济学理论分析与多边贸易体制实践相脱离的缺陷。在政治—

---

① Mayer,Wolfgang.Theoretical Considerations on Negotiated Tariff Adjustments. Oxford Economic Papers,1981,33:135—153.

② 如果一国关税的提高不改变国内消费者的负担,那么,关税的成本必然是由国外出口商承担的,这时国际市场价格的变动依然能提高高关税国家的福利,这种福利的提高是通过利益的分配来实现的。参见雷达.从经济学角度看世界贸易体系[J].中国人民大学学报,2005(1).

经济的方法下,现有的政治—经济学文献认为,一国政府加入国际贸易协定的主要原因有两个方面:一是消除贸易条件的外部效应,通过贸易谈判达成"政治最优关税";二是政府通过国际贸易协定以摆脱国内利益集团的贸易保护压力,并消除贸易保护所造成的扭曲。[①]

3.承诺方法

这种方法讨论的重点是与贸易政策工具作用有关的信誉问题,它强调的是政府面对私人部门做出政策承诺时存在的困难。与前两种方法的不同之处在于,承诺方法分析的重点进行了重新定位,即把政府间的博弈分析改变成为政府和它的私人部门之间的博弈,在这样的博弈中政府选择其贸易政策,而私人部门则进行生产或投资的决策,如果政府在制定贸易政策时随意性太大,就会出现信誉问题。在现实世界中,政府的偏好可以分为事先偏好和事后偏好。如果这两种偏好值一致,则说明政府政策的一致性;如果二者不一致,则说明政府的政策在私人抉择的前后是不一致的。我们假定,如果事后的偏好值小于事前的偏好值,那么在现实世界中,一国政府很可能根据事前的偏好(如某种程度的行业保护承诺)刺激私人部门的投资。但是,一旦私人部门做出投资决策,政府认为它们的关税政策选择只会影响消费者,对生产者行为不产生影响,政府也有可能放弃原来的保护承诺。[②] 因此,参加国际贸易协定(多边贸易体制)有助于提高一国政府对国内私人部门做出承诺的可信度(lock-in),保持一国政府贸易政策选择的前后一致,并消除政府制定贸易政策的随意性,避免因贸易政策的随意性所造成的市场扭曲。

4.经济学研究范式下三种方法的比较

从多边贸易体制的三种经济学分析方法可以看出,政府签订国际贸易协定或出于消除贸易条件外部性效应的动机,或出于国内承诺动机,有助于政府做出可信的贸易自由化承诺,解决贸易政策的动态不一致性问题。[①]承诺方法与前两种方法的最大不同在于,它没有涉及前两种方法所强调的贸易条件问题,从承诺的方法中是看不出一国福利的变化的。上述三种规范

---

① 陈琛.国际贸易体制的理论综述[M]//黄建忠,张明志,郑甘澍主编.国际经贸理论与实践.厦门:厦门大学出版社,2007:67—74.

② 雷达.从经济学角度看世界贸易体系[J].中国人民大学学报,2005(1).

经济学分析方法的提出,使对多边贸易体制的研究范式实现了从法学向经济学的初步转变。

三、多边贸易体制不同研究范式的融合

从根本上讲,多边贸易体制的经济学研究范式与法学、政治学的研究范式之间存在本质的区别,但随着法经济学、政治经济学科的兴起,各种研究范式之间也逐渐实现融合,其中一个重要的构造范式是博弈论工具。

1.法经济学的发展促进了多边贸易体制经济学和法学研究范式的融合

法律是调整现实社会人们之间行为关系的规则,经济学是研究资源最优配置的学科。人们之间的行为关系必然涉及资源的最优配置和利益的分配等问题,而单纯的法律忽略经济效率,不能体现社会福利最大化这一清晰的目标,但现实的社会又要求资源和社会福利能够在法律关系当事人之间得到合理的最优配置。这一需求催生了法经济学供给的产生。经济学范畴的法经济学是研究法律制度如何对经济产生影响、提高经济效益、稳定经济秩序的科学,其目的是改革和完善经济制度。而法学范畴的法经济学是用经济学的方法作为工具分析法律制度,其目的是改革和完善法律制度。[①]

多边贸易体制经济学研究范式和法学研究范式的融合,是 WTO 法律制度与世界经济发展"符合度"的问题,是 WTO 法律规制对世界经济影响的分析。两者实现融合的工具之一是博弈论,它认为自愿合作是实现效率的最佳途径,但许多因素使自愿合作难以进行。在多边贸易体制框架下,促成合作及克服合作障碍的经济理论构成了 WTO 规则的理论依据,也将 WTO 规则的经济学分析统一到了"效率主题"之下。WTO 规则的博弈分析集中研究法律规则下行为人(成员方)之间的对策行为,开辟了放弃"市场至上"观念的通道,使我们按照制度本身的规定性来理解制度成为可能。

2.政治经济学的发展促进了多边贸易体制经济学和政治学研究范式的融合

政治学是研究政治现象的本质及其发展规律的学科,包括权力、权威和

---

① 曲振涛.论法经济学的发展、逻辑基础及其基本理论[J].经济研究,2005(9).

冲突,以及政治系统的"替社会作权威性的价值分配"的功能(艾萨克,1988),所以传统的政治学家一般把一国的贸易政策放在"国际政治经济关系"的框架中来考察。自 20 世纪 80 年代以来,研究政治力量如何影响经济政策的新政治经济学开始兴起,它在新古典经济学的基础上包容了利益集团、游说、博弈、公共选择和集体行动的逻辑等分析方法,并广泛地应用于各种经济理论与经济政策的研究。[①]

多边贸易体制的经济学研究范式和政治学研究范式的融合,事实上体现在经济学研究范式的政治—经济方法中。在多边贸易体制框架下,一国政府除了追求国家福利最大化目标外,还考虑了国内政治支持和利益集团影响的收入分配效应。政治学视野下的国际权力配置和国家与非国家主体的行为,通过多边贸易体制这一国际机制进行调解,各成员方相互依赖、牵制,一方面降低了贸易保护主义集团的影响,另一方面起到了促进经济增长和鼓励负责任的政府的作用。

第二节　多边贸易体制的制度特征:
基于经济学研究范式[②]

多边贸易体制的经济学研究范式旨在系统地解释 WTO 设计目的,即各国在特定政府目标函数下,通过制度化的合作博弈来摆脱非合作博弈情况下寻求贸易条件外部效应的"囚徒困境"。多边贸易体制是建立在规则基础上的制度安排,这些规则是否具有基本的经济学逻辑?根据多边贸易体制经济学研究范式下的贸易条件博弈模型,多边贸易体制的制度特征是否符合相关结论?WTO 的规则能否被理解为能使政府解决其贸易条件变化问题的手段?在此,我们对多边贸易体制的制度特征进行进一步的扩展分

---

① 盛斌.中国对外贸易政策的政治经济学分析[M].上海:三联书店,2002.

② Kyle Bagwell,Robert W. Staiger.世界贸易体系经济学[M].北京:中国人民大学出版社,2005:14—46,209—213.盛斌.WTO 体制、规则与谈判:一个博弈论的经济分析[J].世界经济,2001(12).本书的讨论集中于采用传统经济学方法和政治—经济方法的研究。

析。以贸易条件博弈作为切入点,用一般均衡模型展开分析是该研究范式的一个重要特点。

一、互惠原则

对多边贸易体制的经济学研究范式始终运用标准的两国间两种商品贸易的一般均衡模型。标准的一般均衡贸易模型(2×2模型)由两个国家构成,即本国(不带 * 号)和外国(带 * 号),它们之间交换两种商品(均为正常商品),这种商品是在机会成本递增的完全竞争市场条件下进行生产的,并假设本国(外国)进口商品1(2)。定义 $p \equiv p_1/p_2$(或 $p^* \equiv p_1^*/p_2^*$)是本国(或外国)的消费者和生产者所面对的当地的相对价格,本国(或外国)的进口征收非禁止性从价关税,用 t(或 t^*)来表示,定义 $\tau \equiv (1+t)$,$\tau^* \equiv (1+t^*)$,那么,$p = \tau p^w \equiv p(\tau, p^w)$,$p^* = p^w/\tau^* \equiv p^*(\tau^*, p^w)$,其中,$p^w \equiv p_1^*/p_2$ 是"世界"(没有征税)的相对价格,这样,外国(或本国)的贸易条件就可以由 p^w(或由 $1/p^w$)决定。

设两国的生产函数为 $Q_i = Q_i(p)$ 和 $Q_i^* = Q_i^*(p^*)$,$i = \{1, 2\}$。消费是由当地相对价格和关税收入 R(或 R^*)决定的。当地相对价格表示的是消费者在两种商品上的取舍选择,以及社会经济中要素收入的分配水平;而关税收入指的是分配给国内(或国外)消费者的关税总量,它是用每单位当地出口产品的当地价格来衡量的。在正常商品的情况下,每个国家的关税收入是其贸易条件的增函数。因此,国内和国外的消费可以表示为:$D_i = D_i(p, R)$ 和 $D_i^* = D_i^*(p^*, R^*)$,$i = \{1, 2\}$。由此可得出本国商品1的进口函数 $M(p, p^w) \equiv D_1 - Q_1$,商品2的出口可以表示为 $E(p, p^w) \equiv Q_2 - D_2$,同理,对于外国来说,它进口的商品2和出口的商品1可以分别用 $M^*(p^*, p^w)$ 和 $E^*(p^*, p^w)$ 来表示。在任何的世界价格水平下,本国和外国的预算约束都意味着贸易的平衡,即

$$p^w M = E \tag{2.1}$$

$$M^* = p^w E^* \tag{2.2}$$

假设存在均衡的世界价格 $\tilde{p}^w(\tau, \tau^*)$ 满足两国模型中的商品2的市场出清条件,即 $E(p(\tau, \tilde{p}^w), \tilde{p}^w) = M^*(p^*(\tau^*, \tilde{p}^w), \tilde{p}^w)$。在不存在梅茨

勒—勒纳(Metzler-Lerner)悖论的情况下,可知 $\mathrm{d}p/\mathrm{d}\tau > 0 > \mathrm{d}p^*/\mathrm{d}\tau^*$,$\partial p^w/\partial\tau < 0 < \partial\tilde{p}^w/\partial\tau^*$,即对本国进口商品征收关税将提高本国商品相对价格,但使世界商品价格下降。

设政府的国民福利最大化目标函数分别为 $W(p(\tau,\tilde{p}^w),\tilde{p}^w)$ 和 $W^*(p^*(\tau^*,\tilde{p}^w),\tilde{p}^w)$,且当地价格不变时,当一国的贸易条件改善,该国政府能实现更高的福利水平,即

$$W_{\tilde{p}^w} < 0, W^*_{\tilde{p}^w} > 0 \tag{2.3}$$

考虑贸易政策的政治经济问题,即政府在促进效率的同时还必须兼顾收入分配的问题,包括中间选民的偏好、出口部门和进口竞争部门的政治支持、利益集团的政治捐资和寻租行为,按照 Bagwell 和 Staiger(1999)的方法,将上述因素一般性地归结为政府政治支持约束不等式: $S(p,\tilde{p}^w) \geqslant \bar{S}$,因此政府最终所追求的本国福利最大化的函数式表述为: $W(p,\tilde{p}^w) = G(p,\tilde{p}^w) + \rho[S(p,\tilde{p}^w) - \bar{S}]$,其中, ρ 是拉格朗日函数, $\rho = \rho(p,\tilde{p}^w)$。

下面我们分析一下在不存在贸易协定时两国的非合作博弈均衡(单边贸易政策)。两国福利函数分别对 τ 和 τ^* 求导,得到反应函数:

$$本国: W_p + \lambda W_{\tilde{p}^w} = 0 \tag{2.4}$$

$$外国: W^*_{p^*} + \lambda W^*_{\tilde{p}^w} = 0 \tag{2.5}$$

其中, $\lambda \equiv [\partial\tilde{p}^w/\partial\tau]/[\mathrm{d}p/\mathrm{d}\tau] < 0$, $\lambda^* \equiv [\partial\tilde{p}^w/\partial\tau^*]/[\mathrm{d}p^*/\mathrm{d}\tau^*] < 0$。每个政府最优反应关税是由当地价格和世界价格变动对福利的综合影响所决定的,由此得到静态博弈的纳什均衡关税为 (τ^N,τ^{*N}),即图 2-1 中的 N 点,它是两国等福利函数线 $W^N - W^N$ 与 $W^{*N} - W^{*N}$ 在最高处(垂直或水平)的交叉点,它表明在达到这个均衡之后,任何一个国家的政府都不能再通过单边关税政策的改变来提高它的收益。现在需要确定的是这些决策对两国政府来说是不是有效率的。

根据 Bagwell 和 Staiger(1999)的思路,可以得到以下几点核心结论:

命题 1:纳什均衡关税是非效率的。

由等福利关税曲线上各点的斜率得:

$$\frac{\mathrm{d}\tau}{\mathrm{d}\tau^*}\bigg|_{\mathrm{d}W=0} = -\left[\frac{\partial\tilde{p}^w/\partial\tau^*}{\mathrm{d}p/\mathrm{d}\tau}\right]\left[\frac{\tau W_P + W_{\tilde{p}^w}}{W_P + \lambda W_{\tilde{p}^w}}\right] \tag{2.6}$$

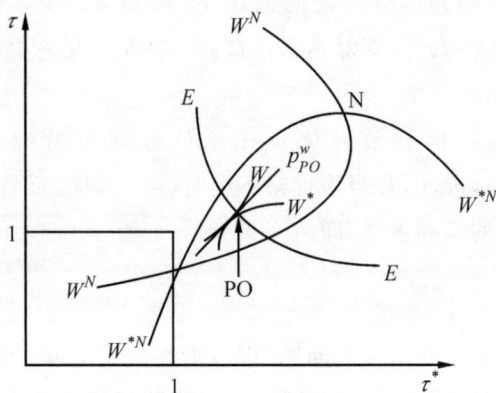

图 2-1　两国非合作静态关税博弈模型

$$\frac{\mathrm{d}\tau}{\mathrm{d}\tau^*}\bigg|_{\mathrm{d}W^*=0} = -\left[\frac{\mathrm{d}P^*/\mathrm{d}\tau^*}{\partial\tilde{p}^w/\partial\tau}\right]\left[\frac{W_{P^*}^* + \lambda^* W_{\tilde{p}^w}^*}{W_{P^*}^*/\tau^* + W_{\tilde{p}^w}^*}\right] \tag{2.7}$$

有效率的贸易协定必须在有效边界上,即满足相切条件:

$$[\mathrm{d}\tau/\mathrm{d}\tau^*]_{\mathrm{d}W=0} = [\mathrm{d}\tau/\mathrm{d}\tau^*]_{\mathrm{d}W^*=0} \tag{2.8}$$

从式(2.4)至式(2.7),可得在纳什均衡关税组合点,$[\mathrm{d}\tau/\mathrm{d}\tau^*]_{\mathrm{d}W=0}=\infty$ $>0=[\mathrm{d}\tau/\mathrm{d}\tau^*]_{\mathrm{d}W^*=0}$,根据相切条件式(2.8),可知纳什均衡关税组合是非效率的。

我们可以用图 2-2 来进一步阐述。对照等式(2.4),图 2-2 可以将本国政府单方面关税提高所引起的从 A 到 C 的总体变化分解为当地价格和世界价格各自独立的变动。在图 2-2 中,A 点到 B 点的变动只是由于世界价格的变化所引起的,相应的对本国政府的福利影响可以用等式(2.4)中的 $\lambda W_{\tilde{p}^w}$ 来表示(严格为正),反映了本国政府将其政策成本转移到外国政府身上所带来的利益;B 到 C 的变化是在世界价格既定时完全由当地价格的提高所引起的,相应的本国政府的福利变动可以表示为 W_p,反映了与任何本国政治利益相对立的本国生产和消费的扭曲成本之间的差额。

从 A ≡ (τ,τ^*) 所表示的初始的关税组合开始,假设在外国关税 τ^* 固定的情况下,本国政府单方面决定将关税从 τ 提高到 τ^1,出现了用点 C ≡ (τ^1,τ^*) 表示的一对新的关税组合,这对关税组合处在新的当地等价格轨迹线 $P(C)$ 和新的世界等价格轨迹线 $P^w(C)$ 的交点上。因此,与初始点 A

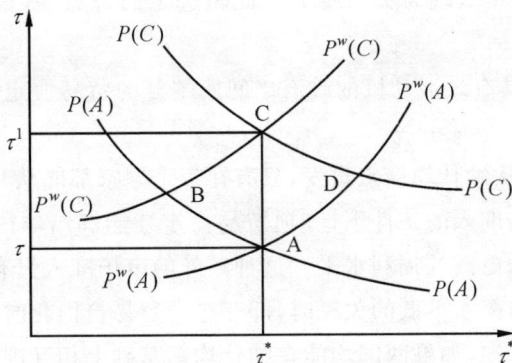

图 2-2 关税组合博弈的福利分解

的价格相比,通过提高本国关税,本国政府使得当地的价格提高了,而使世界的价格降低了,从而提高了本国的收益。同理,我们也可以用等式(2.5)来对外国政府的单边关税的提高做出同样的解释。在这种情况下,两国政府都采取单边方式制定关税时所出现的纳什均衡的关税水平也没有能够满足等式(2.1)给出的有效条件。具体地说,当政府单方面制定贸易政策时,它们的动机是想通过它们的关税来改变世界价格,并将成本转移到他人头上。

命题 2:只有满足 $1-AW_p=1/(1-A^*W^*_{p^*})$ 的条件时,关税组合才是有效率的。

其中,

$$A = (1-\tau\lambda)/(W_p+\lambda W_{p^w}), \Lambda^* = (1-\lambda^*/\tau^*)/(W^*_{p^*}+\lambda^* W^*_{p^w})$$

从式(2.6)、式(2.7)可知,只有满足以下条件时,式(2.8)才成立:

$$\left[\frac{\partial \tilde{p}^w/\partial \tau^*}{\mathrm{d}p/\mathrm{d}\tau}\right]\left[\frac{\tau W_P+W_{\hat{p}^w}}{W_P+\lambda W_{\tilde{p}^w}}\right]=\left[\frac{\mathrm{d}P^*/\mathrm{d}\tau^*}{\partial \tilde{p}^w/\partial \tau}\right]\left[\frac{W^*_{P^*}+\lambda^* W^*_{\tilde{p}^w}}{W^*_{P^*}/\tau^*+\lambda W_{\tilde{p}^w}}\right] \quad (2.9)$$

从 A 和 A^* 的定义可得:

$$1-AW_p=\lambda\left[\frac{\tau W_P+W_{\hat{p}^w}}{W_P+\lambda W_{\tilde{p}^w}}\right] \quad 1-A^*W^*_{p^*}=\lambda^*\left[\frac{W^*_{P^*}/\tau^*+W^*_{\hat{p}^w}}{W^*_{P^*}+\lambda^* W^*_{\tilde{p}^w}}\right]$$

代入式(2.9)得,$1-AW_p=1/(1-A^*W^*_{p^*})$。

这在图 2-1 中表现为契约线 EE,此轨迹上的每点,等福利线都是相切的。

命题 3:在具有政治动机的政府之间所签订的贸易协定,必须是互惠的贸易自由化。

换句话说,从纳什均衡点出发,只有在每个国家都能从其贸易伙伴那里获得额外的市场准入的条件下,一项贸易协定才能够给本国和外国政府带来比纳什均衡时更高的福利水平。这种额外的市场准入只有在两国政府同意制定比纳什均衡水平低的关税时,即互惠的贸易自由化时才能实现。

由命题 1 可知,如果两国均能在纳什均衡基础上相互削减关税,福利水平都将提高,即一国的福利水平是随他国所选择的关税水平严格递减的。因为单边情况下任何一国总是为寻求贸易条件效应而征收"过高"的关税,造成双方的福利损失,而互惠的贸易协定能帮助摆脱这种"以邻为壑"的战略选择。

命题 4:政治最优关税是有效率的。

假如政府并没有想运用贸易政策来改变贸易条件的动机,贸易条件的外部性导致的非效率现象可以通过适当的贸易协定来消除。此时两国的反应函数可以简化为:

本国:$W_p = 0$ (2.10)

外国:$W_{p^*}^* = 0$ (2.11)

我们把满足式(2.10)、式(2.11)的关税组合 (τ^{PO}, τ^{*PO}) 定义为政治上最优关税组合。结合式(2.6)、式(2.7)、式(2.10)、式(2.11),得:

$$[\mathrm{d}\tau/\mathrm{d}\tau^*]_{\mathrm{d}W=0} = -[\partial\widetilde{p}^w/\partial\tau^*]/[\partial\widetilde{p}^w/\partial\tau] = [\mathrm{d}\tau/\mathrm{d}\tau^*]_{\mathrm{d}W^*=0}$$

根据相切条件式(2.8),可知政治最优关税是有效率的,即图 2-1 中的 PO 点。在这一点上,等福利线也与等世界价格轨迹线(p_{PO}^w)相切。

最后,我们用图 2-1 总结一下多边贸易体制经济学范式下,贸易条件博弈的核心结论。在非合作情况下,政府将单方面制定贸易政策,并导致非效率的纳什均衡结果 N,然后,一项贸易协定会吸引政府用合作的方式将关税组合从非效率的纳什均衡移到契约线上的某个替代它的关税组合上,在契约线上的关税组合中包含了政治最优关税组合,这些组合点可以用直接的方式来弥补贸易条件的非效率性,此时帕累托改进的空间也就不复存在。

当政府同时具有政治目标和经济目标时,有效率的轨迹线并不一定通过自由贸易点 $(\tau,\tau^*)=(1,1)$。也就是说,在合作博弈下,政府只是放弃了利用市场垄断力量的优势,但仍要服从于政治经济目标,从这个意义上说,互惠关税是"政治上最优的"。

二、非歧视原则(MFN)

为了研究 MFN,首先将两国模型扩展到三国模型。设本国从外国 $*1$ 和 $*2$ 进口商品 1,并且出口商品 2。为了简化问题,假设两个外国之间不进行任何贸易。本国商品相对价格仍为 p,外国的相对价格为 $p^{*i}=p_1^{*i}/p_2^{*i}$,其中 $i=1,2$。t^i 和 t^{*i} 为对进口商品所征收的关税。令 $\tau^i=(1+t^i)$ 和 $\tau^{*i}=(1+t^{*i})$,则国内相对价格与世界相对价格之间的相互关系为 $p=\tau^i p^{wi}\equiv p(\tau^i,p^{wi}),p^{*i}=p^{wi}/\tau^{*i}\equiv p^{*i}(\tau^{*i},p^{wi})$。类似前文,可以依据贸易平衡和市场出清条件解出均衡的世界相对价格为 $\widetilde{p}^{wi}(\tau),\tau=\tau(\tau^1,\tau^2,\tau^{*1},\tau^{*2})$。

对于贸易条件,外国的没有变化,仍为 $\widetilde{p}^{wi}$;本国的则比较复杂,由于本国从两个国家进口,其贸易条件是与外国双边贸易条件的加权和。设贸易权数为 $s^{*i}(p^{*1},p^{*2},\widetilde{p}^{w1},\widetilde{p}^{w2})\equiv E^{*i}(p^{*i},\widetilde{p}^{wi})/\sum_{j=1,2}E^{*j}(p^{*j},\widetilde{p}^{wj})$,其中 $E^{*i}(p^{*i},\widetilde{p}^{wi})$ 是对外国 i 的出口供给函数,因而本国贸易条件的倒数是 $T(p^{*1},p^{*2},\widetilde{p}^{w1},\widetilde{p}^{w2})\equiv\sum_{i=1,2}s^{*i}(p^{*1},p^{*2},\widetilde{p}^{w1},\widetilde{p}^{w2})\cdot\widetilde{p}^{wi}$。

设政府的社会福利函数(考虑政治经济因素)分别为 $W(p,T)$ 和 $W^{*i}(p^{*i},\widetilde{p}^{wi})$。与前文一样,贸易条件改善将提高本国福利水平,即 $W_T(p,T)<0,W_{p^{wi}}^{*i}(p^{*i},\widetilde{p}^{wi})>0$。

我们现在来考虑 MFN 问题。当本国对外国进口存在歧视(即 $\tau^1\neq\tau^2$)时,$p=\tau^1\widetilde{p}^{w1}=\tau^2\widetilde{p}^{w2}$,且 $T\neq\widetilde{p}^{wi}$。在这种情况下,征收更高的关税可以获得双边贸易条件效应 $(1/\widetilde{p}^{wi}$ 上升)——外国降低它的出口价格,本国因此也能从被征收更高关税的外国进口更多的商品 1(贸易权数改变)。根据 T 的定义,本国总的贸易条件改善,福利水平提高。反之,当不存在歧视(即 $\tau^1=\tau^2$)时,$T=\widetilde{p}^w=\widetilde{p}^{w1}=\widetilde{p}^{w2}$,本国无法影响世界相对价格和外国的国内相对价格,也不能改变贸易权重,贸易条件的外部性得以消除。通过以上三国模型的分析,可以得出以下结论:政治上最优的有效关税必须满足多边贸易的 MFN 原则。

图 2-3 描述了三国政府的等福利曲线。三个政府已经达成了有效率的贸易协定,两个坐标轴分别代表经过谈判的关税 τ^i 和 τ^{i^*},即分别代表本国和外国 i 的政府用于对方出口的关税。未参加双边谈判的外国 j 政府等福利曲线是向下倾斜的,因为该国政府在任何一个谈判国政府提高对方出口关税时都可以获利;参加谈判政府的等福利曲线是向上倾斜的,因为只有本国提高关税带来的收益与贸易伙伴提高关税带来的成本相平衡时,才能保持福利不变。在 W 和 W^{i^*} 围成的图形区域,参加谈判的两国通过降低相互之间的关税都能获益,这样外国 j 的贸易条件就恶化了,所以在双边谈判中,有效的关税减让很容易受到双边机会主义的冲击,而在多边贸易谈判中,以最惠国待遇为基础的非歧视原则可以很好地解决双边机会主义的问题。

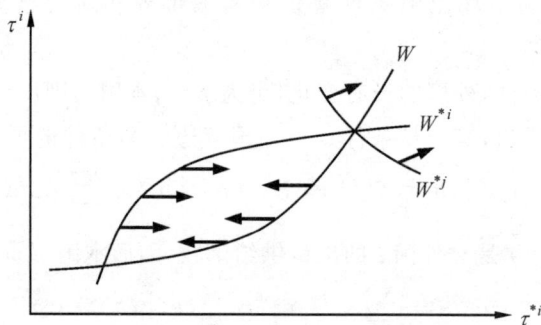

图 2-3 多边(三国)政府的等福利曲线

当然,仅仅依靠最惠国待遇并不能完全消除双边机会主义的可能性,因为最惠国待遇仅仅保证了单一的世界市场价格,所以必须同时借助多边贸易体制的另一个原则——互惠原则,来保证这一单一世界市场价格是稳定的,这样最惠国待遇和互惠原则结合在一起,保证了各成员的贸易条件不会受到不利影响,从而避免了双边机会主义带来的利益侵蚀。

因此,尽管在 WTO 中有许许多多具体的条文,但是普遍认为 WTO 模式的支柱是互惠原则和非歧视原则。通过世界价格机制的转换,互惠如果可被理解为一种能将所有的外部性都中性化的原则,那么,非歧视政策则能确保在贸易伙伴之间不再出现其他的贸易政策的外部性。因此,互惠和非歧视作为互补原则是能使政府在双边协商中获得更高效率的贸易政策。如果将非参与国的福利考虑进来,这些原则也不乏公正性:彼此间的互惠和非歧视也能够保证贸易伙伴间双边协商的结果不会改变第三国政府的福利。因此,互惠和非歧视原则限制了协商国侵占非协商国福利的能力。依此逻辑,如果协商同样必须遵循互惠原则,第三国搭其他国家通过协商所达成的非歧视关税削减的"便车"的能力也会受到影响。相关研究进一步表明,特定的互惠和非歧视规则可以减少国家之间权力的不对称对贸易政策谈判结果的影响程度,即各国政府作出要求建立以规则为基础的制度形式的决定,部分原因在于它们期望能鼓励"弱小"(weaker)国家的参与。一旦认识到小国政府会担心它们在谈判桌边遭到戕害,强权国家的政府就应该用以规则为基础的制度作出不对弱小贸易伙伴进行盘剥的承诺。从这一角度来看,选择以规则为基础的方法解决了国家间的诚信问题,这种方法中某些特定规则的存在使得这种方法还能被用于解决贸易条件变化的问题。

三、争端解决机制

一项互惠的贸易协定即使签订,成员方政府在贸易政策的制定过程中,成本转移的诱惑也不会消失,相反,为了得到贸易条件变化带来的利益,每个政府都有背离多边贸易协定的动力。只有在追求短期收益导致长期利益损失时,也就是他国政府进行贸易报复时,政府的机会主义行为才可能被制止。因此,政府的政策选择势必反映出它对贸易保护带来的短期利益和被他国政府贸易报复带来的长期损失之间做出的平衡。一项多边贸易协定如果是可信的,首先必须能够自我强化(self-enforcing),即该协定能够以任何可靠的报复手段来惩罚任何成员政府的"背信弃义"。

WTO 的争端解决机制就是这样一种自我强化机制,它可以通过重复博弈的理论进行解释。当一成员政府想通过违反多边贸易协定的贸易政策来获得更大的收益时,它必须考虑到其他成员的报复会导致各成员重新回到非合作的纳什均衡点,这种顾虑使得多边贸易谈判在无限重复的"多阶段博弈"中取得成员间的合作。从博弈论的角度,争端解决机制可以理解为一种使各成员从不合作走向合作均衡的约束机制,从不合作走向合作,是通过均衡路径限制报复的使用并将报复定位为一种非均衡路径的威胁来实现的。在争端解决机制中,贸易报复的作用是在针对协定的短期欺骗激励和长期受到报复的成本之间的一种平衡,是一种获取补偿的均衡路径方法,其目的是对所有违反多边贸易协定的行为进行惩罚,使各成员不将贸易政策的干预成本转嫁到贸易伙伴身上。

现在将前面的静态博弈模型进一步扩展为无限期动态子博弈模型,来说明争端解决机制的"威胁的制衡"的经济原理。假定两国是对称的,在每一个时期都选择相同的关税率。任何一个国家都采用"触发战略",即如果发现对方擅自单方面提高最初达成协议的关税率(称为"合作关税" τ^c),本方将采取报复性措施,从而引发贸易战,双方的贸易限制将永久性地恢复到纳什均衡关税 τ^N,显然, $\tau^c < \tau^N$。

任何一国在做出偏离协议的决策时,都要进行成本和收益的比较。当提高关税的短期收益小于避免贸易战的长期收益(也即提高关税的长期成本)时,互惠贸易协议就能够维持,这就是所谓"激励约束"条件(Staiger, 1995)。由触发战略的定义可知,背离合作关税 τ^c 的短期收益为 $\Omega(\tau^c) = W(\tau^N, \tau^c) - W(\tau^c, \tau^c)$,它反映了将关税单方面提高到 τ^N 时,国内价格变动影响(为负)与贸易条件变动影响(为正)的综合结果。

如图 2-4 所示,显然,当 $\tau^c < \tau^N$ 时, $\Omega > 0$ 且 Ω 单调递减,当 $\tau^c = \tau^N$ 时, $\Omega = 0$。提高关税导致贸易战的第一期成本损失是 $v(\tau^c) = W(\tau^c, \tau^c) - W(\tau^N, \tau^N)$,而无限期内总损失的贴现和为 $V(\theta, \tau^c) = [\theta/(1-\theta)]v(\tau^c)$, $\theta \in (0,1)$,为贴现率。如图所示,显然当 $\tau^c = \tau^N$ 时, $V = 0$。根据前述的结论还可知当 $\tau^c = \tau^{PO}$ 时, V 达到最大值,而当 $\tau^c < \tau^N$ 时, V 单调递减。由激励约束不等式可得当 $\Omega(\tau^c) \leqslant V(\theta, \tau^c)$ 时,合作关税 τ^c 是无限期子博弈精炼纳什均衡解,它在区间 $[\tilde{\tau^c}, \tau^N]$ 内。 $\tilde{\tau^c}$ 为"最大合作关税",在该点上 $\Omega = V$。因此,我们得到一个重要结论:在威胁与报复的授权下,非效率的纳什关税可以长期避免,互惠贸易协定能够得到执行。

至于最大合作关税与政治最优关税 τ^{PO} 之间的关系,取决于实施协定的约束力量,当背离互惠关税的短期收益 Ω 很高,而贸易战的成本 V 较低(与 θ 相比较小)时, τ^{PO} 是难以实施的,此时如图 2-4 所示, $\tau^{PO} < \tilde{\tau^c}$。当然存在适当的参数使 $\tilde{\tau^c} = \tau^{PO}$。

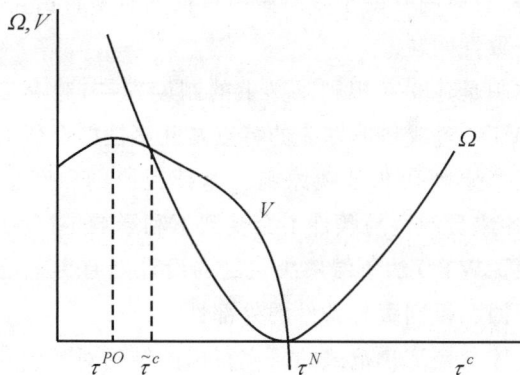

图 2-4　争端解决机制的无限期子博弈模型图解

本章小结

对多边贸易体制的研究主要有三种范式:法学范式、政治学范式和经济学范式。这三种研究范式之间存在本质的区别:法学范式主要从构建WTO 法理学和法律构成要素(形式要件、实质要件)视角研究 WTO 法律体系和法律运行机制;政治学范式主要分析在存在共同利益的情况下,世界政治经济中的合作(多边贸易体制)是如何以及怎样才能组织起来;经济学范式旨在系统地解释 WTO 的设计目的。随着法经济学、政治经济学科的兴起,各种研究范式之间也逐渐实现融合,其中一个重要的构造范式是博弈论工具。

本书的逻辑起点主要基于多边贸易体制的经济学研究范式,它包含三种经济学分析方法:一是传统经济方法,二是政治—经济方法,三是承诺的方法。从多边贸易体制的三种经济学分析方法可以看出,前两种方法得出的结论是一致的,即各国在特定政府目标函数下,通过制度化的合作博弈来摆脱非合作博弈情况下寻求贸易条件外部效应的"囚徒困境"。承诺的方法与前两种方法的最大不同在于,它没有涉及前两种方法所强调的贸易条件问题,从承诺的方法中是看不出一国福利的变化的。承诺的方法得出的结论是,参与多边贸易体制有助于政府做出可信的贸易自由化承诺,解决贸易政策的动态不一致性问题。

多边贸易体制是建立在规则基础上的制度安排,对 WTO 规则的经济学分析可得出 WTO 各成员方博弈的特点是互惠性的合作共赢博弈,WTO 模式的支柱是互惠原则和非歧视原则。非歧视原则和互惠原则结合在一起,保证了参加各成员的贸易条件不会受到不利影响,避免了双边机会主义带来的利益侵蚀。WTO 的争端解决机制的设计则有力地约束了各成员方企图从偏离合作博弈得到贸易条件的外部性。

对多边贸易体制经济学范式的研究得出的结论对我国参与多边贸易体制和贸易政策的调整有很大的启发意义:对外开放不再是加入 WTO 之前的单向开放,而是与 WTO 成员之间互惠的双向开放,本国市场准入的扩大要建立在与对方市场对等、互惠开放的基础上,WTO 成员都可以从这种互惠式的开放中获得贸易条件的改善。

第三章　多边贸易体制经济学
研究的拓展

　　多边贸易体制经济学研究范式分析了该体制的内在逻辑,回答了贸易协定存在的目的。从博弈论的角度讲,WTO 各成员方的合作博弈使其实现了"共赢"。协定的签订是谈判的结局,谈判是驱动多边贸易体系的动力,国际贸易自由化进程中的飞跃正是通过一系列回合的方式实现的。那么政府之间如何进行谈判? 谈判的结局受到什么样的因素影响,各个阶段的博弈是如何展开的? 多边贸易体制的规则导向、国际贸易利益分配的非对称性和成员实力的非对称性,都决定了多边贸易谈判过程是一个动态的不断竞争又合作的博弈过程。

　　在上文对多边贸易体制进行经济学研究的基础上,本章将对多边贸易体制的谈判机制进行进一步分析,分析谈判的三个明显特征:(1)基于演化的共赢性博弈;(2)基于最优关税组合的多层合作博弈;(3)一揽子议题谈判下的市场准入交换博弈。

第一节　多边贸易体制谈判的共赢博弈分析

　　WTO 成员之间的国际贸易博弈,是基于市场经济规则约束的合作性有序博弈,这种博弈不仅受到成员利益的驱使,而且也要符合多边贸易体制的规则要求。在多边贸易体制规则的约束下,各成员博弈的结果是社会总得益趋向扩大,各方利益多寡虽有所不同但总体趋向于不为零的正数,所以,多边贸易体制下的博弈本质上是合作的共赢性博弈。[①] 但各成员方政府的初始主观意愿、博弈收益矩阵、演进策略等对贸易政策的动态演化结果及福利水平有显著影响。

一、多边贸易体制与共赢性博弈

国际贸易共赢性博弈是指:在多边贸易体制的博弈中,各成员为了实现共赢性的利益格局,进行着激烈的政治与经济较量,国内政治与国际经济、国内经济与国际政治之间的相互影响、相互作用增大,参与各方在制度设定中和规则约束下,均能得到博弈收益,并达到共赢性博弈的结局。WTO 成员鉴于共同的长远与战略利益,其国内政治经济与国际政治经济辩证互动,加之多边贸易体制半个多世纪积累起来的一整套规则体制、约束保障机制、利益促进与扩大机制,为 WTO 成员实现共赢性博弈提供必备的内生性制度条件。[②] 理解多边贸易体制博弈的本质,可以从两个层面展开:一是国际贸易理论演化的维度和路径,二是多边贸易体制自身的机理。

(一)国际贸易理论演化与共赢性博弈[③]

国际贸易理论基本上沿着"自由、干预"、"合作、竞争"两个基本维度演化(见图 3-1),不同维度的组合构成了四种不同的贸易理论类型,分别为自由贸易(自由和竞争)、保护贸易(竞争和干预)、管理贸易(干预和合作)和共赢贸易(合作和自由)。

在图 3-1 中,自由贸易和保护贸易理论都是基于国家间竞争的分析,以国家间的独立性、竞争性为共同特征,共同的理论假设前提是国际贸易是国家间的非合作零和博弈。在互相独立、竞争的国家内,自由贸易提出了效率和总体福利原则,主要强调市场机制对经济的自发调节作用,认为一国帕累

---

① 刘光溪.共赢性博弈——多边贸易体制的国际政治经济学分析[M].上海:上海财经大学出版社,2007:1.

② 庄惠明,黄建忠.国际贸易理论的演化:维度、路径与逻辑[M]//黄建忠,张明志,郑甘澍主编.国际经贸理论与实践.厦门:厦门大学出版社,2007:2—10.

③ 庄惠明,黄建忠.国际贸易理论的演化:维度、路径与逻辑[M]//黄建忠,张明志,郑甘澍主编.国际经贸理论与实践.厦门:厦门大学出版社,2007:2—10.

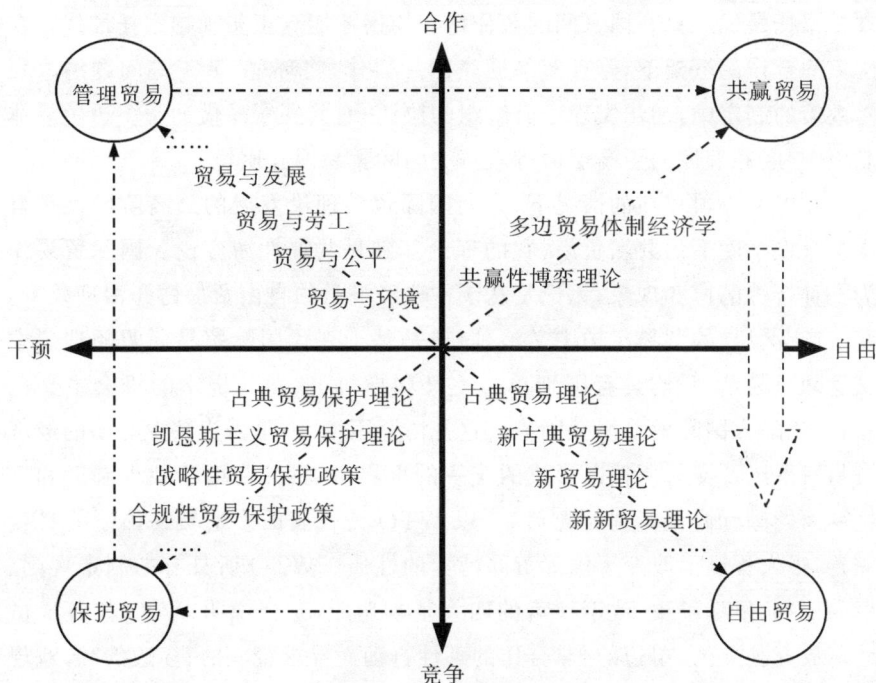

合作

管理贸易　共赢贸易

贸易与发展
贸易与劳工　多边贸易体制经济学
贸易与公平　共赢性博弈理论
贸易与环境

干预　自由

古典贸易保护理论　古典贸易理论
凯恩斯主义贸易保护理论　新古典贸易理论
战略性贸易保护政策　新贸易理论
合规性贸易保护政策　新新贸易理论

保护贸易　自由贸易

竞争

图 3-1　国际贸易理论的演化维度与路径

托最优的获得与政策决定权的归属无关。但保护贸易强调市场机制存在的缺陷需要通过贸易政策的干预进行弥补,强调收入分配关系在贸易政策形成过程中的作用,因此国家在考虑制定贸易政策的过程中,忽略了效率问题而集中于收入分配的问题。两者的出发点分别是国家独立、竞争前提下实现一国总体福利或特定利益集团福利最大化,而对贸易保护中受益者与受损者的辨别及其利益权衡成为自由或保护贸易政策制定的动机。

　　管理贸易和共赢贸易理论则是基于国家间合作的分析,以国家间相互依存、相互协调为共同特征,共同的理论假定前提是国际贸易是国家间的非零和合作博弈。它们认为,自由贸易中的帕累托有效性是就特定博弈的参与者而定义的,并不代表任何更广泛意义上的有效性①,存在着个体理性与集体理性在最优决策上的冲突。而贸易保护中"与邻为壑"政策更无助于实

————————

　　①　如新贸易理论中寡头博弈的帕累托最优结果产生于该产业达到了某种共谋的结果并且产业总利润实现最大化之时。从社会整体的角度来看,这显然不是有效的。

现帕累托最优。只有国家间的合作博弈均衡才能真正实现帕累托最优。在国家间合作的框架下,管理贸易通过国际协作,将环境、劳工等问题纳入贸易政策的制定中,初步实现了有组织的协调;而共赢贸易借助于多边贸易体制,从制度和理性的更高层面有效解决国际贸易博弈困境。

在国家界限存在的情况下,当前国际贸易理论发展的最高阶段就是自由与合作维度下的共赢贸易,它的理论基础是共赢性博弈论。国际贸易作为一种特殊的博弈现象,无论是基于古典经济学的自由贸易博弈治理政策,基于产业发展的贸易保护主义治理,还是基于现代国际贸易联盟的理想主义管理贸易治理,均具有国别单边主义和投机、偶然与侥幸的机会主义色彩,难免陷入国际贸易博弈困境。这种博弈困境,一是因为缺少必要的经济贸易联系以及交易所赖以形成的统一的世界市场;二是由于缺少制度和理性层面的国际协调机制与规则。[①] 以 WTO 为代表的多边贸易体制的日益完善,很大程度上改变了国际贸易博弈的性质。WTO 所具有的制定规则、贸易谈判、争端解决、政策评审的四大基本功能,充分说明 WTO 使各成员政府放弃独立的、单边的、非合作的理性行动而寻求统一的、多边的"游戏规则",以分享多边贸易体制下国际贸易博弈所带来的共同利益,促进了自由贸易均衡的实现。

(二)多边贸易体制机理与共赢性博弈

多边贸易体制及其贸易谈判,无论从静态的理念和制度设定上,还是从动态发展的谈判过程和谈判结果上,都是具有最典型的共赢性博弈属性的。

多边贸易体制谈判就其性质而言,是各方在追求各自的"个体自身利益"的过程中通过妥协最终形成有利于集体利益的决议。因此,这个过程充满了个体利益与集体利益之间的冲突。一般情况下,博弈方的行为准则是追求个体利益,但如果允许博弈中存在"有约束力的协议",使得博弈方采取符合集体利益最大化而不符合个体利益最大化的行为时,能够得到有效的补偿,那么个体利益和集体利益之间的矛盾就可以被克服,从而使博弈方按照集体理性作出决策和采取行为成为可能。将这一博弈理论应用于谈判的

---

① 刘光溪.共赢性博弈——多边贸易体制的国际政治经济学分析[M].上海:上海财经大学出版社,2007:125-147.

实践中,即是要求多边贸易体制谈判应该形成有约束力的协议,并在协议中规定有合适的、能够充分保障发展中成员利益的例外条款。①

1.WTO 实现共赢性博弈的基本规则

以 WTO 为基础的多边贸易体制无论从价值理论、程序规则,还是从贸易自由化谈判以及谈判成果的实施和分配来看,都是一种比较典型的通过更积极手段来实现共赢博弈的游戏规则体系。WTO 成员间的博弈是一种制度性合作博弈。WTO 旨在使成员之间的博弈实现制度性合作,以摆脱非合作博弈情况下的"囚徒困境"。这套制度安排确保所有 WTO 成员能够实现共享国际贸易成果的谈判理念、谈判策略、谈判过程和谈判结局,即"共赢性博弈"。

凝聚在 WTO 诸边协议中的一系列基本规则构成了这套制度安排的核心。如图 3-2 所示,这些基本规则包括:非歧视性原则、公平贸易规则、贸易自由化规则、透明度规则、争端解决机制规则、允许灵活例外和保障措施规则以及发展中成员优惠待遇规则。其中,非歧视性规则、公平贸易规则是实现共赢性博弈最根本的约束机制;贸易自由化规则是实现共赢性博弈的具

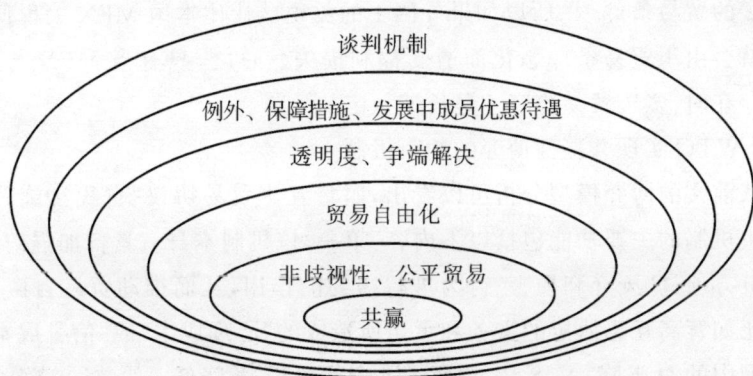

图 3-2　WTO 多边贸易体制实现共赢的机理分析

体途径和手段;透明度规则和争端解决规则是使共赢性博弈长期持续存在的制度性安全保障;灵活例外和保障措施规则以及发展中成员优惠待遇规

① 刘光溪.共赢性博弈——多边贸易体制的国际政治经济学分析[M].上海:上海财经大学出版社,2007:125—147.

则可以理解为是 WTO 基于动态贸易环境和各成员参与博弈能力上的差别考虑对实现共赢性博弈条件的一种修订和补充,其目的同样是使共赢性博弈长期持续存在。WTO 谈判机制显然可以看作是对 WTO 多边贸易体制不断发展和完善的机制,充分反映了 WTO 这套保证成员合作博弈制度安排的完美和严谨。

2.WTO 实现共赢性博弈的运作机制

WTO 实现共赢性博弈的运作机理主要是通过非歧视性原则(最惠国待遇,MFN)和互惠原则相联系。以前面的三国博弈模型为例,如果没有 MFN 原则,虽然三国达成了互惠贸易协定,但本国依然可以通过与外国 1 达成更优惠的协议而损害外国 2 的利益,因为它恶化了外国 2 的贸易条件,三国之间的世界相对价格($\tilde{p}^{w1}$ 和 $\tilde{p}^{w2}$)变得不等,政治经济最优的条件也被破坏。因此,在这种所谓"双边机会主义"的威胁(Bagwell and Staiger,1999)下,外国 2 不会愿意加入贸易协定。如果本国按照 MFN 原则使三国达成协议,但它并不要求外国 2 提供互惠,能实现最优吗?不一定。因为当本国和外国 1 达成双边协定时,本国向外国 2 提供 MFN 优惠关税会恶化外国 2 的贸易条件。[①] 所以如果外国 1 的关税减让比本国 MFN 关税低,外国 2 就会由于贸易条件恶化而遭受福利损失。总之,只有当 MFN 与互惠同时存在时,多边贸易协定才是长期稳定的。

3.WTO 实现共赢性博弈的约束机制

从前文的博弈模型分析可以看出,监督互惠贸易协议"自我实施"的争端解决机制的主要功能包括以下内容:第一,该机制本身就具备加强约束任何成员方通过"废弃和损害"行为进行违约的作用,从而推动贸易自由化进程。比如背离互惠协定的义务和承诺所造成的"心理成本"或"信誉成本"将使模型中的 Ω 下降,V 上升,故而最大合作关税 $\tilde{\tau}^c$ 降低。第二,WTO 从程序的一开始就鼓励磋商与调解,而且在以后的程序中也随时希望双方达成庭外和解,显示了它作为"再谈判论坛"的性质,用博弈模型的语言来说就是确保成员方不要违约背离"最大合作关税"。第三,当调解无效而进入专家

---

① 这是因为按照三国模型,外国 1 在进口商品 1 时的关税比外国 2 要低,导致本国向外国 2(1)的出口减少(增加),这提高了本国向外国 2 出口商品 1 的价格,因此外国 2 的贸易条件恶化了。

小组工作阶段后,争端解决机制开始体现出它搜集、散布和澄清信息的作用,通过调查和取证能够弄清贸易量的减少是由于市场波动造成的,还是被诉方违约造成的,这对于那些透明度不高和情况复杂的非关税壁垒的申诉的调查尤为重要。只要调查的成本低于无谓的"贸易战"成本,该机制就做出了积极的贡献。第四,赔偿和授权报复是争端解决机制进入最后强制执行阶段的两种选择方式,赔偿显然要比报复好得多。[①] 这体现了该机制最为重要的功能,即在寻求最终的多边补救方式之前排除任何单边行动,因为它会使各方退回到纳什均衡的非效率福利水平上。它限制了大国任意采取"侵略性的单边主义"措施(如美国的 301 条款,Bhagwati,1991)向其他国家的"不公平贸易"行为施加压力的可能性。最后还应特别指出的是,多边争端解决机制能够克服双边关系中存在的"势力不均衡",因为在两国的"贸易战"中总是大国损失更小,所以在双边框架下约束它违约的力量较小。而在多边框架下,违约将受到所有相关方的联合上诉或报复,增加了违约方的成本。这就是强制协议实施的"第三方效应"——交换和汇集实施力量。

4.WTO 实现共赢性博弈的促进机制

对多边贸易体制的经济学研究范式隐含着一个重要假设前提,即贸易环境不发生变动。因为这种变动将会直接影响激励条件,故而最大合作关税也就难以维持。然而现实中贸易环境是经常发生变动的,最典型的现象就是在短期内进口额的激增。为了避免国内经济遭受严重的冲击和损害,WTO 协议包含了例外和保障条款,它允许成员方在特定的情况下撤销或停止履行规定的正常义务,从而提供了在必要时违背互惠自由化承诺的途径。因此,它是 WTO 的一个"安全阀"和"保险"机制。[②]

当然,WTO 这套"安全阀"机制也为其成员刻意寻求保障以达到自私自利的目的提供了便利。因此,为防止 WTO 成员的滥用,WTO 一方面对这些例外和保障措施的使用规定了严格的条件,另一方面还严格规定了临

[①] 但赔偿措施被批评为"趋向于保守",因为这些赔偿通常是"停止和打住"的命令,而非对违规行为的处罚(Hoekman and Kostecki,1995)。

[②] WTO 例外和保障措施主要包括 GATT 1994 第 20 条"一般例外"、第 21 条"安全例外"、第 12 条"国际收支例外"、第 8 条"取消数量限制例外"、第 14 条"非歧视原则例外"、第 15 条"外汇平衡例外"、第 24 条"关税同盟例外"以及第 19 条"紧急措施例外",最后再加上《保障措施协议》。

时保护措施的使用期限,并要求实施方对给其他成员造成的损害提供补偿。同样,对发展中成员的差别待遇也可以看作是对 WTO 成员多边博弈以达到"共赢"条件的弥补。① 在 WTO 多边博弈中,大成员和小成员、发达成员和发展中成员之间博弈能力是不平衡的。在博弈均衡状态下所达成的贸易自由化承诺,在发达成员和发展中成员之间的利益分配也是不均衡的。显然,要维护共赢性博弈的长期存在,就必须考虑发展中成员尤其是最不发达成员履行合作协议的实际能力,通过实施差别性的待遇来安抚它们,以推动贸易自由化进程。

5.WTO 实现共赢性博弈的收益扩大机制

在多边贸易体制下,有约束力的协议和灵活例外规则的共存催生了两个收益增生机制。②

(1)市场扩大机制。市场扩大机制是由有约束力的协议直接带来的。有约束力的协议的存在提高了国际贸易参与博弈主体对其他国际贸易博弈主体市场行为预期的准确性,有利于国际贸易博弈主体理性地开放自己的市场;在谈判机制约束下,各国际贸易博弈主体只有自己开放较大市场时才能期待其他国际贸易博弈主体对自己开放更大的市场,国际贸易主体趋利的本性与这种机制相结合就会形成尽可能开放市场的行动;最惠国待遇规则又成为这种机制成果的放大器,使市场开放的成果惠及所有成员;市场开放给各国际贸易博弈主体带来的利益又吸引多边贸易体制外的市场加入,最终促成了世界市场最大化。

(2)效率促进机制。市场开放的结果使各博弈主体的市场连成一体,形成规模经济效应。各博弈主体面临外来产业竞争的强大压力,迫使其为生存加大科技投入,提高企业素质和效率,增强国民经济竞争力。因为约束性协议的存在杜绝了各博弈主体通过掠夺增强自己竞争力的可能,各成员取得竞争优势的唯一出路就是提高自己企业的效率,增强国民经济的竞争力,否则只能被淘汰。加大科技投入、提高创新能力就成为走出优胜劣汰困境的必然选择。在市场扩大机制和效率促进机制的推动下,世界市场各博弈

---

① WTO 对发展中成员的差别待遇主要体现在 GATT 1994 第 18 条"经济发展例外"、第四部分"贸易与发展"以及其他 WTO 协议中,如 TRIPS、TRIMS 和 GATS 等。

② 刘光溪.共赢性博弈——多边贸易体制的国际政治经济学分析[M].上海:上海财经大学出版社,2007:138—139.

主体普遍实现了专业化分工基础上的规模经济,其结果就是国际贸易博弈总收益的最大化,为各国际贸易博弈主体的共赢性博弈奠定了坚实的基础。

二、多边贸易体制谈判的共赢博弈演化分析

多边贸易体制的设计为博弈各方实现共赢提供了一个可能的基础平台,但共赢现实的达成却必须通过谈判。在谈判过程中,各博弈方初衷不尽相同,能否走出"囚徒困境"的谈判结局也就存在差异。Sarin 通过定义一个与"客观博弈"相对的"主观博弈",从演化博弈的角度对囚徒困境进行了新的阐释。[①] Sarin 指出,在某些条件下,博弈双方有可能走出困境,达到双方共赢贸易的结果。将 Sarin 的观点应用于对多边贸易体制谈判中合作博弈的分析,通过设定线性主观评价修正方式,用简单的概率统计方法,考察不同初始值情况对演化路径的影响并进行相应的福利分析后发现:两国政府的初始主观意愿、博弈收益矩阵、演进策略等对新贸易干预政策的动态演化结果及福利水平有显著影响。两国政府初始时越"友善",两国的福利水平就可能越高。主观的合作态度可以使两国政府少走弯路,提高各自的福利水平,回归自由贸易。贸易保护政策不可能长期提高一国福利,"以邻为壑"的策略在长期动态演进过程中通常很难奏效。[②]

(一)谈判的共赢博弈演化基本模型

假设有两个国家 A 和 B。每个国家市场上均存在规模经济和不完全竞争。在多边贸易体制下,两国都需要在关税减让和不减让之间进行选择。两国的支付矩阵如图 3-3 所示:

其中,$c > a > d > b$。不难看出,图 3-3 中博弈的纳什均衡为(不减让,不减让),两国陷入囚徒困境。

根据 Sarin 的观点,与"客观博弈"相对应,定义主观博弈为:博弈参与者给他可选择的每个策略一个先验主观评价,并根据实际结果对这个主观

---

① Rajiv Sarin. Simply Play in the Prisoner's Dilemma[J]. Journal of Economic Behavior & Organization,1999,40.

② 海闻,沈琪.贸易保护、演化博弈与福利分析[R].第五届中国经济学年会论文,2005.

<table>
<tr><td></td><td></td><td colspan="2" style="text-align:center">B国</td></tr>
<tr><td></td><td></td><td>减让</td><td>不减让</td></tr>
<tr><td rowspan="2">A国</td><td>减让</td><td>a,a</td><td>b,c</td></tr>
<tr><td>不减让</td><td>c,b</td><td>d,d</td></tr>
</table>

图 3-3　两国关税减让谈判得益矩阵

评价进行修正。修正值位于先验评价和实际结果构成的区间内。没有实际发生的策略的主观评价值不更新。

假设参与者 $i(i=\mathrm{A},\mathrm{B})$ 在第 0 期对"减让"策略所能得到收益的先验主观评价为 $u_f^i(0)$,且 $u_f^i(0)\in(b,a)$;对"不减让"策略所能得到收益的先验主观评价为 $u_p^i(0)$,且 $u_p^i(0)\in(d,c)$ 。

定理[①]:当 $u_f^A(0)>u_p^A(0)$ 且 $u_f^B(0)>u_p^B(0)$ 时,双方一直停留在策略(减让,减让)。其他情况下,演化博弈的过程可能会历经四个博弈可能结果。(不减让,减让)和(减让,不减让)都不是稳定均衡,(减让,减让)是唯一的均衡并总能以正的概率达到。

在 Sarin 的基础上,本书进一步讨论博弈收益矩阵对初始状态的影响。

图 3-4 的左边,深色区域表示 $u_f^i(0)$ 的取值范围,浅色区域表示 $u_p^i(0)$ 的取值范围。下面分三种情况讨论博弈收益矩阵对初始状态的影响。

(1)特殊情况 1

如果 $u_f^i(0)$ 服从区间 (b,a) 上的均匀分布, $u_p^i(0)$ 服从 (d,c) 区间上的均匀分布,那么" $u_f^A(0)>u_p^A(0)$ 且 $u_f^B(0)>u_p^B(0)$ "发生的概率为 $p=\left[\dfrac{\frac{1}{2}(a-d)^2}{(a-b)(c-d)}\right]^2$ 。如图 3-4 右边所示,深色三角形面积占矩形面积的比

例 即 是 所 求 的 概 率。 不 难 证 明 : $\dfrac{\partial p}{\partial a}=2\left[\dfrac{(a-d)^2}{2(a-b)(c-d)}\right]$ $\left[\dfrac{(a-d)(a+d-2b)}{2(c-d)(a-b)^2}\right]>0,\dfrac{\partial p}{\partial b}>0,\dfrac{\partial p}{\partial c}<0,\dfrac{\partial p}{\partial d}=2\left[\dfrac{(a-d)^2}{2(a-b)(c-d)}\right]$ $\left[\dfrac{(a-d)(a+d-2c)}{2(a-b)(c-d)^2}\right]<0$ 。博弈双方直接进入合作博弈并且将一直合

---

① Sarin(1999)给出了这个定理的证明。

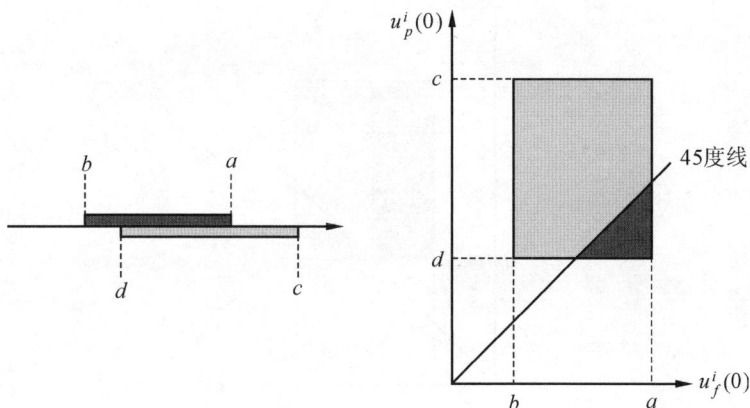

图 3-4　特殊情况 1 的博弈收益图

作下去的概率为 p。p 随着 a、b 的增加而增加,随着 c、d 的增加而减少。不论对方采取不减让还是减让策略,当博弈参与者从关税减让策略中得到的收益增加时,p 会增加;不论对方采取不减让还是减让策略,当博弈参与者从不减让策略中得到的收益增加时,p 会减少。博弈双方在第 0 期给"减让"策略的主观评价越高,双方越容易进入(减让,减让)的永久合作均衡。

(2)特殊情况 2

另外一种比较特殊的情况是:当 $u_f^i(0) \in (b,d)$ 时,博弈将始终停留在(不减让,不减让)。" $u_f^i(0) \in (b,d)$,i＝A,B"的概率为 $q = (\dfrac{d-b}{a-b})^2$(如图 3-5 所示)。不难证明:$\dfrac{\partial q}{\partial a} < 0, \dfrac{\partial q}{\partial b} = 2(\dfrac{d-b}{a-b}) \dfrac{d-u}{(a-b)^2} < 0, \dfrac{\partial q}{\partial c} = 0, \dfrac{\partial q}{\partial d} > 0$。博弈双方将始终陷入囚徒困境的概率为 q。q 随着 a、b 的增加而减少,随着 d 的增加而增加,不随 c 的改变而改变。不论对方采取不减让还是减让策略,当博弈参与者从减让策略中得到的收益增加时,q 会减少;不论对方采取不减让还是减让策略,当博弈参与者从不减让策略中得到的收益增加时,q 不会减少。博弈双方在第 0 期如果给"减让"策略一个很低的主观评价(小于 d),则双方将始终陷入(不减让,不减让)的囚徒困境而无法自拔。

(3)其他情况

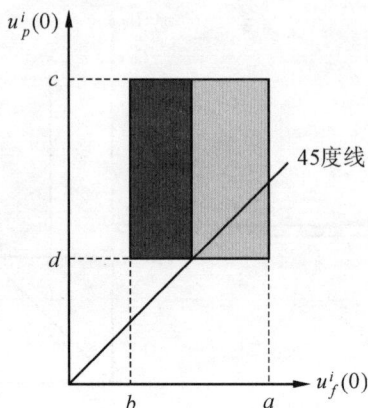

图 3-5　特殊情况 2 的博弈收益图

在特殊情况 1 和特殊情况 2 之外的其他情况下,博弈不会始终停留在某一个结果,而是需要经过一个演化的过程。其中,(减让,不减让)以及(不减让,减让)都不会是演化的长期均衡解。长期演化均衡解只能是(减让,减让)或者(不减让,不减让)。

(二)谈判博弈的演化路径与福利分析

不同初始值情况下的演化路径不尽相同。下面分四种情况讨论双方博弈的演化路径。

1.第 0 期,A 国和 B 国都选择减让策略

(1)博弈演化路径

为了具体讨论博弈双方的演化路径,假设博弈参与者在第 t 期对第 $t-1$ 期主观评价的修正遵循如下公式:在第 t 期,实际发生策略的收益为 ξ,第 $t-1$ 期对实际发生策略的主观评价为 $\eta(t-1)$,则博弈参与者将该策略的主观评价更新为 $\eta(t)=[\eta(t-1)+\xi]/2$[①];没有发生策略的主观评价不修正。

————————

①　将本期的主观评价调整为上期的主观评价和本期实际收益的代数平均。

命题 1：当 $u_f^A(0) \geqslant u_p^A(0), u_f^B(0) \geqslant u_p^B(0)$ [1]时，博弈必然将走向（减让，减让）的均衡结果，且 $\lim\limits_{t \to \infty} u_f^A(t) = a$，$\lim\limits_{t \to \infty} u_p^A(t) = u_p^A(0)$，$\lim\limits_{t \to \infty} u_f^B(t) = a$，$\lim\limits_{t \to \infty} u_p^B(t) = u_p^B(0)$。

证明：因为 $u_f^A(0) \geqslant u_p^A(0), u_f^B(0) \geqslant u_p^B(0)$，所以在第 0 期双方均选择减让策略，均得到收益 a。在第 1 期，双方对不减让策略的主观评价保持不变，$u_p^A(1) = u_p^A(0), u_p^B(1) = u_p^B(0)$；对减让策略的主观评价修正为 $u_f^A(1) = \dfrac{u_f^A(0) + a}{2} > u_f^A(0), u_f^B(1) = \dfrac{u_f^B(0) + a}{2} > u_f^B(0)$。可知，博弈双方第 n 期修正后对各博弈策略的主观评价分别为 $u_f^A(n) = \dfrac{u_f^A(0) + (2^n - 1) \times a}{2^n}, u_f^B(n) = \dfrac{u_f^B(0) + (2^n - 1) \times a}{2^n}$，且 $u_p^A(n) = u_p^A(0), u_p^B(n) = u_p^B(0)$。不难看出，$\lim\limits_{n \to \infty} u_f^A(n) = a$，$\lim\limits_{n \to \infty} u_p^A(n) = u_p^A(0)$，$\lim\limits_{n \to \infty} u_f^B(n) = a$，$\lim\limits_{n \to \infty} u_p^B(n) = u_p^B(0)$。命题 1 得证。

（2）福利分析

根据命题 1，（减让，减让）将一直延续下去，成为稳定均衡。假设时间贴现因子为 β，则 A、B 两国的福利水平为：

$$W_{(1)}^A = a + \beta \times a + \beta^2 \times a + \cdots = \frac{a}{1 - \beta}$$

$$W_{(1)}^B = W_{(1)}^A = \frac{a}{1 - \beta}$$

其中，W_i^j 表示在第 i 种情况下 j 国的福利水平。

作为福利分析的参照，如果两国从第 0 期开始一直选择减让策略，则两国福利水平均为 $W_f = \dfrac{a}{1 - \beta}$；如果两国从第 0 期开始一直选择不减让策略，则两国福利水平均为 $W_p = \dfrac{d}{1 - \beta}$，且 $W_f > W_p$。

在这种情况下，双方一直实行减让策略，福利水平 $W_{(1)}^B = W_{(1)}^A = W_f > W_p$。双方没有进入囚徒困境，而是一直处于（减让，减让）结果中。双方对

---

① 当博弈参与者对自由贸易策略和贸易保护策略的主观评价相同时，假设它将采取自由贸易策略。

减让策略的主观评价在长期将趋于(减让,减让)策略所能带来的真实收益 a。彼此开放(倾向于自由贸易而不是贸易保护)的两国将一直处于自由贸易之中,可以规避"贸易战",达到较高的福利水平。

2.第 0 期,A 国和 B 国都选择不减让策略

(1)博弈演化路径

(减让,不减让)和(不减让,减让)都不是稳定均衡,因此如果博弈存在稳定均衡的话,只能是(减让,减让)或者(不减让,不减让)。通过下面的数值实例可以发现:在第 0 期,如果 A、B 国都选择不减让,那么最终均衡可能是(减让,减让),也可能是(不减让,不减让)。

仿真模拟实验一:假设 $b=10,d=20,a=90,c=100,u_f^A(0)=30,u_p^A(0)=60,u_f^B(0)=30,u_p^B(0)=60$,可以证明,从第 2 步开始,博弈便进入(减让,减让)的均衡结果。

仿真模拟实验二:假设 $b=10,d=20,a=90,c=100,u_f^A(0)=30,u_p^A(0)=40,u_f^B(0)=30,u_p^B(0)=80$,可以证明,从第 114 步开始,博弈将陷入(不减让,不减让)的均衡结果。

考虑到技术上的可操作性,本书着重讨论 A、B 两国具有"同质性"的情况:在第 0 期 A、B 两国对减让策略的主观评价相同、对不减让策略的主观评价相同,并且 A、B 两国在第 0 期均选择不减让策略。

命题 2: 当 $u_f^A(0)=u_f^B(0),u_p^A(0)=u_p^B(0)$,并且 $u_f^A(0)<u_p^A(0)$,$u_f^B(0)<u_p^B(0),u_f^A(0)=u_f^B(0)\in(d,a)$ [①]时,博弈必然将走向(减让,减让)的均衡结果。

证明:因为 $u_f^A(0)<u_p^A(0),u_f^B(0)<u_p^B(0)$,所以在第 0 期双方均选择不减让策略,均得到收益 d。在第 1 期,双方对减让策略的主观评价保持不变,$u_f^A(1)=u_f^A(0),u_f^B(1)=u_f^B(0)$;对不减让策略的主观评价修正为 $u_p^A(1)=\dfrac{u_p^A(0)+d}{2}<u_p^A(0),u_p^B(1)=\dfrac{u_p^B(0)+d}{2}<u_p^B(0)$。如果博弈双方在第 n 期仍然选择不减让策略,那么第 n 期修正后的对不减让策略的主观评价为 $u_p^A(n)=\dfrac{u_p^A(0)+(2^n-1)\times d}{2^n}=\dfrac{u_p^B(0)+(2^n-1)\times d}{2^n}=u_p^B(n)$,且

---

① 前文中已经证明,当 $u_f^A(0)=u_f^B(0)\in(b,d)$ 时,双方将一直停留在(不减让,不减让)的囚徒困境。

$u_f^A(n) = u_f^A(0) = u_f^B(0) = u_f^B(n)$。不难看出，$\lim\limits_{n \to \infty} u_f^A(n) = \lim\limits_{n \to \infty} u_f^B(n) = d$，结合 $u_f^A(0) = u_f^B(0) \in (d, a)$ 的假设可知：$\exists N$，当 $n < N$ 时，$u_f^A(n) < u_p^A(n), u_f^B(n) < u_p^B(n)$；当 $n \geqslant N$ 时，$u_f^A(0) = u_f^A(N) \geqslant u_p^A(N) = \dfrac{u_p^A(0) + (2^N - 1) \times d}{2^N}$，$u_f^B(0) = u_f^B(N) \geqslant u_p^B(N) = \dfrac{u_p^B(0) + (2^N - 1) \times d}{2^N}$[①]。

因此，在第 N 期，双方将同时放弃不减让策略转而采用减让策略。在第 $N+1$ 期，A、B 两国均修正对减让策略的主观评价，得到 $u_f^A(N+1) = \dfrac{u_f^A(0) + a}{2}$，$u_p^A(N+1) = \dfrac{u_p^A(0) + (2^N - 1) \times d}{2^N}$，$u_f^B(N+1) = \dfrac{u_f^B(0) + a}{2}$，$u_p^B(N+1) = \dfrac{u_p^B(0) + (2^N - 1) \times d}{2^N}$。因为 $u_f^A(N+1) > u_p^A(N+1)$，$u_f^B(N+1) > u_p^B(N+1)$，所以在第 $N+1$ 期，双方仍均实行减让策略。

（2）福利分析

由前文中的实验一和实验二知，演化博弈有可能收敛于（减让，减让），也可能收敛于（不减让，减让）。这里，福利分析仅计算命题 2 对应的情况。

在命题 2 的框架下，两国第 0 期至第 $N-1$ 期的收益均为 d，第 N 期及之后的收益为 a。两国的福利水平为：

$$W_{(2)}^A = d + \beta \times d + \cdots + \beta^{N-1} \times d + \beta^N \times a + \beta^{N+1} \times a + \cdots$$
$$= \frac{d \times (1 - \beta^N) + a \times \beta^N}{1 - \beta}$$

$$W_{(2)}^B = W_{(2)}^A = \frac{d \times (1 - \beta^N) + a \times \beta^N}{1 - \beta}$$

在命题 2 的情况下，双方从"贸易战"转向彼此自由贸易，福利水平 $W_p < W_{(2)}^B = W_{(2)}^A = \dfrac{d \times (1 - \beta^N) + a \times \beta^N}{1 - \beta} < W_f$。福利水平位于纯自由贸易的福利水平（$W_f$）和纯"贸易战"的福利水平（$W_p$）之间。因为 $\dfrac{\partial N}{\partial u_f^A(0)} < 0$，$\dfrac{\partial N}{\partial u_p^A(0)} > 0$，$\dfrac{\partial N}{\partial d} > 0$，$\dfrac{\partial N}{\partial \alpha} < 0$，可以证明 $\dfrac{\partial W_{(2)}^A}{\partial u_f^A(0)} > 0$，$\dfrac{\partial W_{(2)}^A}{\partial u_p^A(0)} < 0$，$\dfrac{\partial W_{(2)}^A}{\partial d}$

---

① 当博弈参与者对减让策略和不减让策略的主观评价相同时，假设它将采取减让策略。

$<0,\dfrac{\partial W^A_{(2)}}{\partial \alpha}>0$，对 B 国也有相同的结论。两国第 0 期对减让策略的主观评价（$u^A_f(0)$）越高，对不减让策略的主观评价（$u^A_p(0)$）越低，双方都实行不减让策略时两国得到的收益（d）越小，博弈参与者越看重策略的实际收益（α），则两国福利水平（$W^A_{(2)}$，$W^B_{(2)}$）越高。

3. 第 0 期，A 国选择减让策略，B 国选择不减让策略

（1）博弈演化路径

当 $u^A_f(0)>u^A_p(0)$，$u^B_f(0)<u^B_p(0)$ 时，两国有可能最终回归（减让，减让），但也有可能陷入（不减让，不减让）的囚徒困境。

仿真模拟实验三：当 $u^A_f(0)=80$，$u^A_p(0)=40$；$u^B_f(0)=40$，$u^B_p(0)=80$ 时，两国博弈的长期均衡结果为（减让，减让）。

仿真模拟实验四：当 $u^A_f(0)=50$，$u^A_p(0)=40$；$u^B_f(0)=40$，$u^B_p(0)=80$ 时，两国博弈的长期均衡结果为（不减让，不减让）。

仿真模拟实验三、四的证明从略。

由于 A 国选择减让策略、B 国选择不减让策略，因此两国"同质性"条件不再满足。假设两国存在"显著差异"：在第 0 期，A 国对减让策略的主观评价为减让策略所能得到的最高收益 a，对不减让策略的主观评价为不减让策略所能得到的最低收益 d，B 国对减让策略的主观评价为减让策略所能得到的最低收益 b，对不减让策略的主观评价为不减让策略所能得到的最高收益 c，可得命题 3。

命题 3：当 $u^A_f(0)=a$，$u^A_p(0)=d$，$u^B_f(0)=b$，$u^B_p(0)=c$ 时，博弈必将走向（不减让，不减让）的均衡结果。

证明：因为 $u^A_f(0)=a$，$u^A_p(0)=d$，$u^B_f(0)=b$，$u^B_p(0)=c$，第 0 期 A 国选择减让策略，B 国选择不减让策略，因此 A 国得到的实际收益为 b，B 国得到的实际收益为 c。

第 1 期，A 国修正对减让策略的主观评价，B 国修正对不减让策略的主观评价，得到 $u^A_f(1)=(a+b)/2$，$u^A_p(1)=d$，$u^B_f(1)=b$，$u^B_p(1)=c$。第 1 期，B 国必然再次选择不减让策略。如果 $(a+b)/2\geqslant d$，A 国将继续选择减让策略，则 A 国得到的实际收益为 b，B 国得到的实际收益为 c。如果 $(a+b)/2<d$，A 国将改为选择不减让策略，则 A、B 国得到的实际收益均为 d。

如果第 1 期双方的策略为(减让,不减让),那么第 2 期 A 国修正对减让策略的主观评价,B 国修正对不减让策略的主观评价,得到 $u_f^A(2)=(a+3b)/4$,$u_p^A(2)=d$,$u_f^B(1)=b$,$u_p^B(1)=c$。如果第 1 期双方的策略为(不减让,不减让),那么第 2 期 A 国修正对不减让策略的主观评价,B 国修正对不减让策略的主观评价,得到 $u_f^A(2)=(a+b)/2$,$u_p^A(2)=d$,$u_f^B(1)=b$,$u_p^B(1)=(d+c)/2$。

如果第 0 期至第 n 期,A 国一直选择减让策略,那么第 n 期各国对各策略的主观评价为:$u_f^A(n)=\dfrac{a+(2^n-1)\times b}{2^n}$,$u_p^A(n)=d$,$u_f^B(n)=b$,$u_p^B(n)=c$。因为 $b<d$,所以存在 N^*,使得当 $n<N^*$ 时,$u_f^A(n)\geqslant u_p^A(n)=d$;当 $n=N^*$ 时,$u_f^A(N^*)<u_p^A(N^*)=d$。第 0 期至第 N^*-1 期,双方始终处于(减让,不减让)的结果。在第 N^* 期,两国均实行不减让策略。

第 N^*+1 期,A、B 两国均修正对不减让策略的主观评价,得到

$$u_f^A(N^*+1)=\frac{a+(2^{N^*}-1)\times b}{2^{N^*}},u_p^A(N^*+1)=d,u_f^B(N^*+1)=b,$$

$u_p^B(N^*+1)=(d+c)/2$。因为 $u_f^A(N^*+1)<u_p^A(N^*+1)$,$u_f^B(N^*+1)<u_p^B(N^*+1)$,所以第 N^*+1 期,双方仍均实行不减让策略。

(2)福利分析

由前文中的实验三和实验四知,演化博弈有可能收敛于(减让,减让),也可能收敛于(不减让,减让)。这里,福利分析仅计算命题 3 对应的情况。

在命题 3 的框架下,第 0 期至第 N^*-1 期,A 国选择减让策略,收益为 b;B 国选择不减让策略,收益为 c。第 N^* 期之后,A、B 两国均选择不减让策略,收益均为 d。两国的福利水平为:

$$W_{(3)}^A=b+\beta\times b+\cdots+\beta^{N^*-1}\times b+\beta^{N^*}\times d+\beta^{N^*+1}\times d+\cdots$$
$$=\frac{b\times(1-\beta^{N^*})+d\times\beta^{N^*}}{1-\beta}$$

$$W_{(3)}^B=c+\beta\times c+\cdots+\beta^{N^*-1}\times c+\beta^{N^*}\times d+\beta^{N^*+1}\times d+\cdots$$
$$=\frac{c\times(1-\beta^{N^*})+d\times\beta^{N^*}}{1-\beta}$$

博弈从(减让,不减让)转为双方"贸易战"。A 国的福利水平 $W_{(3)}^A=$

$$\frac{b \times (1-\beta^{N^*}) + d \times \beta^{N^*}}{1-\beta} < W_p < W_f; \text{B 国的福利水平 } W_{(3)}^B =$$

$$\frac{c \times (1-\beta^{N^*}) + d \times \beta^{N^*}}{1-\beta} > W_p, \text{但 } W_{(3)}^B \text{ 与 } W_f \text{ 的相对大小不确定。这是}$$

因为 $W_{(3)}^B - W_f = \dfrac{c \times (1-\beta^{N^*}) + d \times \beta^{N^*} - a}{1-\beta}$ ①，虽然 N^* 内生，但 $N^* =$

$\text{int}((\ln\dfrac{d-b}{a-b})/\ln(1-\alpha)) + 1$，与 c 无关，且 $N^* \geqslant 1$。所以，$\lim\limits_{c \to \infty}(W_{(3)}^B -$

$W_f) > 0, \lim\limits_{c \to a}(W_{(3)}^B - W_f) < 0$。

记 $N^* = f(a,b,d,\alpha)$，则 $W_{(3)}^B - W_f = \dfrac{c \times (1-\beta^{f(a,b,d,\alpha)}) + d \times \beta^{f(a,b,d,\alpha)} - a}{1-\beta}$，

其中 $\dfrac{\partial f}{\partial a} > 0, \dfrac{\partial f}{\partial b} > 0, \dfrac{\partial f}{\partial d} < 0, \dfrac{\partial f}{\partial \alpha} < 0$。可知，$\dfrac{\partial(W_{(3)}^B - W_f)}{\partial b} > 0, \dfrac{\partial(W_{(3)}^B - W_f)}{\partial c} > 0$，

$\dfrac{\partial(W_{(3)}^B - W_f)}{\partial \alpha} < 0$。

第 0 期，A 国采用减让策略，B 国采用不减让策略。A 国得到收益 b，A 国在第 1 期将修正对减让策略的主观评价。b 越大，修正后的主观评价越大，A 在第 1 期越有可能继续采取减让策略，从而 B 国在第 1 期越有可能继续得到不减让策略带来的高收益 c，而不是双方不减让时得到的收益 d。第 2 期的情况类似……，所以 $\dfrac{\partial(W_{(3)}^B - W_f)}{\partial b} > 0$。

c 越大，B 国从不减让策略中得到的收益越大（当 A 国实行减让策略时），即当对方（A 国）采取合作态度时，B 国"背叛"的收益越大，则 B 国福利水平越高，$\dfrac{\partial(W_{(3)}^B - W_f)}{\partial c} > 0$。当 $c \to \infty$ 时，B 国福利水平将高于双方完全自由贸易时的福利水平 W_f。

α 越大，A 国越迅速调整自身对减让策略的主观评价，越早结束 B 国享有较高收益 c 的状态，B 国福利水平越低，$\dfrac{\partial(W_{(3)}^B - W_f)}{\partial \alpha} < 0$。当 $\alpha \to 1$ 时，B 国福利水平很可能低于双方完全自由贸易时的福利水平 W_f，从而使

---

① 分子可以理解为 d 与 c 的加权平均（权数为 β^{N^*}）减去 a（由已知条件知 $c > a > d$）。

B 国对双方自由贸易的偏离得不偿失;当 $\alpha \to 0$ 时,B 国福利水平将高于双方完全自由贸易时的福利水平 W_f ($\lim\limits_{\alpha \to 0} W^B_{(3)} = \dfrac{c}{1-\beta}$),但 B 国此时的高福利水平建立在 A 国低福利水平的基础上 ($\lim\limits_{\alpha \to 0} W^A_{(3)} = \dfrac{b}{1-\beta}$),并不是双赢的结果。

4.第 0 期,A 国选择贸易保护,B 国选择自由贸易

与第 3 点的情况类似,不再赘述。

(三)小结

从福利分析可以看出,两国初始状态 $(u^A_f(0), u^A_p(0), u^B_f(0), u^B_p(0))$ 对博弈演化路径、均衡结果以及两国福利水平都有显著影响。如果两国第 0 期均倾向于减让策略,则两国将一直保持减让并得到较高福利水平;如果两国第 0 期均倾向于不减让或者一国倾向于减让而对方倾向于不减让,则博弈演化可能归于(减让,减让)的均衡结果,也可能归于(不减让,不减让)的均衡结果,这取决于双方初始主观评价值、修正主观评价值的方式以及博弈收益矩阵。不同演进过程和均衡结果给两国带来的福利水平也大不相同。

如果两国第 0 期均倾向于不减让并且两国"同质"(参见命题 2),则两国最终将必定走向(减让,减让)的均衡结果,两国的福利水平位于双方完全贸易保护的福利水平 (W_p) 和双方完全自由贸易的福利水平 (W_f) 之间。如果两国第 0 期一国倾向于减让而对方倾向于不减让并且两国存在"显著差异"(参见命题 3),则两国最终必将走向(不减让,不减让)的均衡结果,最初实行减让的国家的福利水平低于双方完全贸易保护时的福利水平 (W_p),最初实行不减让策略的国家的福利水平高于双方完全贸易保护时的福利水平 (W_p) 而与双方完全自由贸易时的福利水平 (W_f) 之间大小关系不确定。各外生参数 (a, b, c, d, α 等)对福利水平均有不同程度、不同方式的影响。

不减让策略可能带来短期收益的同时,更可能引发福利损失。在本书框架下,不减让策略不可能带来长期利益。一国持续的贸易保护策略将注定引发他国调整主观评价,很可能导致该国福利水平低于双方完全自由贸

易的福利水平(W_f)。而开放(第 0 期均倾向于减让而不是不减让策略)的两国将能在动态演化博弈中享有 W_f 的福利水平;处于"贸易战"的"同质性"两国在演进和修正的动态博弈过程中终将走出囚徒困境。

第二节　多边贸易体制贸易谈判中的
多层合作博弈分析

多边贸易体制框架下,关税政策的制定不再单是一个国家内部的博弈过程,还必须考虑国外政府和产业的影响。多边贸易体制经济学研究范式得出的互惠逻辑原则,在关税政策制定上表现为两国最优关税组合,从而使一国贸易政策从传统的"最优关税率"选择向"最优关税组合"选择转变,以走出单方向追求"最优关税率"而陷入的贸易条件"囚徒困境"。建立于最优关税组合原则上的博弈不再是双层博弈,而是多层博弈,即国家—国家、国家—厂商、厂商—厂商之间的博弈。

本书的模型是在 Mutsuyama 的贸易自由化博弈模型(1990)的基础上进行的拓展。Mutsuyama 的贸易自由化博弈模型把国外产业的竞争当作环境来考虑,给出了一个国家政府和国内产业 2 个参与人的博弈分析。本书的建模思想是把 Mutsuyama 的贸易自由化博弈模型置于 WTO 框架下,把外国政府和外国产业都当作参与人,不仅考虑关税的制定受到缔约方政府的约束和限制,而且考虑关税的制定对与国外产业竞争的相关产业发展的影响,从而建立数理模型及解出均衡解(国家—国家多目标规划及均衡、国家—厂商非线性规划模型及均衡、厂商—厂商静态博弈模型及均衡)。侯云先(2003)建立了相关的博弈模型,探讨了单产品和双产品关税谈判情形,模型分析国家的对外贸易政策选择(通过 WTO 框架下谈判达成的关税减让承诺)如何影响国家利益,以及两国之间可能存在一个或多个均衡点,在不至陷入"困境"的情况下,谈判能达到双方满意解的格局。[①]　该研究主要基

---

①　侯云先,林文.规划与博弈混合多层次模型[J].系统工程理论与实践,2003(7).本书在该文的基础上对模型进行了扩展分析。

于两个非对称国家,以两个不对称的产业为基础展开分析。本书在此基础上,尝试建立多边贸易体制下,以产业内贸易为基础的多层贸易谈判博弈模型,以更贴近当前国际贸易的现实情况,期望对国际贸易谈判合作有所启发。

一、基本模型的建立

在多边贸易体制框架下,为简化分析,仅考虑两个国家的一种产业,假设国家 G_1、G_2 都有这种产业(I_1 和 I_2),且差异化地生产同一类商品,两国之间进行产业内贸易。国家将考虑制定的政策对本国与外国及其产业的影响。一方面,国家要制定产业的保护关税,以保护和促进该产业发展。不同的保护关税政策,对产业的生产决策影响是不同的,因此,国家制定保护关税政策时,必须考虑对产业的影响。而产业受到国家保护关税庇护的同时,必须与国外产业竞争。另一方面,国家制定保护关税,对缔约方国家及其产业也有影响,因此,制定保护关税,必须受到国际贸易关系的影响,也即受到贸易缔约方国家与政策的限制或干涉。那么,缔约方政策的限制究竟如何?产业如何在保护关税下,与其他国家产业相竞争?国家怎样制定产业的保护关税?

假设国家 G_1、G_2 的国内市场价格分别是 p_1、p_2,t 是两国贸易谈判后协定产品的约束关税,对进口产品征收的关税分别是 t_1、t_2,它们都以 t 为上限。h_1、e_1、c_1、h_2、e_2、c_2 分别为 I_1、I_2 的内销量、出口量与单位产品的平均生产成本;π_1、C_{S1}、R_{T1}、π_2、C_{S2}、R_{T2} 分别是国家 G_1、G_2 的产业利润、消费者剩余和关税收入。假设国家 G_1 的市场逆需求函数为 $p_1=\alpha-h_1-e_2$,G_2 的市场逆需求函数为 $p_2=\alpha-h_2-e_1$。其中 $\alpha \geqslant C_1$,否则国家 G_1 不会生产,因为 α 表示 I_1 没有生产且没有进口时的市场潜在价格,同理,$\alpha \geqslant C_2$,且两个国家该产业都是成熟产业,发生产业内贸易的原因是差异化生产,而不是由于成本差异,为简化分析,假设 $C_1=C_2=C$。

在多边贸易体制框架下,贸易谈判的参与人集合为 $\{G_1,G_2,I_1,I_2\}$,多层博弈的决策顺序是国家 G_1、G_2 先谈判决定 t(协定约束关税),然后 G_1、G_2 再根据各自国家的福利函数制定使自己国家福利最大化的关税 t_1、t_2,最后,I_1、I_2 根据对方的关税分别制定内销量与出口量。根据这样的决策过程,贸易谈判的博弈分为三层:第一层,G_1 与 G_2 谈判决定 t,以最大化自己

的目标 $V_1(t)$ 和 $V_2(t)$；第二层，给定了谈判关税后，G_1 与 G_2 都以 t 为上限制定关税，最大化自己的福利；第三层，两国的产业分别在 t_1、t_2 的情况下制定内销量或出口量，最大化各自的利润 π_1 和 π_2。

由此，建立三层混合谈判博弈模型如下（从第三层开始逆向逐层分析建模）：

第三层，是两个参与人的静态博弈问题，即静态博弈模型。

产业 I_1 的利润函数为：$\pi_1 = (p_1 - C)h_1 + (p_2 - C - t_2)e_1$，代入逆需求函数整理得：$\pi_1 = (a - h_1 - e_2 - C)h_1 + (a - h_2 - e_1 - C - t_2)e_1$。同理，产业 I_2 的利润函数为：$\pi_2 = (a - h_2 - e_1 - C)h_2 + (a - h_1 - e_2 - C - t_1)e_2$。因此，产业 I_1、I_2 的策略通过下式解决：$\max_{s.t.\ h_1,e_1 \geqslant 0} \pi_1, \max_{s.t.\ h_2,e_2 \geqslant 0} \pi_2$。其中，$t$ 和 t_1、t_2 是 G_1 与 G_2 的谈判关税和各自的决策关税，在该层次是给定的；h_1、e_1 和 h_2、e_2 分别是产业 I_1、I_2 的决策变量，它们随着对方产业的决策变量的变化而同时变化。

总之，在该层，在给定 t 和 t_1、t_2 以后，I_1 与 I_2 要同时行动，决定各自的最优策略 h_1、e_1 和 h_2、e_2，即静态博弈的纳什均衡。

第二层，是一个非线性规划问题。在这一层，每个国家根据 t 来制定 t_1、t_2，以最大化自己的国家福利，每个国家的总福利都包括消费者剩余、本国产业的利润、国家的关税收入三部分。

由市场逆需求函数可得两国家的消费者剩余为：$C_{S1} = \frac{1}{2}(h_1 + e_2)^2$，$C_{S2} = \frac{1}{2}(h_2 + e_1)^2$，关税收入为关税与进口量的乘积，即 $R_{T1} = t_1 e_2$，$R_{T2} = t_2 e_1$，这时，两国的社会总福利分别为：$W_1 = \pi_1 + C_{S1} + R_{T1}$，$W_2 = \pi_2 + C_{S2} + R_{T2}$。其中，$\pi_1$、$\pi_2$ 为第三层中的最优解处的值。因此，G_1 和 G_2 的策略可从下面的模型中求出，最终得到 t_1 和 t_2：$\max_{s.t.\ 0 \leqslant t_1 \leqslant t} W_1, \max_{s.t.\ 0 \leqslant t_2 \leqslant t} W_2$。

在该层，在给定两个国家的谈判关税 t 以后，两国把谈判关税作为决策变量的上限，考虑 I_1 与 I_2 对其制定的关税的最优反应，从最大化自己的福利出发，制定产品的关税，即非线性规划问题的最优解 t_1 和 t_2。

第一层，是一个多目标规划模型。两国要依赖一定的谈判条件，在谈判集合 T 中，寻求谈判关税 t，使得减让关税后，两国的福利最大。它是两国制定关税的上限。两国的谈判关税可以通过下列模型求出：

$\max [V_1(t) - V_1(t_1 = t_a, t_2 = t_b), V_2(t) - V_2(t_1 = t_a, t_2 = t_b)]$，$s.t.$ $0 \leqslant t_1, t_2 \leqslant t, 0 \leqslant t \leqslant t_a, 0 \leqslant t \leqslant t_b$。其中，$V$ 为最佳关税状态下的福利，$0 \leqslant t_a \leqslant t_b$（两国谈判前的理想关税，比如高关税）。

在该层次，两个国家谈判关税上限 t，以最大化目标函数。

二、模型的均衡解及分析

本书用逆向推导的方法，进行三个层次的分析与求解。

先从第三层的纳什均衡分析开始。

$$\begin{cases} \max \pi_1(h_1, e_1; h_2, e_2, t) = (a - h_1 - e_2 - C)h_1 + (a - h_2 - e_1 - C - t_2)e_1 \\ s.t.\ h_1, e_1 \geqslant 0 \end{cases}$$
(1)

$$\begin{cases} \max \pi_1(h_1, e_1; h_2, e_2, t) = (a - h_2 - e_1 - C)h_2 + (a - h_1 - e_2 - C - t_1)e_2 \\ s.t.\ h_2, e_2 \geqslant 0 \end{cases}$$
(2)

由（1）、（2）可得均衡解：

$$h_1^* = \begin{cases} \dfrac{a-c}{2} & t_1 \geqslant \dfrac{a-c}{2} \\ \dfrac{1}{3}(a-c+t_1) & t_1 \leqslant \dfrac{a-c}{2} \end{cases} \qquad e_1^* = \begin{cases} 0 & t_2 \geqslant \dfrac{a-c}{2} \\ \dfrac{1}{3}(a-c-2t_2) & t_2 \leqslant \dfrac{a-c}{2} \end{cases}$$

$$h_2^* = \begin{cases} \dfrac{a-c}{2} & t_2 \geqslant \dfrac{a-c}{2} \\ \dfrac{1}{3}(a-c+t_2) & t_2 \leqslant \dfrac{a-c}{2} \end{cases} \qquad e_2^* = \begin{cases} 0 & t_1 \geqslant \dfrac{a-c}{2} \\ \dfrac{1}{3}(a-c-2t_1) & t_1 \leqslant \dfrac{a-c}{2} \end{cases}$$

这就是第三层博弈问题的纳什均衡，是第二层规划变量 t_1、t_2 的函数，也可称作两国产业对两国制定的关税的反应函数。

下面推回到第二层次求非线性规划的最优解。在博弈中，每个国家在制定相应的关税时并不知另一个国家制定的关税具体是多少。下面分四种情况进行讨论。

（1）当 $t_1 \in [0, \dfrac{a-c}{2})$，$t_2 \in [0, \dfrac{a-c}{2})$ 时

$$h_1^* = \frac{1}{3}(a-c+t_1), e_1^* = \frac{1}{3}(a-c-2t_2)$$

$$h_2^* = \frac{1}{3}(a-c+t_2), e_2^* = \frac{1}{3}(a-c-2t_1)$$

$$C_{S1} = \frac{1}{18}t_1^2 - \frac{2}{9}(a-c)t_1 + \frac{2}{9}(a-c)^2, R_{T1} = -\frac{2}{3}t_1^2 + \frac{1}{3}(a-c)t_1$$

$$\pi_1 = \frac{1}{9}t_1^2 + \frac{2}{9}(a-c)t_1 + \frac{4}{9}t_2^2 - \frac{4}{9}(a-c)t_2 + \frac{2}{9}(a-c)^2$$

$$W_1(t_1) = \pi_1 + C_{S1} + R_{T1}$$
$$= -\frac{1}{2}\left[t_1 - \frac{1}{3}(a-c)\right]^2 + \frac{1}{18}(a-c)^2 + \frac{4}{9}(a-c)^2 -$$
$$\frac{4}{9}(a-c)t_2 + \frac{4}{9}t_1^2$$

此时，若 $t \in (\frac{a-c}{3}, +\infty)$，则不管 t_2 为何值时，国家 G_1 的最优关税 $t_1^* = \frac{1}{3}(a-c)$，则 W_1 达到最大，同理，$t_2^* = \frac{1}{3}(a-c)$ 时，$W_1 = W_2 = \frac{65}{162}$ $(a-c)^2$。若 $t \in [0, \frac{a-c}{3}]$，不管 t_2 为何值时，国家 G_1 的最优关税 $t_1^* = t$，同理，$t_2^* = t$，此时，$W_1 = W_2 = -\frac{1}{18}t^2 - \frac{1}{9}(a-c)t + \frac{4}{9}(a-c)^2$。即：

$$W_1^* = W_2^* = \begin{cases} \frac{65}{162}(a-c)^2 & t \geq \frac{a-c}{3} \\ -\frac{1}{18}[t+(a-c)]^2 + \frac{1}{2}(a-c)^2 & t \leq \frac{a-c}{3} \end{cases}$$

(2)当 $t_1 \in (\frac{a-c}{2}, +\infty), t_2 \in (\frac{a-c}{2}, +\infty)$ 时

同(1)推导可得：

$$h_1^* = \frac{1}{2}(a-c), h_2^* = \frac{1}{2}(a-c), e_1^* = e_2^* = 0$$
$$C_{S1} = \frac{1}{8}(a-c)^2, R_{T1} = 0, \pi_1 = \frac{1}{4}(a-c)^2, W_1 = W_2 = \frac{3}{8}(a-c)^2$$

(3)当 $t_1 \in [0, \frac{a-c}{2}], t_2 \in (\frac{a-c}{2}, +\infty)$ 时

同(1)推导可得：

$$h_1^* = \frac{1}{2}(a-c), e_1^* = 0, h_2^* = \frac{1}{2}(a-c), e_2^* = \frac{1}{3}(a-c-2t_1)$$

$$C_{S1} = \frac{1}{18}t_1^2 - \frac{2}{9}(a-c)t_1 + \frac{2}{9}(a-c)^2, R_{T1} = -\frac{2}{3}t_1^2 + \frac{1}{3}(a-c)t_1$$

$$C_{S2} = \frac{1}{8}(a-c)^2, R_{T2} = 0$$

$$\pi_1 = \frac{1}{9}(a-c+t_1)^2, \pi_2 = \frac{1}{4}(a-c)^2 + \frac{1}{9}(a-c+2t_1)^2$$

$$W_1 = -\frac{1}{2}\left[t_1 - \frac{1}{3}(a-c)\right]^2 + \frac{7}{18}(a-c)^2,$$

$$W_2 = \frac{3}{8}(a-c)^2 + \frac{1}{9}(a-c+2t_1)^2$$

可知，当 $t \geq \frac{a-c}{3}$ 时，$t_1^* = \frac{1}{3}(a-c)$，$t_2^* \in (\frac{a-c}{2}, +\infty)$，此时，$W_1^*$ $= \frac{7}{18}(a-c)^2$，$W_2^* = \frac{251}{648}(a-c)^2$。而当 $t \leq \frac{a-c}{3}$，不合题意，故不列入讨论。

(4)当 $t_1 \in (\frac{a-c}{2}, +\infty), t_2 \in [0, \frac{a-c}{2})$ 时

类似于情况(3)，$W_1^* = \frac{251}{648}(a-c)^2, W_2^* = \frac{7}{18}(a-c)^2$。

综合上述情况，第二层次的非线性规划最优解为：①在 $t \in (\frac{a-c}{3}, +\infty)$ 时，每个国家都有2种政策，即 $t_i \in [0, \frac{a-c}{2}]$ 或 $t_i \in (\frac{a-c}{2}, +\infty), i \in \{1,2\}$。记 $A = t_i \in [0, \frac{a-c}{2}], B = t_i \in (\frac{a-c}{2}, +\infty)$，这一层博弈的收益矩阵如图3-6所示。从图中可以看出，两国的最优策略是 $(t_1, t_2) = (A, A)$，此时，两国的均衡收益为 $(\frac{65}{162}, \frac{65}{162})$。②当 $t \in [0, \frac{a-c}{3}]$ 时，易知 $W_1(t) = -\frac{1}{18}t^2 - \frac{1}{9}(a-c)t + \frac{4}{9}(a-c)^2$。因此，福利收益的最优解是：

$$W_1^*(t) = \begin{cases} \frac{65}{162}(a-c)^2 & t \in (\frac{a-c}{3}, +\infty) \\ -\frac{1}{18}[t+(a-c)]^2 + \frac{1}{2}(a-c)^2 & t \in [0, \frac{a-c}{3}] \end{cases}$$

t_2

	A	B
A	$(\frac{65}{162}, \frac{65}{162})$	$(\frac{7}{18}, \frac{251}{648})$
B	$(\frac{251}{648}, \frac{7}{18})$	$(\frac{3}{8}, \frac{3}{8})$

图 3-6 两国贸易谈判各自最优关税下的福利(单位：$(a-c)^2$)

整个函数的示意图如图 3-7 所示。

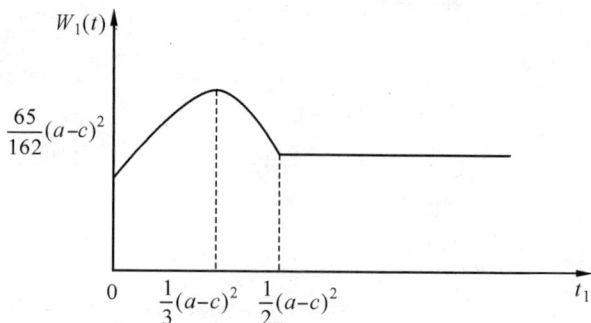

图 3-7 t_1 关税时国家 G_1 的福利函数

接下来逆向推导至第一层次求两个国家的最优贸易谈判关税解 t 。由于在第一、二层次的均衡解与侯云先模型(2003)中对单产品关税谈判模型的解形式一样①,因此,本书模型得出的最优贸易谈判关税解的形式与其相同,这里不再重复推导,相关的结论有：

(1)在多边贸易体制的关税减让谈判中,存在一个改善双方福利的最优关税值 t ,该值受一国产业政策、产业成本、市场参数等变量的影响。

(2)如果一国对该产业有特殊的优惠,可以增进较多的福利或减让较少的福利,则可以做较少比例的减让。

(3)谈判集合的上限、产业成本和市场参数对谈判关税有一定的影响。

---

① 在单产品关税谈判模型中,均衡解与本书模型中的分析结果形式一样,都分别是 $(a-c)^2$ 和 t 的函数,见侯云先,林文.规划与博弈混合多层次模型[J].系统工程理论与实践,2003(7).

一般地,当 $0 \leqslant t_a \leqslant \frac{1}{3}(a-c)^2, t_b \geqslant \frac{1}{3}(a-c)^2$ 时,谈判关税 t^* 是 c 的减函数,即谈判关税随着产业成本的增大而下降,随产生成本的减少而上升,同时,谈判关税 t^* 随 a、t_a 的增大而上升。

第三节　多边贸易体制贸易谈判中的市场准入交换博弈

　　贸易谈判回合通常是冗长的,最近几轮的谈判明显呈现出跨议题谈判的趋势。富有成效的议题挂钩带有明显的市场准入交换特征,为贸易谈判提供了一揽子方式,大大扩展了谈判空间内可行的方案集合,增加了合作互惠的范围,因为参加方可在广泛的议题中寻求并保证获得互惠,因此增加贸易的潜在收益,从而使所有参加方获得帕累托改善。在世界贸易中政治敏感部门进行的改革在全球一揽子的背景下可能会更可行,乌拉圭回合中农产品贸易的改革就是一个很好的例子。

　　本书以发展中成员的相对弱势产业——服务业贸易自由化为例,分析在多边贸易体制框架下,市场准入交换可能性对服务贸易政策选择的影响,指出在存在多部门跨议题谈判的情况下,对于那些出口利益受到贸易保护损害且单独或作为一个群体具有足够的优势迫使其贸易伙伴作出自由化承诺的国家来讲,对当前单边自由化的收益和未来相互开放更大收益的权衡至关重要。[①] 事实上,有证据表明,因受到较早的《多种纤维协定》下的纺织品出口数量限制,在 WTO 谈判中发展中成员之间在拒绝服务贸易自由化方面存在有形或无形的联盟。保留对服务贸易自由化的承诺可以作为今后市场准入交换谈判中,发展中成员方讨价还价的筹码。

　　为了方便分析,本书以金融服务部门为例,从理论上分析各种因素变量对在多边贸易体制贸易谈判中金融服务自由化承诺的影响。

---

　　①　方友林,冼国明.市场准入交换与发展中国家的金融服务贸易自由化[J].数量经济技术经济研究,2004(2).

一、基本模型的建立

1.企业

假设一个国家只生产一种贸易商品,同时消费一揽子商品和服务,该一揽子商品和服务的世界市场价格为 1。国内企业使用 Cobb-Douglas 型生产技术:

$$Y_t = S_t^a L_t^{1-a}$$

其中,S_t 和 L_t 分别代表企业在时期 t 从事生产所使用的金融服务和劳动的数量。假定劳动市场的供给固定(记为 1)且劳动力市场完全竞争。

企业以外生的世界市场价格 γ_t 出售产品,该价格受外国有形或无形贸易障碍的影响。不失一般性,我们假设在商品自由贸易的条件下出口商品的价格为 1,在面临国外保护时小于 1。

令金融服务的供给价格为 p_t,根据利润最大化要求,企业对金融服务的需求为:

$$S_t = (a\gamma_t / p_t)^{\frac{1}{1-a}}$$

从中可以看出金融服务的需求弹性为 $1/(1-a)$。均衡的劳动工资率为:

$$w_t(\gamma_t, p_t) = (1-a)\gamma_t^{\frac{1}{1-a}} (a/p_t)^{\frac{1}{1-a}}$$

该劳动工资率是 γ_t 的增函数,是 p_t 的减函数。

2.金融服务部门的保护与自由化

假设国内只有一家垄断的金融服务提供商,且具有固定的平均成本 $c(c<1)$。① 如果不允许外国银行在国内市场上竞争,银行的利润最大化定价为 $p_t = c/a$,相应的利润为:$\pi_t^1(\gamma_t) = (1-a)(a\gamma_t)^{\frac{1}{1-a}}(a/c)^{\frac{a}{1-a}}$,其中 $\pi_t^1(\gamma_t)$ 为银行具有垄断地位时的利润。相应地,银行具有垄断地位时的劳动工资率为:$w_t^1(\gamma_t) = (1-a)a^{\frac{1}{1-a}}\gamma_t^{\frac{1}{1-a}}(a/c)^{\frac{a}{1-a}}$。

---

① 也可以假设多家具有协同定价行为的金融服务提供商。

如果政府允许外国银行进入国内市场,国内银行就会丧失垄断地位而不得不根据市场竞争来调整其定价行为。我们假设,由于对当地市场的了解以及现有网络方面的优势,相对于外国银行,国内银行在国内市场上具有较低的成本,外国银行在国内提供金融服务的固定平均成本为 $c^F = 1$。因此,在金融服务部门自由化后国内银行的最高定价为 $p = 1$,相应的利润为: $\pi_t^2(\gamma_t) = (1-c)(a\gamma_t)^{\frac{1}{1-a}}$,其中 $\pi_t^2(\gamma_t)$ 是在存在外国银行竞争时国内银行的利润。假设 $c < a$,即金融服务的垄断价格大于 1。因此,金融服务的自由化导致了银行利润的下降。相应地,在存在外国银行部门竞争时的劳动工资率为: $w_t^2(\gamma_t) = (1-a)a^{\frac{a}{1-a}}\gamma_t^{\frac{1}{1-a}}$。由于 $c > a$,对任意给定的 γ_t 都有 $\pi_t^2 > \pi_t^1$。这就是说,如果引入外国银行的竞争,金融服务的价格就会下降,从而提高企业对金融服务的需求和劳动的边际产品以及工资率。因此,在银行希望阻止外国竞争者进入当地市场以维持其垄断地位的同时,如果企业能够获得更廉价的金融服务,国内工人将会从中受益。

二、模型分析

1.时间结构与贸易政策选择

假设在第 0 期政府参与金融部门的自由化谈判,且该谈判与其他部门的贸易政策谈判无关。政府的目标是寻求来自国内工人和银行部门的政治支持最大化,并依此作为自由化选择的依据。为简单起见,这里不考虑国际谈判过程,而将政府的决策作为单边行动来处理。[①]

假设工人和银行都具有无限的时间视野。工人和银行对政府的支持分别取决于工资和银行利润的预期现值。假设在第 0 期的政治支持为:

$$V = \omega\left[\sum_{t=0}^{\infty} 0.5^t E_0(w_t)\right] + \left[\sum_{t=0}^{\infty} 0.5^t E_0(\pi_t)\right] \tag{1}$$

其中外生的加权系数 ω 反映了工人的相对政治影响。[②]

---

① 这种简化处理的理由在于国内政治支持函数体现了最终决定政府谈判行为的收益。

② (1)式中选择折现因子为 0.5 是为了后面的计算简便,但这种选择并不影响本研究的基本结论。

政治支持函数这一概念最早由 Peltzman 于 1976 年提出。Grossman and Helpman(1994)在关于贸易政策的分析中使用了这一概念。在他们的分析中还进一步具体提出了政府的贸易政策选择是基于政府最大化来自各利益团体金融支持的总和,同时也考虑了政府政策对社会福利的影响。在本书的分析中,工资的最大化是与总收入最大化相一致的。因此在(1)式中的第一项可解释为政府对社会福利的关注。

如果政府在时期 0 承诺金融服务贸易自由化,外国银行就会立即进入国内市场,竞争将会导致金融服务的价格在当期和未来各期均为 1。如果政府在时期 0 不作出承诺,则可能会在一段时间后进入另一轮谈判。这里的一个关键假设是,未来有关金融服务贸易的谈判可能与其他商品和服务贸易的谈判相联系。这就意味着,在未来东道国政府可能以金融部门自由化的承诺作为其他国家对本国出口商品开放市场的交换,从而使国内商品的国际市场价格提高到 1。假设未来实现这种市场准入交换的可能性为 q ,该可能性的大小取决于东道国政府的讨价还价能力以及外国政府的政治目标。

在时期 0,国际市场价格为 γ_0,东道国承诺服务贸易自由化时的政治支持为:

$$V^L = 2[\omega w^2(\gamma_0) + \pi^2(\gamma_0)] \tag{2}$$

而政府从服务贸易保护所能得到的政治支持为:

$$V^P = \omega w^1(\gamma_0) + \pi^1(\gamma_0) + 0.5\{q \cdot \max[V^L(1), V^p(\gamma_0)] +$$
$$(1-q) \cdot \max[V^L(\gamma_0), V^p(1)]\} \tag{3}$$

(3)式中的第三项是对政府当期不承诺但会在下一期承诺的预期。比较(2)式和(3)式,我们可以导出政府在时期 0 选择自由化的充分必要条件:

$$\omega\{w^2(\gamma_0) - w^1(\gamma_0) - q[w^2(1) - w^2(\gamma_0)]\} \geqslant \pi^1(\gamma_0) - \pi^2(\gamma_0) +$$
$$q[\pi^2(1) - \pi^2(\gamma_0)] \tag{4}$$

不等式(4)的左边反映了国内工人的权衡,尽管在时期 0 开放金融部门可以因竞争导致金融服务价格下降从而提高工人的工资,但保留当期的自由化承诺在未来开放则可能获得出口部门的市场准入的交换。成功的市场准入交换可以再提高出口商品价格降低金融服务价格。这种未来市场准入交换的可能性降低工人对在时期 0 开放金融部门的兴趣。而不等式右边的第二项反映了未来开放可能导致出口商品价格的提高,进一步强化了银行对在时期 0 开放的抵制。

定义 $\phi=(1-\gamma_0^{\frac{1}{1-a}})/\gamma_0^{\frac{1}{1-a}}$,从不等式(4)我们可以导出:如果 $q<\bar{q}$,其中 $\bar{q}=[1-(a/c)^{\frac{a}{1-a}}]/\phi$,则

$$\omega>a[(a/c)^{\frac{a}{1-a}}-(1-\phi_q)(1-c)/(1-a)]/[1-\phi_q-(a/c)^{\frac{a}{1-a}}]\equiv\omega^* \tag{5}$$

如果 $q>\bar{q}$,在未来实现市场准入交换从而提高工资的可能性较高,工人就会倾向于维持对金融服务的保护。因此,在不等式(4)的左边等于零或为负时,政府在时期 0 不会承诺金融部门自由化。这表明,即使政府将工人的预期工资(或社会福利)最大化作为唯一的目标,如果维持保护作为未来谈判中的讨价还价的筹码足够有利,政府仍然会拒绝在时期 0 承诺金融部门自由化。而如果 $q<\bar{q}$,不等式左边严格为正,只要工人在政治支持函数中的权重不小于 ω^* ,政府就会在时期 0 承诺自由化。

2.相关参数变化的比较静态分析

下面分析模型参数的变化对临界值 ω^* 的影响。

先来考虑未来不存在市场准入交换可能性(即 $q=0$)的情形。在这种情形下不等式(5)可简化为:

$$\omega>a[(1-a)(a/c)^{\frac{a}{1-a}}-(1-c)]/[(1-a)(1-(a/c)^{\frac{a}{1-a}})]\equiv\hat{\omega} \tag{6}$$

命题 1 总结了银行边际成本 c 的变化对 $\hat{\omega}$ 的影响。

命题 1　对于 $c>a$ 以及 $q=0$,政府在时期 0 承诺金融部门自由化所需的工人相对权重的最小值 $\hat{\omega}$ 是 c 的增函数。

命题 1 表明,国内银行部门的效率越低,政府承诺金融部门自由化所要求的 ω 值越高。这是因为国内银行的边际成本 c 越高,自由化后国内银行部门的利润就会下降越多。尽管国内工人的工资随 c 的上升而上升,但 c 值上升对国内银行部门利润的影响更大。尽管这里我们能够确定边际成本 c 的变化对 $\hat{\omega}$ 的影响,但我们却不能确定 a 值变化对 $\hat{\omega}$ 的影响。一方面, a 上升,金融部门加成定价系数 $(1/a)$ 降低,金融部门的垄断力量下降,从而会减弱工人对金融服务自由化的愿望。但另一方面, a 上升也会降低国内

银行的垄断利润,从而降低国内银行对金融服务自由化的阻力。这两方面影响的相对大小取决于 c 和 a 的水平。

命题 1 考虑了在 $q=0$ 这一特殊情况下 c 和 a 的变化对 $\hat{\omega}$ 的影响。在命题 2 中总结了 $q>0$ 时的情况。

命题 2 对于 $0<q<\bar{q}$,有:① ω^* 随在未来市场准入交换可能性 q 的上升而上升;② ω^* 随初始出口商品价格 γ_0 的上升而下降;③当 $0<q<\tilde{q}$ 时, ω^* 随 c 的上升而上升,而当 $0>q>\tilde{q}$ 时, ω^* 随 c 的上升而下降。

其中 $\tilde{q}=[1-(a/c)^{\frac{1}{1-a}}(c-a^2)/(a-a^2)]/\phi$ 。

根据命题 2 的结论①,由于随着市场准入交换可能性的增大,继续对金融部门实行保护对工人的利益越小,但同时对国内银行部门的利益却越大,因此市场准入交换可能性越大,政府承诺金融部门自由化对 c 值的要求越高。对于结论②,显而易见的是,初始出口商品的价格 γ_0 越低,即国外的保护程度越高,对工人和银行来说,维持对银行部门的保护以作为未来讨价还价筹码的吸引力就越大。因此, ω^* 随初始出口商品价格 γ_0 的上升而下降。至于结论③,当 $\gamma_0=1$,即国内出口企业可以自由进入国外市场时有 $\omega^*=\hat{\omega}$ 。因此在这种情况下命题 1 的结论对 $q>0$ 也成立,即 ω^* 是 c 的增函数。但如果 $\gamma_0<1$, c 对 ω^* 的影响可能会相反。这是因为,尽管银行偏好对国内金融部门实行保护,但银行也可以从国外市场对本国出口商的开放中受益,从而就会削弱 c 上升对银行利益的影响。如果 γ_0 足够低,从(5)式可以看出, ω^* 可能会随着 c 的上升而下降。这一点体现在随着 γ_0 的下降, $(\tilde{q},\bar{q})$ 区间的范围越大。因此,从理论上来看,我们并不能排除 ω^* 随着 c 的上升而下降的可能性。但是,如果未来市场准入交换可能性 q 不是太大, ω^* 还是会随着 c 的上升而上升。

三、结论及政策含义

从上述比较静态分析的结果中,可以得出不同变量对政府金融服务自由化倾向的影响。表 3-1 是对不同变量的影响的总结。

表 3-1　金融部门自由化的潜在决定因素

变量	解　释	影响
ω	工人在政治支持函数中的相对权重(政府对社会福利的关注)	+
c	国内金融部门的平均成本(国内金融部门的效率)	$-/+$
a	金融部门加成定价系数的倒数	$+/-$
q	未来市场准入交换的可能性	$-$
γ_0	国内出口商品的初始价格(与外国市场保护成反比)	+

　　分析结果表明,和商品贸易一样,服务贸易政策也在很大程度上受到利益分配的影响。政府的金融自由化决策需要在国内银行与社会的福利之间进行权衡。此外,国内金融部门的效率及其在国内市场上垄断定价能力的大小也会影响到政府金融自由化决策的倾向。

　　最后,在本研究中特别需要强调的一点是,考虑到今后进行其他部门谈判的可能性,在多边贸易体制的谈判中,对于广大在农业、纺织品以及其他商品出口受到发达成员市场保护的发展中成员来讲,需要在开放服务部门的眼前利益与保留对服务部门的保护的长远利益之间进行权衡。同时,对发达成员来讲,要想得到发展中成员更多的服务自由化承诺,必须减少其自身在农业、纺织品及其他涉及发展中成员出口利益方面的市场保护。

本章小结

　　多边贸易体制协定的签订是谈判的结局,谈判是驱动多边贸易体系的动力,国际贸易自由化进程中的飞跃正是通过一系列回合的方式实现的。多边贸易体制的规则导向、国际贸易利益分配的非对称性和成员实力的非对称性,都决定了多边贸易谈判过程是一个动态的不断竞争又合作的博弈过程。

　　本章对多边贸易体制的谈判机制进行了分析,得出谈判具有三个明显特征:

第一个特征是基于演化的共赢性博弈。在多边贸易体制规则的约束下,各成员博弈的结果是社会总得益趋向于扩大,各方利益多寡虽有所不同但总体趋向于不为零的正数,所以,多边贸易体制下的博弈本质上是合作的共赢性博弈。但各成员方政府的初始主观意愿、博弈收益矩阵、演进策略等对贸易政策的动态演化结果及福利水平有显著影响。在一国参与多边贸易体制谈判的过程中,必须了解各成员方提出议题的倾向性意见,通过反复多次的协商获得自身最大利益。这也从另一个侧面论证了多边贸易回合通常是冗长的,是一个反复、曲折的演化过程。

第二个特征是基于最优关税组合的多层合作博弈。多边贸易体制经济学研究范式得出的互惠逻辑原则,在关税政策制定上表现为两国最优关税组合,从而使一国贸易政策从传统的"最优关税率"选择向"最优关税组合"选择转变,以走出单方向追求"最优关税率"而陷入的贸易条件"囚徒困境"。建立于最优关税组合原则上的博弈不是传统意义上的国际、国内双层博弈,而是多层博弈,即国家—国家、国家—厂商、厂商—厂商之间的博弈。多层博弈均衡解的存在表明,在多边贸易体制的关税减让谈判中,存在一个改善双方福利的最优关税值。但分析表明该值受一国产业政策、产业成本、市场参数等变量的影响。这对一国参与多边关税减让谈判具有重要的指导意义。

第三个特征是一揽子议题谈判下的市场准入交换博弈。最近几轮谈判明显呈现出跨议题谈判的趋势,富有成效的议题挂钩带有明显的市场准入交换特征,为贸易谈判提供了一揽子方式,大大扩展了谈判空间内可行的方案集合,增加了合作互惠的范围,因为参加方可在广泛的议题中寻求并保证获得互惠,因此增加贸易的潜在收益,从而使所有参加方获得帕累托改善。这一特征分析对指导发展中成员保留对服务贸易自由化的承诺,以作为今后市场准入交换谈判中,发展中成员方讨价还价的筹码提供了依据。它也表明,在未来的谈判中,政治敏感部门进行的改革在全球一揽子的背景下可能会更可行。

第四章　多边贸易体制的
变迁与绩效评估

　　多边贸易体制"为各国处理相互贸易关系时必须遵守的一系列国际规则的集合"。[①] 世界多边贸易体制建立于 20 世纪 40 年代,其组织基础和法律基础是 1948 年起生效的《关税与贸易总协定》(下面简称 GATT);1995年 1 月 1 日世界贸易组织(下面简称 WTO)建立,取代原 GATT,成为新的世界多边贸易体制的组织基础和法律基础。

　　从 GATT 到 WTO,多边贸易体制经历了从无组织到有组织,从"临时总协定"到具有国际法地位组织的贸易制度变迁过程,多边贸易体制的形成推动了国际贸易自由化。本章从 GATT 到 WTO 制度演变的过程看多边贸易体制安排的效率。

第一节　多边贸易体制安排的变迁与特征

　　GATT 作为多边贸易体制的一种安排,经历了近 50 年的运行,大大促进了货物贸易自由化,为 WTO 多边贸易体制的建立创造了条件。多边贸易体制本身就是一个制度问题,在制度变迁中,WTO 的建成加快了贸易的自由化进程,使贸易制度成本大幅度下降。因此,从制度变迁理论角度来研

---

　　① 联合国贸易与发展会议/世界贸易组织国际贸易中心、英联邦秘书处编著.WTO 企业指南(Business Guide to the World Trading System)[M].北京:企业管理出版社,2001.

究多边贸易体制的动态发展趋势特征,对进一步理解其内在运行机理有重要意义。

一、GATT/WTO 多边贸易体制变迁的规律

从制度经济学的角度看,多边贸易体制的形成实际上是强制性制度变迁和诱致性制度变迁共同作用的结果。[①] 诱致性制度变迁指的是现行制度安排的变更或替代,或是新制度安排的创造,它是由个人或一群(人)(实际上是指某个利益集团),在响应获利机会时自发倡导、组织和实行中逐步形成的;与此相反,强制性制度变迁则由政府特别是中央政府通过命令和法律的方式强制性实施。这种变迁主要包括以下三个方面的诱因:

1.多边贸易体制内涵和外延的变化是 WTO 形成的基本原因

一方面,WTO 实际上是 GATT 的一个有效延续(见表 4-1);另一方面,作为一个全新的国际性贸易组织,WTO 多边贸易体制是在 GATT 多边贸易体制基础之上的制度变迁。GATT 多边贸易体制为 WTO 的建立提供了三个方面的准备。一是通过 GATT 八轮的多边贸易谈判,使世界贸易的自由化进程大大加快。截至 1988 年,发达成员工业产品的平均进口关税水平已由 20 世纪 40 年代的 54％ 下降到 4.7％,发展中成员工业产品的平均进口关税也下降为 14％ 左右;非关税壁垒措施减少到 800 多个;贸易自由化所覆盖的范围从单纯的工业品覆盖到农产品、纺织品甚至是知识产权和服务贸易,多边贸易体制的外延大大扩大了,多边贸易体制框架下的贸易自由化程度大大提高了,几乎所有的产品和劳务都或多或少地受到 GATT/WTO 多边贸易体制的约束。二是 GATT 多边贸易体制,包括其原则、规则和争端解决机制在实践中不断修改、补充和完善,特别是在理论上经过 20 世纪 60 年代的一场大争论,尽管在贸易保护和贸易自由方面还存在着(或者说永远存在着)分歧,但利用 GATT 多边贸易体制来扩大本国的贸易,发展本国的经济已经成为世界各国的共识,这大大提高了 GATT 多边贸易体制在国际贸易制度中的地位,GATT 组织在推动贸易自由化中

---

① 沈玉良.多边贸易体制与我国经济制度变迁[M].上海:上海社会科学院出版社,2003.

的作用日益明显。三是 GATT 的缔约方从 1947 年的 23 个扩大到 1986 年
乌拉圭回合谈判时的 107 个,进而发展到今天的 160 个成员方。缔约方贸
易在全世界贸易中所占的份额越来越大,GATT 对各国贸易的影响力也随
之增大。

表 4-1　GATT 和 WTO 贸易制度安排比较

		GATT	WTO
联系		WTO 与 GATT 有着内在的历史继承性	
区别	性质	契约组织	法人组织
	管辖范围	货物贸易	货物贸易、服务贸易、与贸易有关的知识产权三大领域
	决策机制	协商一致原则	协商一致原则、多数投票原则
	争端解决机制	遵循协商一致原则,争端解决没有时间表	反向协商一致原则,明确争端解决时间表

WTO 继承和加强了 GATT 独特的组织特点,即它的规则、争端解决机制
和协商一致原则,并确立了在"协商一致"失败时的程序及修正程序,将
GATT 未成文的决策机制具体化和显性化,如明确要求在"协商一致"不能
达成协议的情况下,采用投票制,使 WTO 多边贸易体制更加完善,并大大
提高了组织运作的效率。因此可以说,如果没有 GATT 近 50 年的实践,就
根本不可能产生 WTO 这一新的多边贸易体制。

　　同时,WTO 又是一个全新的正式国际贸易组织。《建立世界贸易组织
的马拉喀什协定》指出,WTO 旨在建立一个完整的、更可行的和更持久的
多边贸易体制,以包含《关税与贸易总协定》、以往贸易自由化努力的结果以
及乌拉圭回合多边贸易谈判的全部结果。

　　2.多边贸易体制中缔约方之间的力量变化,需要一个机制更健全的组
织来进一步推动贸易自由化

　　市场规模的变化能够改变特定制度安排的利益和成本。也就是说,市
场规模变化,交易成本不一定随之提高,但市场内部主体之间的收益却出现
了变化,这种变化形成了组织内部各利益集团之间的力量不均衡,新的利益
集团要求改变原有制度安排的力量逐步累积,直到最后替代原有的制度安

排。从 GATT 到 WTO,正是体现了国际贸易市场内部利益格局的变化。

GATT 成立至今,国际贸易量出现了巨大的增长。1982 年国际货物贸易出口量为 11 730 亿美元,到 2000 年增加到 61 860 亿美元(见表 4-2),服务贸易出口量也从 1980 年的 4 000.9 亿美元上升到 2000 年的 14 360 亿美元。在国际市场规模变化的同时,各国之间的贸易实力也发生了较大的变化。美国在国际贸易中的绝对优势地位逐渐为美国、欧盟和日本三大利益集团的力量所替代,三方中没有谁可以起到绝对主导作用。同时,发展中成员贸易额的增长和开放度的增加也非常显著,1985 年至 1995 年间其净贸易增长率超过净产值增长率 6 个百分点。1986 年前,发展中成员并没有全面参与在 GATT 时代的贸易自由化的行动,但随着发展中成员贸易量不断增加,开放度不断提高,加入 GATT 的缔约方不断增多,其要求参与多边贸易体制安排的呼声不断提高。由此,集团内部新的力量正酝酿新的制度安排以替代契约式的 GATT 多边贸易体制。

表 4-2 WTO 成员和世界贸易(1982—2000 年若干代表性年份)

		WTO 成员						世界货物出口					
		1982	1987	2001	1982	1987	2001	1982	1987	2001	1982	1987	2001
		数量(个)			百分比(%)			价值(10 亿美元)			占世界贸易百分比		
发达成员		24	24	25	27.3	25.3	17.5	1 173	3 632	4 516	66.9	72.6	73
发展中成员		58	65	118	65.4	68.4	82.5	231	1 108	1 670	13.2	14.2	27
所有成员		88	95	143	100	100	100	1 463	4 854	—	83.5	89.6	—
其中	美国	1	1	1	1.14	1.05	0.70	—	—	781.1	—	—	12.6
	欧盟	9	10	15	10.2	10.5	10.5	—	—	2 251	—	—	36.4
	日本	1	1	1	1.14	1.05	0.70	—	—	479.2	—	—	7.75
非成员		—	—	—	—	—	—	290	603	—	16.5	10.4	—
全世界		—	—	—	100	100	100	1 753	6 186	5 457	100	100	100

资料来源:www.wto.org.

自从美国国会在 1947 年否决 ITO 以后,有关成员就不断努力创造新的国际性贸易组织。在 1955 年的一次回顾 GATT 发展的会议中,许多缔约方设想建立贸易合作组织(OTC),但仍未能获得美国国会的通过。1963年,联合国经济和社会理事会提出将 GATT 变成关税委员会,但未引起贸易大国的兴趣。建立 WTO 多边贸易体制的创意最先由加拿大提出,并得到欧盟的支持,目的是建立一个有效而可信的多边贸易体制,以限制美国单方面以"301 条款"对别国实施贸易制裁的可能性。发展中成员更希望有一个公平的贸易环境,以实现在解决贸易纠纷方面的公平合理。

在乌拉圭回合谈判中,新贸易争端解决机制和建立 WTO 的谈判同时在"制度小组"中进行。在 1993 年 12 月 15 日乌拉圭回合谈判结束前的最后一刻,美国面临着要么同时接受新争端解决机制和建立 WTO 的创意,要么同时放弃的被动局面。美国非常希望建立有效的争端解决机制,因此不得不接受建立 WTO 的协议。但是,美国同时竭力削减 WTO 决策机制中"多数决定"投票制的应用范围,并极力主张"协商一致"制的运用。

WTO 的建立大大增强了多边贸易体制的约束力,这集中体现在贸易争端解决机制的改进上。与 GATT 相比较,WTO 争端解决机制的约束力更强。在 GATT 下,争端解决的执行要求协商一致决定,这意味着败诉者能够阻止裁决的执行,这种安排与国家主权及把 GATT 规则作为外交工具的方法相吻合。但在 WTO 争端解决机制下,成员方建立专家小组的权利及专家小组报告的采纳程序构成了国际贸易规则中的强制性约束,所有成员方都无条件地接受。WTO 还要求其成员方承诺在贸易伙伴发生违背贸易规则的行为时,不采取单边行动,而通过多边争端解决机制来寻求帮助并执行其裁决。因此,WTO 争端解决机制一方面强化了国际贸易领域中各种规则和制度的法律基础,另一方面也减少了大国单方面对贸易伙伴采取贸易制裁的可能性。这种机制对规范国际贸易秩序是非常重要的,它不仅为 WTO 各成员提供了一个公平公正地解决贸易纠纷的场所,而且通过其裁决的执行减少了国际经贸领域中爆发贸易战的可能性,维护了多边贸易体制的稳定性。正如 WTO 首任总干事鲁杰罗所指出的,如果不提及争端解决机制,任何对 WTO 的评价都是不完整的。从某种方面而言,争端解决机制是多边贸易体制的主要支柱,是 WTO 对全球经济稳定做出的最独特的贡献。

3.多边贸易体制的建立,是为了加强 WTO 与国际货币基金组织

(IMF)、世界银行(WB)等国际经济组织之间制度合作的一致性和协调性

IMF 主要在国际金融领域发挥作用,在发生国际收支危机的特殊情况下,能够迫使贷款接受国接受它所附加的条件。WB 通过长期贷款主要促进贷款接受国的基础设施建设。而 GATT 则通过国际贸易领域影响缔约方的国内经济,甚至可能影响一个成员的贸易战略选择、贸易政策等,但 GATT 毕竟不是一个正式的国际组织,不具有法人资格,也不可能采取集体行动,它只是由一系列贸易规则组成的合约,其在法律上的不确定和政治上的弱点决定了 GATT 难以同其他国际经济组织进行有效的合作,GATT 的制度缺陷必然要求有一种新的贸易制度取而代之。

同时,WTO 也是国际贸易制度的一种强制性制度变迁。国际贸易的复杂性决定了国际贸易制度的诱致性变迁不能满足国际贸易中的全面制度供给,因为国际贸易中存在着各成员方之间的利益冲突。即使在一成员方内部,也存在着各种各样的利益冲突,这种冲突造成制度供给的困难,国际贸易规则的制定不可能同时满足所有成员方的要求,也不可能满足成员方内部所有利益集团的利益要求。在发达成员和发展中成员之间,发达成员之间以及发展中成员之间都存在着不同程度的利益冲突,特别是发达成员与发展中成员之间的利益冲突。这种冲突决定了 WTO 的规则是世界各成员方在国际贸易领域不断讨价还价的产物,其性质特别明显地表现在 WTO 基本规则和 WTO 通过的各种协议中。但 WTO 规则和协议一旦被通过,各成员方所达成的多边协议一旦生效,任何成员方都必须遵守。WTO 多边贸易体制是一种强制性制度约束,所有成员方都必须无条件地接受。

二、以 GATT 为基础的多边贸易体制的制度特征

GATT 是多边贸易体制的制度创新。GATT 特有的处理国际贸易争端兼具规范合理性与实际可行性的程序规则,为维护和发展以 GATT 为核心的多边贸易体制做出了杰出的贡献。但作为合约性组织的 GATT 固有的制度弱点,影响了多边贸易体制的效率。

GATT 多边贸易体制形成的制度特征是:以贸易谈判推动全球贸易的自由化,形成了多边贸易体制中贸易自由化的制度环境;以实体规则、程序规则和多边贸易谈判中所达成的协议规范各缔约方的贸易行为,形成了多

边贸易体制的制度内涵;以"协商一致"的决策机制谋求国际贸易合作,形成了多边贸易体制的制度决策机制;以"例外"谋求缔约方在多边贸易体制中的灵活性。"GATT的作用只是促进贸易壁垒的削减和保证缔约方市场准入条件更为均等。"①

1.以贸易谈判推动全球贸易自由化

这种制度形成方式意味着多边贸易体制的建立是渐进的,它在充分反映缔约方要求的基础上逐步推进贸易自由化,而不是跳跃式地实现制度安排。同时贸易谈判的方式随多边贸易体制内容的复杂化而变动,这种制度变迁方式的改变有利于提高多边贸易体制的效率。

GATT成立以来通过多个回合的多边贸易谈判,特别是第一轮谈判、第六轮谈判、第七轮谈判和第八轮谈判,使谈判所涉及的议题空前广泛,贸易自由化进程大大加快,全球贸易快速增长。

表4-3是GATT历届多边贸易谈判的基本情况。表4-3说明,通过多轮的多边贸易谈判,全球货物贸易自由化程度大大提高,这主要表现在两个方面:一是GATT前六轮主要涉及关税的减让问题,通过多边关税减让的谈判,使全球的关税大幅度下降,至1988年止,发达成员工业产品的平均进口关税已由20世纪40年代的54%下降到4.7%,发展中成员工业产品的平均进口关税也下降为14%左右。关税下降极大地推动了国际贸易的发展,同时也推动了世界经济的增长。自从建立GATT多边贸易体制以来,世界每人每年的产出增长率为2%,相当于1820—1913年的2倍。二是非关税贸易壁垒逐步消除。通过前六轮的谈判,关税已经降到相当低的水平,但20世纪70年代世界经历了美元金本位制崩溃的金融危机和石油危机,这使贸易保护主义有重新抬头的迹象,为了保护国内的产业,许多成员采用了许多非关税壁垒措施。1968年非关税壁垒措施有800多种,多边贸易体制已经意识到非关税壁垒措施严重损害了贸易自由化的发展,东京回合的多边贸易谈判在限制非关税壁垒措施方面取得了重大突破,在海关估价、补贴和反补贴税、政府采购、贸易的技术壁垒、进口许可证程序等方面形成了9个协议。通过这些协议的签署,以实现货物贸易的自由化。

---

① 伯纳德·霍克曼,迈克尔·考斯泰基.世界贸易体制的政治经济学[M].北京:法律出版社,1999:7.

表4-3　GATT八轮回合的多边贸易谈判

届次	谈判起迄时间	谈判地点	谈判方式	参加方	谈判内容
第一回合	1947年4—10月	日内瓦	产品对产品的谈判	23	关税水平降低35%（达成123项协议）
第二回合	1949年4—10月	安纳西	产品对产品的谈判	33	(1)给欧洲经合组织成员提供加入机会；(2)达成147项协议，关税水平降低35%
第三回合	1950年10月至1951年4月	托奎	产品对产品的谈判	39	(1)讨论6个国家的入网问题；(2)达成150项协议，关税水平降低26%（英联邦不愿在美未作出对等减让时放弃彼此优惠）
第四回合	1956年1—5月	日内瓦	产品对产品的谈判	28	美国承诺的关税减让较小，谈判达成的协议较少、英国作得大让步
第五回合（狄龙回合）	1960年9月至1962年7月	日内瓦	产品对产品的谈判	45	分两阶段进行：(1)就欧共体建立所引出的关税同盟同题进行谈判。(2)进一步谈判关税减让。但农产品和一些敏感产品除外，欧共体统一关税水平降低6.5%
第六回合（肯尼迪回合）	1964年5月至1967年6月	日内瓦	公式法减让，辅之以产品对产品谈判	54	(1)关税水平降低35%；(2)首次涉及关税壁垒——反倾销；(3)增加"贸易与发展"条款，规定了对发展中国家的特殊优惠待遇；(4)吸收波兰参加
第七回合（东京回合）	1973年9月至1979年4月	东京	公式法减让	99	(1)按既定公式削减关税，关税壁垒高减让越大；(2)"东京回合"守则（非关税壁垒方面协议）产生；(3)通过"授权条款"
第八回合（乌拉圭回合）	1987年1月至1993年	乌拉圭	公式法减让和产品对产品谈判相结合	1986年103个；1995年128个	(1)谈判涉及三大领域（货物、服务、知识产权）、涉及世界贸易量的50%；(2)贸易政策审议机制；(3)成立WTO

资料来源：石广生主编.中国加入世界贸易组织知识读本（一）[M].人民出版社，2001:4—14.

　　同时,自由化的多边贸易体制以一定的路径依赖为前提,并且在不同的国际贸易环境下,存在着不同的路径依赖。GATT 成功地使用了不同贸易环境下的谈判路径,这些谈判方式使谈判效率大大提高。表 4-4 是 GATT 历次谈判中使用的谈判方式。

表 4-4　GATT 货物贸易中关税减让的谈判方式

谈判方式	主要特征	使用回合
税目对税目方式	基于要价和出价的双边谈判	肯尼迪回合以前的所有回合;乌拉圭回合再次广泛运用
线性关税削减	对所有税目削减同样幅度的跨议题谈判方式。公式:$T_2=rT_1$,其中,T_2 是削减后税率,T_1 是原来的税率,r 是系数($0<r<1$),$(1-r)$ 是削减的百分比	肯尼迪回合和东京回合
协调公式	拉平关税高峰和降低关税级差。$T_2=RT_1/(R+T_1)$,其中 T_2 是削减后的税率,T_1 是原来的税率,R 是系数,通过谈判决定	东京回合
部门或产品的自由贸易	即对某个部门放弃关税	乌拉圭回合

　　税目对税目的谈判是最一般、最直接和最古老的谈判方式,其双边谈判的结果通过最惠国待遇原则在 GATT 框架下扩展到所有缔约方。税目对税目谈判方式的优点是产品明确,谈判者可以估算减让后的贸易利益。但这种谈判方式一方面表现为谈判的交易成本很高,因为每一个税目都要进行一对一的谈判,面对如此众多的商品,谈判的效率难以提高,因而它只适用于比较小的贸易范围;另一方面,税目谈判的背后是利益集团利益的影响,因而难以使谈判达成协议。但这并不意味着这种谈判方式的取消。事实上,对于一些敏感产品,使用税目对税目的方式仍然是相当有效的。

　　随着缔约方数量和商品数量的不断增加,显然,使用税目对税目的谈判方式难以提高谈判的效率。这样,在肯尼迪回合,人们开始尝试使用公式方法的关税减让。在数次回合的谈判中,公式法主要采用了两种关税削减方法,即线性关税削减和协调公式两种方式。公式法的最大优点是可以实现税号数量的最大化,即不管多少产品,只要纳入公式,都自动实施关税削减,这样大大降低了交易成本。但采用公式法对于敏感性产品来说是比较困难的,因为成员方内部的部门利益显然难以用简单的公式进行度量。因此,到了乌拉圭回合,对于一般商品而言,采用公式法是有益的,对于敏感产品,则只能采用税目对税目的谈判方式。

可见,在不断谈判中形成的多边贸易体制实际上是多边贸易体制从均衡向非均衡的变化过程。谈判中各种协议的签订,关税减让和非关税壁垒的逐步取消意味着制度内部各利益集团达成一致,制度内部形成均衡。当多边贸易体制运行以后,实力的不均衡引起制度的不均衡,因为技术、市场规模变化形成了潜在的利益空间,这种潜在收益累积到一定程度,将通过各种途径推动新一轮的贸易谈判,寻求新的制度均衡,但这种新的制度均衡不是简单的回复,而是使多边贸易体制更加自由化。

2.以实体规则、程序规则和多边贸易谈判中所达成的协定规范贸易行为

GATT 的基本法律原则实际上是由该协定的实体规则和程序规则所构成的。此外,通过多轮贸易的谈判,形成多边贸易协议,对 GATT 的实体规则进一步深化和拓展。它们共同形成了 GATT 的框架。从实质上看,GATT 的基本原则是多边贸易体制的基本准则在 GATT 中的反映,其制度安排是以贸易自由化作为其行为规范和社会价值标准的。

3.以"协商一致"的决策机制谋求国际贸易合作

GATT 不具有法人资格,作为一个准组织,其决策机制上不采取集体行动。尽管 GATT 第 25 条和其他条款确实给它提供了进行集体行动的法定权利,但是这些权利的使用要在"协商一致"的基础上进行,只要有一个缔约方反对,这种集体行动就无法执行。

"协商一致"意味着一票否决制,即只有在所有缔约方都不反对某项协议的情况下它才能被通过。这种协商一致的决策机制为国际贸易合作提供了一种"求同存异"的方法。通过这种决策机制的制度设计,不断推动贸易自由化,它所带来的国际利益是非常显著的。因此,从这个意义上讲,GATT 为现代国际政治环境下成员之间的经济合作提供了一个十分有效的范式。

4.以例外谋求多边贸易体制运作的灵活性

GATT 的法律框架是由若干规则和一些规则的例外所组成的。这一方面体现了缔约方必须遵守 GATT 中的一些基本规则,为全球实现贸易自由化提供了制度保障和制度规范;另一方面,考虑到各国经济发展水平和发

展阶段的差异,用例外来保护特定群体国家的利益使贸易规则得以启动,这既保持了国际贸易秩序的稳定性和有效性,同时也充分体现了国际贸易规则制定中的灵活性。

从上面的分析中我们可以看出,GATT 多边贸易体制安排的目标取向是推动全球贸易的自由化,但这个过程是通过谈判渐进达到的,从非均衡逐步走向均衡;在 GATT 多边贸易体制安排的内容上表现出原则前提下的灵活性,是理想和现实的有机结合;在 GATT 中"协商一致"的决策机制充分体现了制度内部各成员方的利益,而不论成员方的实力如何,这是 GATT 得以有效运行的前提条件。

三、以 **WTO** 为基础的多边贸易体制的制度特征

WTO 是迄今为止世界上最大和最重要的国际贸易组织,其成员基本上包含了世界上主要的贸易国家和地区,成员之间的贸易额占到世界贸易总额的 90% 以上。WTO 和 GATT 有着内在的历史继承性。[①] 一方面,WTO 继承了 GATT 的合理内核,包括其宗旨、职能、基本原则及规则等。GATT 有关条款,是 WTO《1994 年关税与贸易总协定》的重要组成部分,仍然是规范各成员间货物贸易关系的准则。另一方面,WTO 又是一个全新的国际贸易组织,为成员方之间的贸易关系行为提供了一个共同的制度框架,这种多边贸易体制的制度安排为进一步实现贸易自由化提供了制度基础。

第一,WTO 所涉及的贸易范围不仅仅包含货物贸易,还包含与贸易有关的知识产权和服务贸易。

这是因为:一方面,服务贸易具有不断增长的趋势,在国际贸易中的比重越来越高。另一方面,服务贸易领域是发达成员跨国公司争夺国际市场的重要领域,也是最新贸易领域,它们在金融保险业、电信等技术要求比较高的服务业具有明显的竞争优势。更为重要的是服务贸易与货物贸易紧密相连,如贸易权、国际直接投资和国际生产之间的关系问题,发展中成员允

---

① 薛荣久.世界贸易组织(WTO)教程[M].北京:对外经济贸易大学出版社,2003.

许跨国公司投资,但在股权、销售等方面设置障碍,影响了跨国公司的经营业绩,使其在服务业的竞争优势未能充分发挥。这样,发达成员特别是美国在跨国公司的驱使下,积极主张将服务贸易纳入多边贸易体制的框架下,以打破许多国家政府在服务贸易领域的壁垒,使它们能在服务贸易中获取更多的利益。发展中成员最初反对将服务贸易纳入多边贸易体制中,认为发展中成员既然没有服务贸易的优势,就不会在服务贸易自由化中获得任何益处,反而会危及成员的财政收入,严重情况下可能殃及成员的经济安全。

但 1986 年在埃斯特角部长会议上,发展中成员特别是代表发展中成员的印度和巴西的态度有了较大的转变,同时发达成员在补贴和服务贸易自由化的进程方面给予了发展中成员一定的灵活性;发展中成员自身也有通过开放并不断发展服务业以缩小与发达成员差距的要求。这样,在乌拉圭回合中达成了《服务贸易总协定》。WTO 多边贸易体制向服务贸易领域的扩张只是处于起步阶段,还要通过多轮的谈判和实践,作出既适合发达成员又适合发展中成员服务贸易发展的制度安排。

WTO 多边贸易体制中制度内涵的扩大拓展了市场空间,为制度创新提供了载体。实际上,现代国际贸易并不仅仅涉及货物贸易,投资、服务贸易、知识产权等互相之间构成了内在的有机联系,要形成使贸易更加自由化的多边贸易体制,除了涉及贸易本身外,国际贸易的制度设施越来越起到重要作用。

第二,WTO 多边贸易体制的约束性增强,其约束性主要体现在 WTO 争端解决机制的制度安排方面。

WTO 争端解决机制是在继承 GATT 争端解决机制的基础上建立起来的,它在 GATT 争端解决机制基本内容的基础上,对其作了进一步的改革和完善。

WTO 争端解决机制中制度安排的约束力和制度效率主要表现在以下三个方面:(1)WTO 争端解决机制的普遍适用范围是提高制度运行效率的具体体现。GATT 争端解决的制度安排是不同主题适用不同争端解决程序,这样解决贸易纠纷的程序复杂,实施制度的交易成本上升。WTO 争端解决适用于 WTO 框架下(除贸易政策审议机制外)的所有协议,并形成了以《世界贸易组织争端解决机制及程序的谅解》(DSU)为主的统一规定的争端解决机制,使之成为相当完善的一种制度安排。尽管乌拉圭回合谈判的各协议文本的争端解决程序之间还有某些不同之处,但其核心程序是一致的,这为 WTO 多边贸易体制的有效运行提供了标准化管理条件。(2)在 WTO 争端解决制度的组织安排方面,成立了解决贸易争端的专门机构。GATT 没有建立负责解决其成员之间贸易争端的机构,这样有可能使 GATT 的主要管理者忙于处理各种贸易纠纷。WTO 的争端解决机制下的专门组织机构包括:①争端解决机制(DSB)。这是 WTO 专门负责解决其成员之间贸易争端的机构,向 WTO 总理事会负责。②专家小组(Panels)。这是负责处理具体案件的、非常设的贸易争端解决机构。③常设上诉机构(Standing Appellate Body)。这是负责审理争端当事成员对专家小组报告提出上诉的机构。显然 WTO 争端解决中专门的组织制度安排形成了权力制衡机制。(3)在 WTO 争端解决制度安排的实现方式上,"自动生效"的制度安排防止了争端解决中每一阶段的受阻,提高了争端解决的效率。在争端解决的每一阶段都设置了时间表,并实行"反向协商一致原则",这种制度安排上的自动程序,保障了各成员权利与义务的大体平衡,其制度约束力明显增强。

正是由于 WTO 强化了争端解决机制方面的约束性,使许多成员特别是发展中成员对 WTO 争端解决机制的信心增强,运用 WTO 争端解决机制解决贸易争端的机会大大增加,在 WTO 成立后的几年时间里,至 2005 年年底,WTO 已受理了 335 个争端案[①],大大超过 GATT 40 余年的数量。从 2000 年以来各成员之间贸易争端的变化趋势看,主要包括以下四个方面的特点:一是解决成员方贸易争端的数量和速度加快。在 WTO 运行后的 8 年间,WTO 仲裁委员会处理了 252 起国际贸易纠纷,成为世界贸易领域内的最高仲裁机构,而 GATT 在其存续的近 50 年中,受理的贸易争端仅 238 起。二是使更多的案件在到达专家小组程序之前通过磋商解决。从目前情况看,磋商仍然是 WTO 争端解决的最主要手段之一。目前约有 80% 的争端在建立专家小组之前是通过磋商使争端双方达成一致的,磋商的交易成本和实施成本是各种争端解决制度安排中最低的,但磋商的条件是双方有诚意的让步。三是各成员利用争端解决机制的积极性大大提高。不论是当今世界最强的经济实体,还是一些弱小的发展中成员,都纷纷选择将贸

---

① 资料来源:世界贸易组织网站。

易纠纷提交 WTO 争端解决机制审议。与 GATT 时代相比,利用 WTO 争端解决机制的发展中成员越来越多,这表明争端解决不是依据各方的经济实力,而是平等地实现国际贸易纠纷的解决。四是从案件所涉及的协议看,基本上所有的协议都涉及了,但主要集中在反倾销协议、保障措施协议、农产品协议和技术性贸易壁垒协议等方面。

第三,WTO 对各成员贸易政策监督职能的加强。

WTO 对各成员贸易政策的监督是通过贸易政策审议机制(TPRM)来实现的。TPRM 主要是对各成员的贸易政策与措施,以及这些政策或措施对多边贸易体制发挥作用所产生的影响进行经常性的审议,这种审议为WTO 多边贸易体制的正常运行提供了保障。

作为一种促进各成员方遵守 WTO 多边贸易体制的制度安排,WTO贸易政策审议机制对多边贸易体制的主要作用在于:首先,通过提高贸易政策与体制的透明度以提高国际贸易的可预见性和稳定性。WTO 贸易政策审议机制使多边贸易体制确立透明度的基本原则具有可操作性。通过这一机制,不仅使 WTO 能随时了解各成员贸易政策措施的发展变化,从总体上加强对世界贸易整体环境和发展趋势的了解和把握,而且可以增进各成员对其他成员贸易政策与实践的了解,从而有助于减少贸易摩擦。其次,通过定期的贸易政策审议以加强对多边贸易体制的监督。WTO 对各成员的国际贸易政策和措施根据贸易量开展定期审议,可以随时检查各成员贸易政策与措施是否与 WTO 有关规则和协议相一致,是否与它们各自承担的多边义务及其各自所作的承诺相符合,这不仅有助于 WTO 加强对各成员履行其义务与承诺的监督,也有助于各成员方之间相互监督,而且也保证了WTO 规则的实施。再次,在现行的 WTO 多边贸易体制安排下,贸易政策审议机构的报告所阐述的意见尚不具有约束力,但它可以对受审议的成员产生一定的压力,促进其尽快地对不符合多边贸易体制的法律、法规和贸易政策进行必要的修订。因此,如果单一成员所实行的贸易政策严重背离WTO 的规则,以致对其他成员造成了损害,最终引发贸易争端的话,WTO的另一重要机制——争端解决机制就会启动,并以一种具有约束性的制度形式,使该成员的贸易政策回到多边贸易体制的轨道上来。对于发展中成员来说,贸易政策审议机制一方面有助于自身了解其他成员乃至整个国际贸易规则和政策的发展趋势,了解和把握各国市场及世界市场的发展动向,另一方面也有助于让外界了解自己的贸易政策与市场环境,从而促进相互交流与合作。最后,贸易政策审议机制还可以督促发展中成员提高国内贸易政策的透明度和自审能力,改善市场准入条件,从而更进一步地融合到多边贸易体制中,减少各成员贸易制度安排与多边贸易体制安排之间的摩擦。

第四,WTO 决策机制进一步具体化和显性化。

WTO 的决策机制主要遵循"协商一致"原则,只有在无法协商一致时才通过投票表决决定。

一方面,WTO 根据不同的议题(主要根据议题的重要性和对成员方的影响程度)制定不同的决策规则(见表 4-5)。如对于与 WTO 总原则有关的议题,就必须采用全体一致的决策规则。

表 4-5　WTO 议题类型与决策规则

决策规则	议题类型
全体一致	与总原则有关的修改(如最惠国待遇原则,MFN)
3/4 多数投票	对协议条款的解释和豁免某成员方的义务
2/3 多数投票	除类似于 MFN 等总原则之外的有关问题的修改
意见一致	没有其他特别规定的问题

另一方面,WTO 通过对"协商一致"的定义、确立在"协商一致"失败时的程序及修正程序将 GATT 未成文的决策具体化和显性化,如明确要求在协商一致不能达成协议的情况下,将采用投票制。

在 WTO 决策机制的具体实践中,由于达成一致意见是一个非常复杂的过程,为了"避免谈判陷入僵局,在投票前交换意见是很有必要的。通过讨价还价以达到意见一致的做法是多边贸易谈判和 WTO 体系发挥作用的核心"[①]。因此,强调磋商和合作仍将是推动贸易自由化、完善多边贸易体制的重要手段。

---

① 伯纳德·霍克曼,迈克尔·考斯泰基.世界贸易体制的政治经济学[M].北京:法律出版社,1999.

第二节　多边贸易体制安排的绩效评估

衡量 WTO 多边贸易体制安排的绩效,主要看贸易自由化的程度以及在贸易自由化基础上所获得的贸易利益。要十分明确地量化贸易自由化以及由贸易自由化带来的贸易利益并非易事。从贸易自由化方面看,尽管关税可以比较直观地测量,但非关税壁垒难以衡量,许多非关税措施比以前更加隐蔽,有时还打着遵守 WTO 有关协议的旗号。从由贸易自由化所带来的贸易利益看,其测量更加困难,因为推动贸易增长的因素除了贸易自由化外,还有许多其他方面的因素,例如技术进步、消费需求、人口和城镇化等。

一、多边贸易体制的贸易自由化制度安排评估

多边贸易体制的绩效之一就是通过贸易自由化的制度安排,在货物、服务贸易等领域降低了贸易壁垒,扩大了市场准入,为各成员贸易利益的获取提供了前提。

(一)货物贸易领域的贸易自由化制度安排

从货物贸易看,乌拉圭回合以后,纳入 GATT 的产品领域扩大,产品的关税下降显著,非关税壁垒减少,这些措施为成员方贸易利益的获得提供了制度条件。

1.回归到自由贸易框架下的农产品和纺织品贸易自由化安排

乌拉圭回合首次将农产品和纺织品纳入 GATT 中,这为农产品和纺织品的贸易自由化提供了制度条件。乌拉圭回合在农产品方面的贸易自由化措施主要通过关税减让、国内支持削减和出口补贴等三个方面实现(见表4-6)。在关税减让方面,乌拉圭回合首先要求将现行的非关税措施转化为普通关税,然后分年度逐步削减农产品关税;在农业国内支持方面,要求逐步削减对农产品贸易产生直接影响的农业支持,即"黄箱"支持;在出口补贴方面,要求逐步削减出口补贴。

表 4-6 乌拉圭回合农产品贸易自由化制度安排

	发达成员(1995—2000)	发展中成员(1995—2004)
关税 全部农产品平均削减 每项农产品最低削减	36% 15%	24% 10%
国内支持 综合支持量 (基期:1986—1988)	20%	13%
出口补贴 补贴额削减 补贴量削减 (基期:1986—1990)	36% 21%	24% 14%

资料来源:根据 WTO 农业协议整理。

在纺织品和服装方面,WTO《纺织品与服装协议》的主要内容是在 1995 年至 2005 年的 10 年时间内,通过区域一体化和双边谈判逐步实现纺织品和服装产品的贸易自由化。目前,纺织品已取消全部配额。表 4-7 报告了《纺织品与服装协议》将纺织品与服装纳入 GATT 的四个阶段。

表 4-7 《纺织品与服装协议》将纺织品与服装纳入 GATT 的四个阶段

	纳入 GATT 1994 产品的 比例(%)	剩余配额的年增长率 (%)
第一阶段:1995 年 1 月 1 日— 1997 年 12 月 31 日	16	6.96
第二阶段:1998 年 1 月 1 日— 2001 年 12 月 31 日	17	8.7
第三阶段:2002 年 1 月 1 日— 2005 年 12 月 31 日	18	11.05
第四阶段:2005 年 1 月 1 日	49	全部取消

资料来源:根据 WTO《纺织品与服装协议》整理。

2.工业制成品的贸易自由化制度安排

工业品贸易自由化主要表现在降低关税税率和减少非关税壁垒措施两个方面。在工业品的关税方面(见表 4-8),发达成员在乌拉圭回合前的加权平均税率为 6.3%,乌拉圭回合以后为 3.8%,其中,工业品中承诺减让到零关税的税号占全部关税税号的比例从 21％上升到 32％,涉及的贸易额从 20％上升到 44％,税率在 15％以上的高峰税率占全部关税税号的比例从 23％下降到 12％。发展中成员工业品的加权平均税率也由乌拉圭回合前的 20.5％降至 14.4％,约束关税税号比例由 21％上升到 73％,涉及贸易额由 13％提高到 61％。

表 4-8　主要 WTO 成员工业品中的关税减让

单位:％

成员	总税号	减让税号占全部税号的比例	零关税税号占全部税号的比例	非约束关税中实施零关税的比例	加权平均关税税率
加拿大	6 261	99.6	34.5	0.1	5.8
美　国	7 872	100	39.4	0	3.8
欧　盟	7 635	100	26.9	0	1.5
日　本	7 339	99.2	47.4	0.4	1.8
巴　西	10 860	100	0.5	0	97.7
墨西哥	11 255	100	0	0	99.3
印　度	4 354	61.6	0	0.1	97.8

资料来源:WTO.Market Access:Unfinished Business-Post Uraguay Round Inventory[EB/OL].[2000-02-12].http://www.wto.org.

　　在非关税措施方面,乌拉圭回合以后,无论是发达成员,还是发展中成员,都大幅度减少了非关税壁垒(例如许可证限制、配额和政府指导价等,见表 4-9)。目前,非关税壁垒措施主要在农产品、纺织品和服装领域使用。

表 4-9　WTO 相关成员主要非关税壁垒措施的使用频率

发达国家(地区)			发展中国家(地区)		
国家(地区)	1993	1996	国家(地区)	1989—1994	1995—1998
澳大利亚	0.7	0.7	阿根廷	3.1	2.1
加拿大	8.3	8.3	巴　西	16.5	21.6

续表

发达国家（地区）			发展中国家（地区）		
欧　盟	22.1	13.0	智　利	5.2	5.2
冰　岛	3.0	0.5	印　度	53.6	31.3
日　本	11.4	9.9	印度尼西亚	50.0	25.0
新西兰	0.4	0.8	韩　国	56.3	19.6
挪　威	5.9	2.6	马来西亚	58.3	13.4
瑞　典	3.6	0.2	南　非	36.5	8.3
美　国	23.0	16.7	泰　国	36.5	17.5

资料来源：WTO.Market Access：Unfinished Business-Post Uraguay Round Inventory[EB/OL].[2000-02-12].http://www.wto.org.

（二）服务贸易领域的贸易自由化制度安排

WTO《服务贸易总协定》包括四种形态，即跨境交付、境外消费、商业存在、自然人流动。服务贸易自由化尚处于起步阶段，自由化程度相对较低（见表 4-10）。

表 4-10　服务贸易市场准入方面的承诺结构

	形态Ⅰ			形态Ⅱ			形态Ⅲ		
	全部	部分	没有	全部	部分	没有	全部	部分	没有
进入成员	52	24	24	71	24	5	36	61	3
发达成员	26	50	24	48	50	2	10	89	1
所有成员	32	38	30	51	39	10	15	82	3

资料来源：WTO.Market Access：Unfinished Business-Post Uraguay Round Inventory[EB/OL].[2000-02-12].http://www.wto.org.

在服务贸易的四种形态中，第三种形态的开放度相对较高，特别是发展中成员，因为第三种形态可以引入国外直接投资。但是，在服务贸易领域，许多成员至今只作出了最低限度的承诺,甚至最全面的承诺也包含了许多限制性条件,而这些限制性条件将成为新一轮谈判的目标。

二、多边贸易体制下世界贸易的总体绩效分析

(一)GATT 八轮回合谈判的绩效分析

按照 GATT 八轮多边贸易谈判结果进行的关税壁垒削减,为世界货物贸易的发展奠定了坚实基础。1948 年 GATT 生效时,世界货物贸易出口总额为 585 亿美元,世界货物贸易进口总额为 622.5 亿美元;到 1995 年 WTO 成立时,世界货物贸易出口总额为 51 616.3 美元,世界货物贸易进口总额为 52 791.7 亿美元;2000 年世界货物贸易出口总额达到 64 466.1 亿美元,进口总额达到 67 058.7 亿美元;2004 年世界货物贸易出口总额达到 91 235.2 亿美元,进口总额达到 94 582.7 亿美元,分别是 1948 年的 156 倍和 152 倍(见图 4-1)。在此期间世界货物贸易出口年均增长率达到 10%,其中 1948—1960 年间增长率为 7.3%,1961—1970 年间增长率为 9.3%,1971—1980 年间为 21%;1980—1985 年间世界出口增长率为 -0.8%,1990—1995 年间为 7.5%,1995—2000 年间为 3.5%,2001—2004 年间为 9.5%(见图 4-2)。

乌拉圭回合达成了服务贸易总协定(以下简称 GATS),乌拉圭回合之后,服务贸易正式纳入多边贸易体制的管辖范围,随着产品移动、资本流动、人员移动和商业存在等服务贸易壁垒的削减,世界服务贸易也迅速发展起来。WTO 的服务贸易规则涵盖的 12 个服务贸易领域,1980 年世界服务贸易出口总额为 3 629 亿美元,进口总额为 3 999 亿美元,到 2004 年,服务贸易出口总额达到 21 275 亿美元,进口总额达到 20 945 亿美元,分别是 1980 年的 5.86 倍和 5.24 倍(见图 4-3)。1980—2004 年间世界服务贸易出口额年均增长率为 7.5%,进口额年均增长率为 7.4%(见图 4-4)。

单位：亿美元

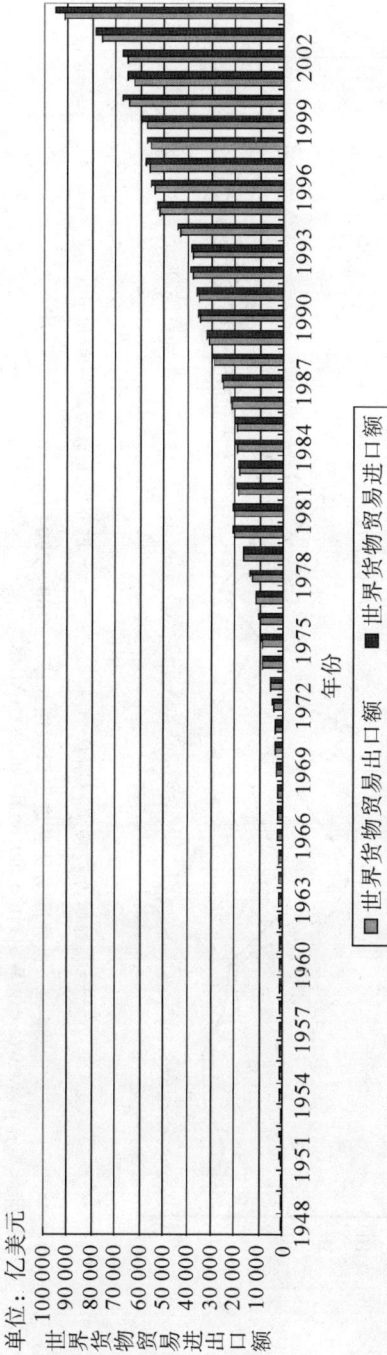

■世界货物贸易出口额 ■世界货物贸易进口额

图4-1 世界货物贸易进出口额（1948—2002年）

资料来源：www.wto.org.

单位：%

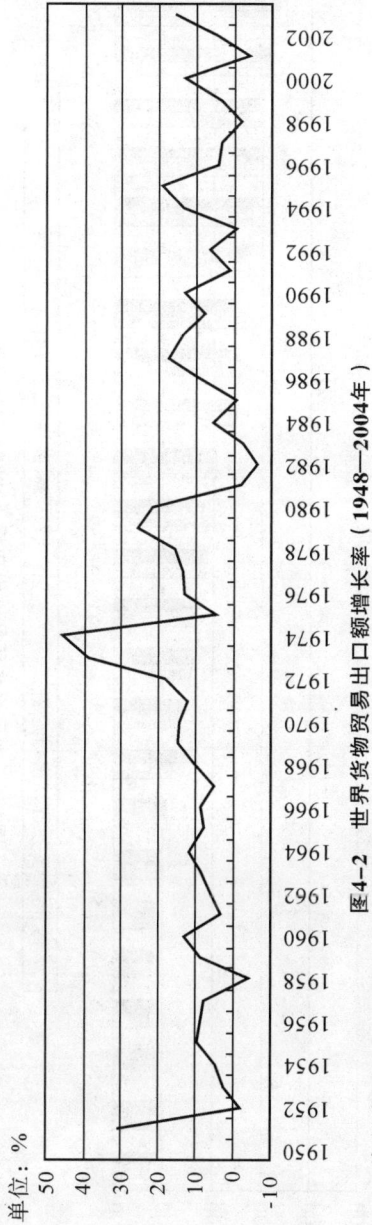

图4-2 世界货物贸易出口额增长率（1948—2004年）

资料来源：www.wto.org.

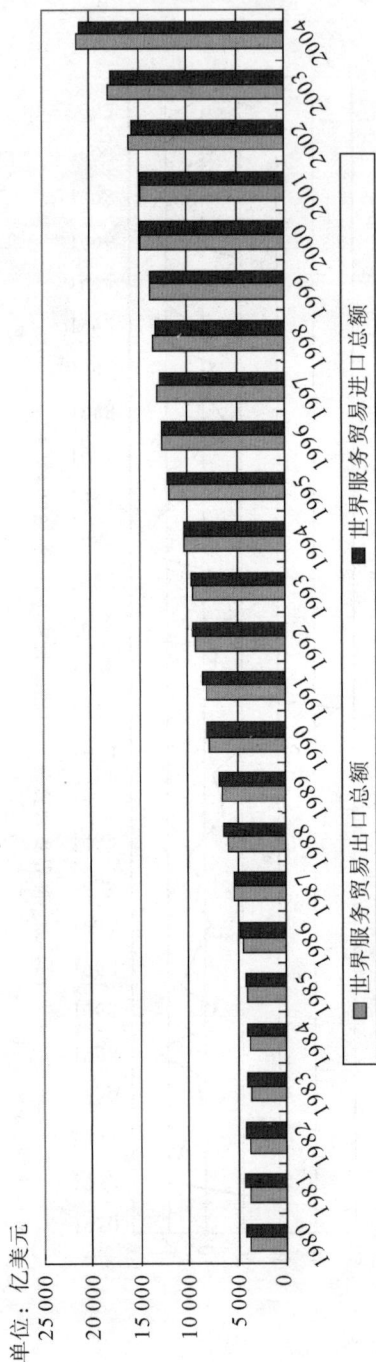

图4-3　世界服务贸易进出口额（1980—2004）

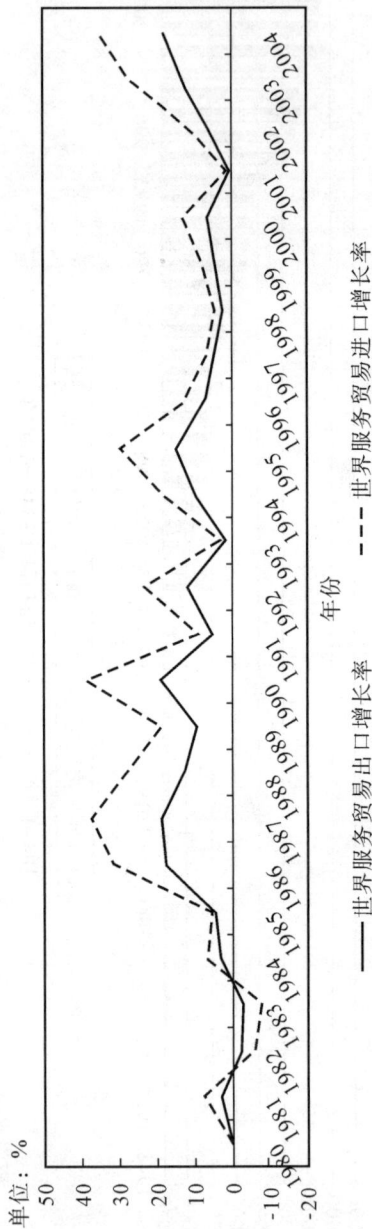

单位：亿美元

■ 世界服务贸易进口总额　　■ 世界服务贸易出口总额

图4-4　世界服务贸易进出口额增长率（1980—2004）

单位：%

年份

—— 世界服务贸易出口增长率　　- - - - 世界服务贸易进口增长率

数据来源：www.wto.org/WTO international trade statistics.

(二)"多哈发展议程"绩效的 CGE 估算

Brown 等(2002)[①]采用密歇根 CGE 模型(Michigan CGE Model)对乌拉圭回合的经济绩效进行了估算,并对多哈发展议程的经济绩效进行了预测。密歇根 CGE 模型以新贸易理论为基础,在一般的 CGE 模型基础上加入了边际报酬递增、垄断竞争、产品异质性等假设。模型模拟采用 GEM-PACK 软件,是 Harrison 和 Pearson 1996 年编写的程序;数据采用的是美国普度大学(Purdue University)的"The GTAP-4 Database"(McDougall 等,1998)[②]。该研究模拟了多哈发展议程贸易自由化效果,其中包括多哈发展议程农产品贸易自由化效果模拟、多哈发展议程工业制成品贸易自由化效果模拟、多哈发展议程服务贸易自由化效果模拟。表 4-11 是对多哈发展议程整体贸易自由化绩效的模拟结果。

表 4-11 多哈发展议程的总体绩效

国家(地区)	进口(百万美元)	出口(百万美元)	贸易条件(%)	福利(%)	福利(百万美元)	实际工资(%)	资本报酬(%)
发达国家(地区)							
澳大利亚和新西兰	6 641.2	5 251.4	1.449	1.532	7 849.3	1.020	0.947
加拿大	3 991.3	3 465.3	0.238	1.107	8 068.2	0.315	0.359
欧盟和 EFTA[③]	58 819.3	58 592.5	0.041	1.911	209 609.8	0.697	0.768
日本	34 433.4	34 518.5	0.012	1.544	100 239.5	0.442	0.579
美国	55 612.4	51 496.8	0.353	1.586	143 980.5	0.533	0.565

① Drusilla K. Brown, Alan V. Deardorff, Robert M. Stern. Computational Analysis of Multilateral Trade Liberalization in the Uruguay Round and Doha Development Round [C]. Discussion Paper,2002,No.489.

② McDougall,Robert et al. Global Trade:Assistance and Protection:GTAP-4 Database,Purdue University,1998.

③ EFTA 指 European Free Trade Association(欧洲自由贸易联盟)。

续表

国家(地区)	进口 (百万美元)	出口 (百万美元)	贸易条件 (%)	福利		实际工资 (%)	资本报酬 (%)
				(%)	百万美元		
发展中国家(地区)							
印度	4 523.7	5 143.3	−1.106	1.669	7 023.4	0.500	0.766
斯里兰卡	564.6	623.7	−0.930	1.675	279.2	2.139	2.037
其他南亚国家	2 372.9	2 462.3	−0.436	2.894	3 381.8	1.104	1.360
中国内地	21 217.8	24 974.6	−1.361	2.085	18 886.9	2.148	1.606
中国香港	10 389.2	9 641.7	0.609	5.532	7 123.1	6.399	6.394
韩国	13 151.0	14 356.1	−0.668	2.624	14 930.8	2.203	2.094
新加坡	7 554.0	7 898.6	−0.233	5.354	3 982.0	7.264	6.516
印度尼西亚	3 327.5	3 338.6	−0.025	0.832	2 104.8	0.858	0.292
马来西亚	5 719.6	6 321.0	−0.515	3.558	4 253.8	4.111	3.845
菲律宾	5 625.9	6 488.3	−1.854	6.485	5 722.5	4.987	4.007
泰国	6 109.1	6 476.1	−0.475	2.319	4 777.4	2.050	1.930
墨西哥	1 578.6	1 748.0	−0.145	1.122	3 957.0	0.045	0.214
土耳其	2 965.1	2 902.4	0.167	2.194	4 614.5	0.718	0.809
中欧国家	7 275.2	7 682.1	−0.342	1.686	6 255.3	1.521	1.327
中南美洲国家	10 739.4	11 416.1	−0.414	0.971	16 985.8	0.163	0.021
总计	262 611.2	264 797.6			574 025.4		

数据来源：Drusilla K. Brown, Alan V. Deardorff, Robert M. Stern. Computational Analysis of Multilateral Trade Liberalization in the Uruguay Round and Doha Development Round[C]. Discussion Paper, 2002, No.489.

该研究选取了世界 20 个主要国家和地区，18 个生产部门，农产品贸易建立在完全竞争市场结构的假设上，其他贸易建立在垄断竞争市场结构的前提下，具体数据包括这 20 个国家(地区)之间的双边贸易额，20 个国家

(地区)与其他各国(地区)的双边贸易额,20 个国家(地区)的投入产出数据,各国(地区)最终需求的构成、各部门的总产出和总附加值,20 个国家(地区)的进口关税,不同产品间需求替代弹性以及各国(地区)的就业率等。CGE 模型假设对多哈发展议程前的关税壁垒、非关税壁垒和服务贸易壁垒进行 33%的削减,其中农产品贸易壁垒的削减主要包括出口补贴、国内补贴和进口关税的削减,工业制成品主要是对进口关税进行 33%的削减,服务贸易壁垒借用的是 Hoekman(2000)①采用的 FDI 壁垒。用 CGE 模型估算的多哈发展议程给世界带来的总体福利为 5 740 亿美元,其中美国是最大的受益者,获益 1 440 亿美元。总体而言,无论是发达国家(地区)还是发展中国家(地区),都能从多哈发展议程中通过要素报酬的增加得到明显的收益。

(三)多边贸易体制下贸易自由化与全球经济增长的关系

为了进一步说明多边贸易体制下贸易自由化对经济增长的贡献,本书对 1950—2000 年世界经济资料作了统计分析(见表 4-12)。统计研究结果表明:首先,世界货物出口和 GDP(不含服务贸易)在 1950—2000 年间保持着较高的增长速度,货物出口年均增长 3.67%,GDP 年均增长 2.08%。其中,1950—1995 年间货物出口年均增长 2.5%,GDP 年均增长 1.87%,1995—2000 年间货物出口年均增长 10%,GDP 年均增长 3%。特别是当一个谈判回合结束以后,货物贸易出口在一两年以后迅速增长,例如,GATT第六轮多边谈判以后,1968 年的货物出口和 GDP 增长率分别为 4%和3%。其次,无论在哪一段时期,也无论是总的货物出口、农产品出口,还是工业品出口,其增长都与 GDP 增长之间保持着高度的相关性,这说明贸易自由化对 GDP 产生重要影响。最后,从货物出口增长与 GDP 增长之间的线性回归分析看,其弹性系数都是正值。但不同时期的弹性系数值不同,1950—1995 年这一时期的弹性值要大大高于 1995—2000 年时期。

---

①　Hoekman,Bernard.The Next Round of Services Negotiations:Identifying Priorities and Options[J]. Federal Reserve Bank of St.Louis Review,2000(82):31—47.

表 4-12　多边贸易体制下货物贸易自由化与全球经济增长之间的关系

时　期	1950—2000 年	1950—1995 年	1995—2000 年
拟合线方程 （总产量）	总产量年均增长：3.67 GDP 年均增长：2.08 $Y=0.639\,0X_1+24.10$ $R=0.963\,9$ $SW=8.631\,4$	总产量年均增长：2.5 GDP 年均增长：1.87 $Y=0.798X_1+17.45$ $R=0.986\,2$ $SW=4.732\,8$	总产量年均增长：10 GDP 年均增长：3 $Y=0.300\,0X_1+66.73$ $R=0.996\,5$ $SW=0.612\,3$
拟合线方程 （农产品）	年均增长：2.51 $Y=0.904\,4X_2-2.49$ $R=0.986\,5$ $SW=5.316\,2$	年均增长：2.04 $Y=0.989X_2-7.30$ $R=0.989\,6$ $SW=4.109\,9$	年均增长：4.67 $Y=0.665\,5X_2+23.22$ $R=0.981\,7$ $SW=1.402\,7$
拟合线方程 （工业品）	年均增长：4.02 $Y=0.576\,7X_3+30.98$ $R=0.951\,2$ $SW=10.006\,7$	年均增长：2.63 $Y=0.744\,4X_3+25.03$ $R=0.975\,9$ $SW=6.231\,7$	年均增长：12.17 $Y=0.248\,1X_3+73.66$ $R=0.995\,5$ $SW=0.697\,3$

注：表中 Y 表示 GDP（不含服务贸易部分）；X_1 表示总的货物出口量；X_2 表示农产品出口量；X_3 表示工业品出口量。

数据来源：原始资料见《国际贸易统计年报 2001 年》。

三、多边贸易体制与发展中成员贸易利益分配

从上面的分析可知，在多边贸易体制下贸易自由化确实会带来国际贸易的增长，对全球经济的增长也有一定的贡献。但全球性贸易利益的获得并不意味着所有成员方都在贸易自由化中获得贸易利益，或者获得相同的贸易利益。根据国际货币基金组织统计的 1970—1998 年贸易条件指数（见表 4-13），1970—1998 年非石油输出国的发展中国家的贸易条件指数从 124 跌为 102，贸易条件恶化了 18%，1980—1997 年则出现小幅度恶化。

表 4-13　1970—1998 年中某些年份的贸易条件指数(1990 年＝100)

成员集团	1970	1973	1974	1979	1980	1985	1990	1995	1997	1998
发达成员	109	109	96	96	88	90	100	105	105	107
发展中成员	60	66	94	100	110	103	100	95	91	NA
非洲	NA	NA	NA	NA	NA	NA	100	102	104	107
亚洲	102	102	102	102	99	95	100	98	97	NA
欧洲	116	112	102	99	96	88	100	NA	NA	NA
中东	30	37	95	115	151	147	100	86	97	NA
西半球	98	109	133	137	133	104	100	86	75	NA
石油输出国	20	29	78	104	148	127	100	74	NA	NA
非石油输出国的发展中成员	124	119	115	109	102	94	100	99	96	NA

资料来源：International Moneytary Fund；International Financial Statistics Yearbook 1998：134－137；International Financial Statistics，September 1999：68－69.

从理论上看,发展中成员要从 WTO 多边贸易体制安排获得收益存在着以下几方面的困难。

(一)发展中成员集团内部难以形成利益的一致性

发展中成员这一利益集团在 WTO 多边贸易体制中规模最庞大,集团内部利益关系相当复杂,在许多方面存在着利益的冲突,因而难以形成利益上的一致性。根据奥尔森定理[①],在 WTO 多边贸易体制中,发达成员方只有 25 个,尽管它们在农产品等方面存在着利益上的差异,但在其他货物贸

---

① 　在一个集团范围内,集团收益是公共性的,即集团中的每一个成员都能共同且均等地分享它,而不管它是否为之付出了成本,集团收益的这种性质形成了集团成员的"搭便车"行为,集团越是大,分享收益的成员越多,为实现集体利益而进行活动的成员分享份额越小。相反,小集体之所以有效率,是因为成员少,因而集体决策的谈判过程费用较低,同时由于小集体透明度高,容易形成"选择性激励",有助于抑制"搭便车"现象。参见奥尔森.集体行动的逻辑[M].上海:上海三联书店,1995:29－30.

易领域、与贸易有关的知识产权领域、服务贸易领域等诸方面存在着利益上的广泛一致性，特别是发达成员内部的利益存在着相容性，因而它们之间能够形成紧密的利益集团。而发展中成员方达到 100 多个，集团成员多并存在着巨大的差异性，特别是发展中成员集团内部的利益在许多领域具有排他性，也即集团内部利益主体在追求利益时是互相排斥的，这种利益之间的博弈是零和博弈。之所以发展中成员之间在利益方面存在着排斥性，是因为其优势产品都集中在劳动密集型产品，而整个市场的容量变化不会很大，这样，一国贸易量的扩大必然会引起另一国贸易量的减少。因而，其成员集团内部本身就难以达成利益的一致性。

（二）发展中成员与发达成员贸易收益不均衡

贸易自由化固然能给发展中成员带来利益，但贸易自由化给发展中成员带来多少贸易利益，主要看发展中成员在国际贸易中的贸易条件、竞争条件和市场状况。

第一，发展中成员在国际贸易中所出口的产品仍主要集中于中低档的竞争性初级产品，贸易条件恶化的现象没有从根本上得以改善。表 4-14 反映了发展中成员 1980—1998 年出口结构的变化，发展中成员出口仍然集中在初级产品、劳动密集型产品和低技术产品，这三部分产品占出口总额的50％左右。初级产品出口贸易利益减少的根本原因，是初级产品供给的上升和需求收入弹性提高引起的对初级产品需求的下降。

表 4-14　按要素划分的发展中成员的出口结构（1980 年和 1998 年）

产品种类＼出口结构	发展中成员出口结构		世界出口结构	
	1980 年	1998 年	1980 年	1998 年
初级产品	50.8	19.0	25.7	14.8
劳动密集产品	21.8	23.2	14.7	15.0
低技术产品	5.8	7.3	10.1	7.6
中等技术产品	8.2	16.8	26.4	29.6
高技术产品	11.6	31.0	20.2	30.2

资料来源：Unctad.Trade and Development Report.2002：71.

第二,尽管近 20 年中发展中成员的出口结构有了一些改善,其突出表现为中等技术产品和高技术产品所占份额的提高,但发展中成员与发达成员在这些产品中的竞争态势明显不同。一是发展中成员要进一步提高这些产品的附加值是相当困难的,因为它们没有足够的技术储备;二是推动发展中成员高技术产品出口的不是本国企业,而是国际直接投资(FDI)的企业,发展中成员的出口受到外企的制约,实际上就是跨国公司的制约。发展中成员在出口结构间的断层难以带动其产业结构的转换,从而也难以实现经济的持续增长。

第三,发达成员在发展中成员具有竞争优势产品领域内的保护也是发展中成员利益受损的一个重要原因。例如,在欧盟,尽管工业品的正常关税已经相当低,但欧盟在贸易谈判时将产品分成“十分敏感产品”、“敏感产品”、“半敏感产品”、“非敏感产品”四大类,并根据不同产品的敏感性制定不同的关税安排和非关税措施。[①] 从表 4-14 中我们可以看出,欧盟在国际贸易上设置壁垒的产品恰恰是发展中成员在国际市场中最具有竞争优势的产品。美国、日本等发达成员也同样存在类似的情况。

(三)发展中成员获得贸易自由化收益的同时要付出相应的成本

丹尼·罗德瑞克对不同类型成员在贸易自由化以后出现的外部风险,以及这种外部风险对收入和消费的影响进行了实证分析。[②] 研究表明,发达成员抵御贸易自由化所带来的外部风险的能力明显要好于发展中成员。发展中成员风险承受能力脆弱的主要原因,一方面是发展中成员政府对经济的监管和控制能力非常弱,缺乏防范风险的预警机制,没有建立起有效的控制机制,一旦出现外部变量(例如汇率)的变化,就缺乏足够的能力抵御风险;另一方面是因为贸易自由化过程中,发达成员拥有绝对的竞争优势,这种绝对优势不仅表现在高技术产业几乎被发达成员所控制,更表现为发展中成员对发达成员过分依赖。统计资料表明:在 1980 年至 2000 年的 20 年

---

① 　Marc Auboin, Sam Laird. EU Import Measures and the Developing Countries [EB/OL].[2001-12-17].http://www.wto.org.

② 　丹尼·罗德瑞克.全球化走得太远了吗? [M].北京:北京出版社,2000:66.

时间里,发展中成员在制造业中的进口快于出口,而发达成员正好相反。①
因此,一旦国际市场出现风险,发达成员往往将风险转嫁到发展中成员,墨
西哥金融危机和东南亚金融危机充分证明了这一点。

(四)多边贸易体制是一种"准公共产品",获得服务需付出一定代价

WTO 提供给发展中成员的多边贸易体制服务是一种"准公共产品",
成员方可以从制度设计(最惠国待遇等主要原则)和制度安排(乌拉圭回合
所达成的协议等主要规则)中获利,特别是可预见性和透明度较高的多边贸
易体制对建立和完善发展中成员的贸易体制是有益的。但 WTO 多边贸易
体制既然是一种"准公共产品",就不是像公共产品那样免费提供的,而是要
付出一定代价的。这种代价一方面表现为加入 WTO 本身需要付出的代
价,另一方面表现为发展中成员贸易制度的变迁将受到发展中成员内部现
有利益集团的制约,贸易制度变迁的过程要克服各种阻力。

从乌拉圭回合所形成的多边贸易体制看,乌拉圭回合转变了对发展中
成员"特殊和差别待遇"(Special and Differential,S&D)条件,从而导致了
对 MFN 优先权的侵蚀,形成了乌拉圭回合的单一承诺。在乌拉圭回合中,
许多协议只给予发展中成员一定的过渡期,或者某种灵活性,但没有明确具
有可操作性的"S&D"待遇,这实际上使发展中成员在 WTO 多边贸易体制
中的义务大大提高。从乌拉圭回合实施的具体情况看,乌拉圭回合在贸易
自由化过程中缺乏平衡。例如,在乌拉圭回合中,纺织品和服装是一个对发
展中成员相对有利的行业,但发达成员使用大量非关税措施(NTMs),例如
反倾销、特别保障、技术标准和补贴等来约束发展中成员,使发展中成员在
贸易自由化中难以获得利益。

(五)发展中成员公共机构能力相当弱

WTO 是一个非常精简的国际贸易机构,许多工作都要靠成员方的公
共机制,这样,"有效参与世贸组织和发展中国家利益代表的能力取决于发
展中国家自身胜任的公共机构能力的发展。由世贸组织处理的问题(其中
有些是非常技术的)的范围和复杂性日益增大,意味着发展中国家有效地参

---

① Unctad. Trade and Development Report[EB/OL].[2009-01-04]. http://www.
unctad.org.

与世贸组织的能力将严重地取决于政府及在本国首都处理世贸组织范围内问题的其他公共机构的力量和分析能力"。

"在许多领域,特别是环境卫生和植物检疫、标准和 TRIPS 领域里包含有适用于发展中国家的特别待遇的条款,允许更长的实施时期和/或技术援助条款以增强其公共机构能力来满足其在协议下的义务。"①因此,发展中成员在研究能力方面的不足将严重制约其在 WTO 多边贸易体制中的参与程度,太多国外技术援助和捐赠计划的激增使受援国进行改革的能力负担过重并导致混乱和重复。

总之,发展中成员要在多边贸易体制中获得利益应从以下三个方面考虑。第一,形成利益接近的利益集团。发展中成员这一利益集团概念太大,太笼统,也不被 WTO 所认可。同时,发展中成员的发展阶段差异性大,难以形成独立的利益集团和利益机制,今后要考虑形成范围相对较小、经济利益相对一致的利益集团,才能在多边贸易谈判中提出具体的适合这一集团利益的规则。WTO 的多边贸易体制的实践证明,过于笼统的条款、待遇,没有、也不会给发展中成员带来任何利益。第二,在发展中成员国内的贸易制度建设方面,只有建立有效的适合发展中国家的贸易体制,才能提高贸易体制的运作效率。第三,加快促进发展中成员产业竞争力的形成。有效、透明的贸易体制只是形成成员竞争力的基本条件,要真正形成成员竞争力,还主要靠国内自身产业国际竞争力的形成。

第三节　多边贸易体制与区域集团化的互动效应分析②

当前 WTO 多边谈判受阻,全球化步伐减缓,区域集团化浪潮日益高涨,有的学者认为区域集团已经成为多边贸易体制发展的阻力,区域集团的

---

①　康斯坦丁·米查洛波洛斯.世界贸易组织内的发展中国家[J].经济资料译丛,1999(4).

②　黄建忠,庄惠明.全球化与区域集团化互动效应的实证检验[J].国际贸易问题,2007(3).

发展将导致以多边贸易体制为代表的全球化难以实现;另有些学者则认为,多边贸易体制的发展与区域集团化是辩证统一的,全球化步伐放缓是其发展过程中自身矛盾激化的结果,区域集团没有牺牲多边贸易体制的利益,区域化是全球化的次优选择,经济区域化的最终归宿点是经济全球化。两者之间的关系之争成为研究的热点问题,并因此影响了一国参与多边贸易体制与区域集团的相关决策。究竟二者关系如何? 本书从实证角度对此作一较为深入的分析,以期深化理论界对这一命题的认识。

一、多边贸易体制与区域集团的关系之争

关于多边贸易体制与区域集团两者关系之争由来已久,迄今学术界占主导地位的观点是"彼此消长论"。"彼此消长论"认为,区域集团化加强的趋势使多边贸易体制遭到削弱,而多边贸易体制的强化将有效抑制区域集团化的发展势头。基于"彼此消长论"而产生的诸多论述归纳起来有两种观点:其一,认为区域集团与多边贸易体制的关系中只存在"竞争"而没有"互补",或者竞争大于互补,本质上并不认同区域集团化对多边贸易体制的积极补充作用。其二,认为区域集团与多边贸易体制之间既有竞争又有互补,总体上互补关系大于竞争关系,主张保持两者的平行发展("平行发展论")。

然而,20世纪70年代以来区域集团化发展势头有增无减,尤其是WTO成立前后区域集团化急剧增加与多边贸易体制强化同时并举的"共生现象"对"彼此消长论"提出了严峻的挑战。在这种情况下,有学者指出"互补性竞争"是区域集团与多边贸易体制核心关系的结论(刘光溪,2006)。[①] "互补性竞争"关系的主要内涵归纳起来有这样几个方面:(1)区域集团与多边贸易体制一个时期内的主导关系为竞争,另一个时期内的主导关系为互补,而不是二者之间某些方面存在互补关系,某些方面存在竞争关系;(2)没有竞争就没有互补,竞争扩大了互补的内涵,互补关系的发展又进一步扩大了竞争的层次和范围,进而形成一个竞争与互补关系相互转化的"互促互容"的动态发展局面;(3)多边贸易体制的规则与纪律及其审议报

---

① 参见刘光溪.互补性竞争论——区域集团与多边贸易体制[M].北京:经济日报出版社,2006.

告程序,可借助于两步宽容、双重成员资格、动态规模效应、第三国反应、趋同性和优势互补等主观与客观因素的作用,加以制约区域集团排他贸易保护主义倾向的形成和发展,进而遏制"没有互补"的竞争关系的产生;(4)互补与竞争关系的相互转化,为贸易自由化的整体发展注入了生机与活力;(5)互补性竞争推动和加速了区域集团与多边贸易体制的最终汇合,因而,使得基于全球贸易自由化的全球经济一体化得以实现。

目前日渐被官商学各界接受的"互补性竞争"论更多的是定性的逻辑演绎,没有严密的数理模型推导与数据的实证检验,其结论的可靠性大有可质疑之处。随着研究的深入,也有学者开始运用博弈模型支持"互补性竞争"论(谢建国,2003),即区域集团化的大量涌现是诸如 WTO 等多边贸易合作深化的一个必然结果,而不是后者进程停滞或退化的一种表现。[①] 遗憾的是,由于研究方法与相关数据搜索的困难,这种实证研究的尝试仍然十分缺乏。

二、多边贸易体制下区域集团化产生的四大效应分析

多边贸易体制与区域集团之间存在互动效应的一个重要的原因是,区域集团化的形成会产生四大效应,即多国本地市场效应、空间不平衡效应、轴辐效应、多米诺效应。这四大效应使多边贸易体制与区域集团之间的关系更加紧密,协调发展。

(一)多国本地市场效应产生生产转移效应

在多边贸易体制下,区域集团内部取消贸易壁垒,就会产生一个很大的本地市场(本地市场效应),而且本地市场效应随着全球贸易自由化程度的提高而增大,即存在着本地市场扩大效应。在多国本地市场效应下,区域贸易安排使贸易集团内部成员的产业在这一新产生的、扩大的市场中受益,这就是所谓的"生产转移效应"。

多边贸易体制下区域贸易安排产生的生产转移效应取决于三个因素,

---

① 谢建国.多边贸易自由化与区域贸易协定:一个博弈论分析框架[J].世界经济,2003(12).

即区域集团内部成员间的开放度(ϕ')、全球开放度(ϕ)和区域集团的市场规模(s_E),且$1 > \phi' > \phi$。(1)随着ϕ'的提高,边际生产转移效应也提高,故最终转移规模随着ϕ'的提高而增大。(2)若$\phi' - \phi$(可称为"边际优惠")是常数,则生产转移规模随全球开放度ϕ的提高而增大。这是本地市场效应的必然结果,随着开放度ϕ的提高,区域集团外的生产要素的流动更自由,区域贸易安排的生产转移效应更加显著。(3)生产转移效应产生的绝对规模随着区域集团的市场规模s_E的减少而增加,因为产业转移的数量取决于区域集团外可转移企业的数量。

(二)区域集团内部本地市场效应的空间不平衡

区域集团的形成对成员国间的产业分布将形成两个层面的本地市场效应:(1)区域集团形成所产生的本地市场效应,导致区域集团内部的产业数量、贸易流量随着区域内开放度的逐步提高而增加,这是第一个层面的本地市场效应。(2)只要集团内各成员间的贸易不是完全自由的,区域集团的形成就将改变集团内部各成员国的产业布局。由于集团内部本地市场效应的放大效应,产业将转移到市场规模最大的成员国,这就加剧集团内部产业空间分布的不平衡,这是第二个层面的本地市场效应。实际上,若集团内部所有成员间的贸易壁垒完全消除的话,区域集团内的所有产业将聚集于集团内市场份额最大的成员国。这两个层面的本地市场效应可以用如下图形表述(见图4-5),其中$n_i (i = 1, 2, 3)$分别表示集团成员国1(市场规模较大)、成员国2(市场规模较小)和非成员国3的企业数量(即产业份额)。

在图4-5中,首先,区域集团的形成,使得区域集团外的产业向区内转移,即n_3随着ϕ'增大一直下降至0。其次,区域贸易安排使市场规模最大的集团成员始终受益,即n_1一直呈上升趋势。最后,两个层面的本地市场效应集中体现于n_2的变化趋势上。市场规模较小的成员国2的产业份额在$n_3 = 0$之前上升,说明在此阶段,第一个层面的本地市场效应起主导作用,即区域集团内相对于集团外形成一个本地市场,因而$n_1 \uparrow$,$n_2 \uparrow$,$n_3 \downarrow$。而成员国2的厂商数量n_2在$n_3 = 0$后,即其产业全部转移到区域集团内后,开始下降为0。这说明,在此阶段,第二个层面的本地市场效应起主导作用。由于区域集团内部市场规模非对称程度较大,随着ϕ'的增大,区域集团内市场规模最大的成员国相对于较小成员国产生了本地市场效

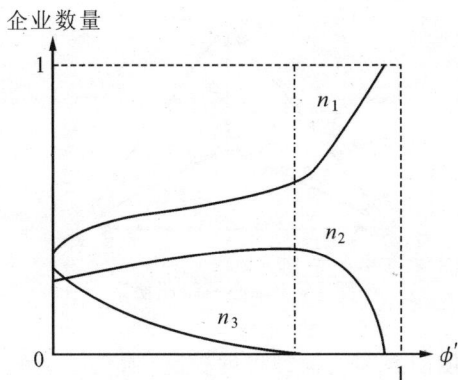

图 4-5　区域集团内部两个层面的本地市场效应

应,产业聚集的向心力作用使产业开始由市场规模较小的成员国转移到较大的成员国,当 ϕ' 增至一定程度时,$n_2 = 0$,产业全部转移到市场规模大的区域集团成员国 1。

在多边贸易体制下,区域集团内产业空间分布不平衡的程度及趋势取决于以下因素:(1)集团成员国间的市场规模差异程度越大,其内部产业空间分布越不平衡。(2)集团成员间的开放度 ϕ' 越大,集团内部产业空间分布越不平衡。(3)区域集团参与经济全球化的程度与深度将影响区域集团内产业空间分布不平衡的发展趋势。若区域集团与区域外部贸易受到很大限制,且集团内部市场规模非对称程度较大时,区域集团内产业空间分布将呈现核心—边缘结构,其产业空间分布不平衡加剧;若集团内部贸易自由化($\phi'\uparrow$)与全球贸易自由化($\phi\uparrow$)同步进行,则集团内不易形成核心—边缘结构。

(三)轴辐效应激励各国参与不同层次的区域合作

"轴辐效应"源于"轴心—附属"协定(见图 4-6,其中①是轴心国,其他是附属国),即一个国家(轴心国)与其贸易伙伴(附属国)签订一系列双边优惠贸易协定,但附属国之间不存在优惠贸易。这一协定最终有利于轴心国而不利于轴辐国。"轴辐效应"表明,由于市场可及效应,轴心国作为产业区位会更受青睐。

当轴心国与附属国之间的贸易开放度 ϕ' 足够大,附属国间的贸易开放

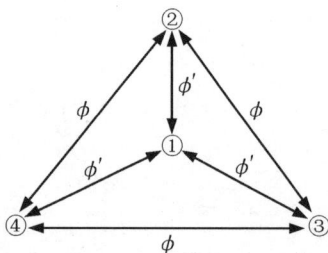

图 4-6　轴心—附属协定

度 ϕ 足够小时,说明附属国的保护程度较高,而轴心国的开放度较大,这就提高了轴心国的市场吸引力,造成产业向轴心国聚集,但同时也导致当地市场竞争更加激烈,当 ϕ' 增大到一定程度,市场拥挤效应占主导,导致轴心国产业份额降低,不具有所谓的轴心效应。而当 $\phi' - \phi$ 很小时,轴心国的市场吸引效应占主导,轴心效应发挥作用,轴心国最终拥有更多的产业份额。相反,若附属国间的贸易自由化程度提高,会使轴心国受损。

(四)多米诺效应导致区域集团规模扩大

"多米诺效应"的根源在于区域贸易安排的形成或现有区域集团内自由化程度的提高所导致的产业或投资的转移。这种转移使得非成员国内产生了新的政治经济压力,这种要求加入贸易集团的压力随着集团规模的扩大而与日俱增。显然,某一区域一体化举措可能诱发几轮的非成员国加入区域集团的行动。因此形象地将其称为"多米诺效应",其结果是区域集团规模越来越大,如图 4-7 所示。

区域集团内部存在的本地市场效应表明,随着贸易集团规模的不断扩大,加入此集团所获得的利益也就越大。随着集团规模的扩大,集团内产业份额以更大比例增长,因此,集团内贸易成本随着集团规模的扩大而下降。同理,不参与贸易集团的成本损失也随集团规模的扩大而变大,这种成本上升源于集团外国家的产业流失。这说明,随着贸易集团的形成,也产生了一种自我强化的吸纳力,即贸易集团规模越大,集团外成员加入的动机就越强,因此集团规模再次扩大,如此循环往复。

简言之,外生的冲击导致贸易集团的形成,而贸易集团一旦形成,就会诱发多米诺效应,导致贸易自由化向全世界逐步扩散。

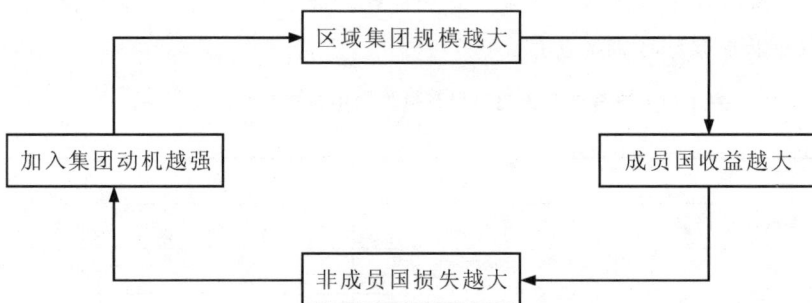

图 4-7　区域集团条件下的多米诺效应

三、多边贸易体制与区域集团互动效应的实证检验

在上文中对多边贸易体制与区域集团关系之争进行探讨和对区域集团化产生的四大效应进行分析的基础上，本书对多边贸易体制与区域集团的互动效应进行了实证检验，实证的结果对当前较为流行的一个观点进行了有力的反驳。该观点认为，近年来区域集团贸易组织与区域性贸易协定的大量涌现是以 GATT/WTO 等多边贸易合作为标志的全球化进程停滞或退化的一种现实表现。与此相反，上述分析表明，区域集团贸易组织与区域性贸易协定的大量涌现正是多边贸易合作加深的一个必然结果。随着多边贸易合作程度的加深，区域集团贸易组织的规模与数量都将上升。这是由于随着外部关税水平的降低，在激励相容的条件下，区域集团贸易组织比以前更容易维持。而且，随着多边贸易合作程度的加深，非区域集团贸易组织成员国利益更容易受到其他区域贸易组织的损害，因此，从外部激励来看，多边贸易合作程度的加深也会提升非成员国组建或加入一个区域集团贸易组织的动机。① 本书对这几年多边贸易体制与区域集团发展趋势的实证分析也验证了两者的互动关系。

（一）全球贸易增长势头强劲，区域集团数量与日俱增，两者互动增长

在多边贸易合作的驱动下，从全球年度贸易和产出指标来看（见表

————————

① 参见谢建国.多边贸易自由化与区域贸易协定：一个博弈论分析框架[J].世界经济，2003(12).

4-15),最近几年的全球商品生产和商品出口增长势头强劲,并且全球商品贸易增长明显快于商品生产。

表 4-15 世界商品出口额增长情况和主要产品组产量增长情况

单位:%

	2000	2011	2012
世界商品出口额	3.5	5.0	9.0
农产品	3.5	3.5	3.5
矿产品	1.0	4.5	5.5
工业制成品	4.0	5.0	10.0

资料来源:WTO.2013 年国际贸易统计.

相应地,近几年区域集团数量与日俱增,多米诺效应显著,已在世界范围内形成一种趋势(见图 4-8)。根据历年 WTO 年度报告,1990 年以前,世界上所有进入实施阶段的自由贸易协定(FTA)数目不过 27 项;2002 年 3 月,WTO 成员共通报 250 个区域贸易安排(RTA),其中 168 个目前有效,FTA 占 72%;到 2002 年年底,总共有 259 项登记备案,其中 176 项已处于实施阶段,双边 FTA 约占 90%;至 2003 年 4 月底,WTO 146 个成员中绝大多数都参加了一个或一个以上的双边 FTA;到 2005 年 6 月底,向 WTO 通报的区域贸易安排已经达到了 328 个,2005 年 1—6 月就新增了 21 个;截至 2006 年 2 月底,全球已经生效的 RTA 件数已高达 193 宗,且增加速度与日俱增,其中 FTA 高达 160 宗(商品贸易协定 124 个,服务贸易协定 36 个),关税同盟有 11 起之多。

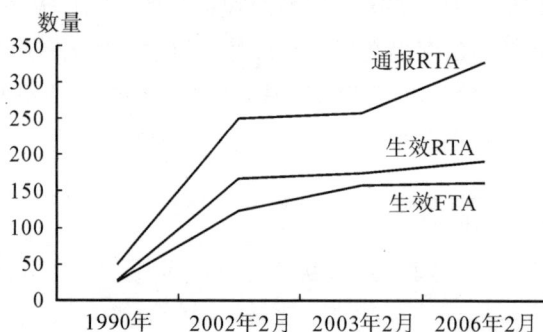

图 4-8 WTO 通报、生效 RTA 及 FTA 增长情况

(二)主要区域集团的商品贸易额持续增长

从图 4-9 中可以看出，三个主要的区域集团 EU（25）、NAFTA、ASEAN 在全球贸易中所占的比重都呈现出上升趋势。三个区域集团的进

左图：出口增长趋势　　　　　　右图：进口增长趋势

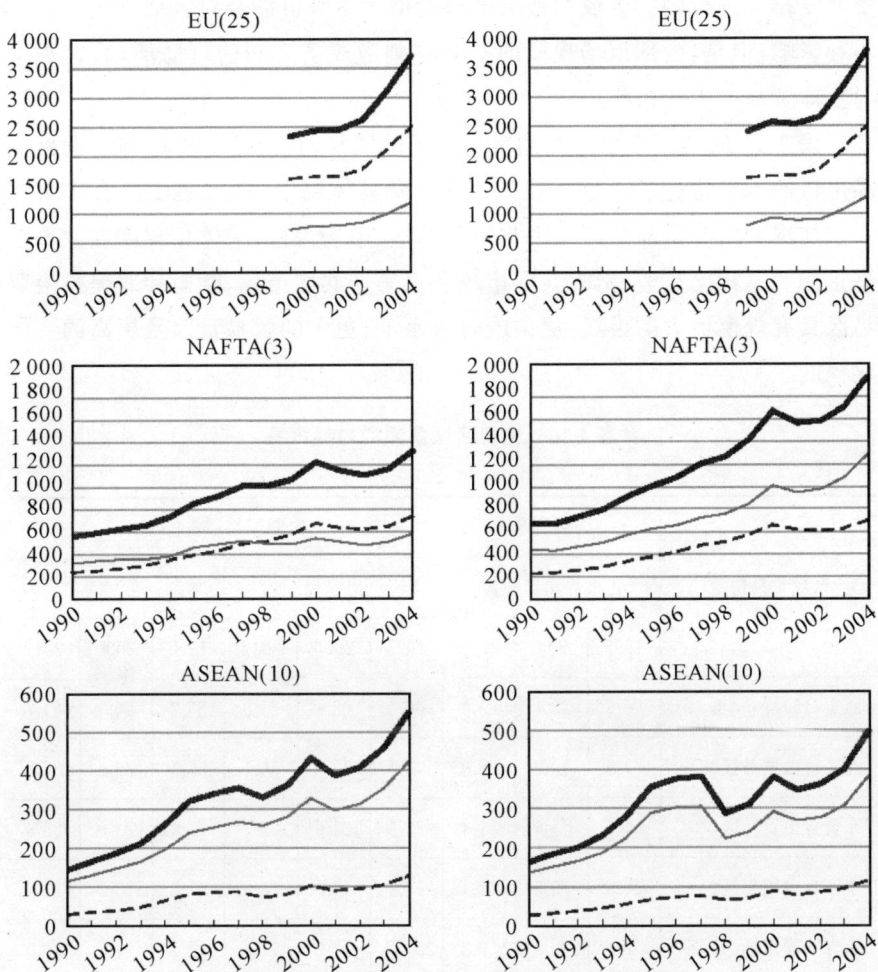

图 4-9　主要区域集团进出口贸易年度增长情况（单位：10 亿美元）

注：粗实线为区域集团贸易总额，细虚线为区域集团成员间内部贸易额，细实线为区域集团对外贸易额。

出口贸易额持续上升,其背景为区域集团各成员国逐步削减其关税、非关税措施,贸易自由化程度得到逐步提高。

(三)主要区域集团的本地市场效应明显,内部贸易程度高

据 WTO 秘书处估计,目前在国际贸易中,至少有 50% 是在各种区域贸易安排下进行的。区域内贸易壁垒的消除尽管可能会对区域外成员造成不利影响,但是,内部市场规模的扩大将刺激成员之间的贸易活动,客观上对全球贸易产生积极作用。

表 4-16 概括了 6 个最大的区域集团的贸易,其内部贸易总和占世界商品出口的份额超过了三分之一。在多边贸易体制下,区域集团的合作将进一步加深。内部贸易的高水平与贸易总额、市场规模、一体化程度和收入水平正相关。相比东盟、南方共同市场和安第斯共同市场,欧盟和北美自由贸易区具有规模更大的市场、更高的收入水平、更大的贸易量以及更高的一体化程度。

表 4-16　主要区域集团的内部贸易

单位:%

区域贸易协定	内部贸易			内部贸易所占份额					
	占世界出口份额			出　口			进　口		
	1995	2000	2012	1995	2000	2012	1995	2000	2012
欧盟(15)	26.6	23.1	24.6	64.0	62.4	61.9	65.2	60.3	61.7
北美自由贸易区(3)	7.9	10.9	8.9	46.0	55.7	56.1	37.7	39.6	36.8
东盟自由贸易区(10)	1.6	1.6	1.4	25.5	24.0	23.3	18.8	23.5	23.3
中欧自由贸易区(7)	0.3	0.3	0.4	16.2	13.0	13.6	12.3	10.2	11.3
南方共同市场(4)	0.3	0.3	0.2	20.5	21.0	11.9	18.1	19.8	19.0
安第斯共同市场(5)	0.1	0.1	0.1	12.2	8.9	9.4	12.9	13.8	17.7
总　计	36.7	36.2	35.6	—	—	—	—	—	—

资料来源:WTO.2013 年国际贸易统计.

(四)区域集团化的发展与多边贸易体制的互动指标静态分析

从上述全球贸易增长势头与区域集团数量、贸易额的正比递增,及主要区域集团高水平的内部贸易等等具体数据指标,我们粗略地验证了多边贸易体制与区域集团的互动关系,但还存在相当的片面性,即无法分析两者在多大程度上具有关联性。当前关于两者的实证研究方法更多的是使用传统的"外贸依存度"和"外资依存度"指标进行测算。由于多边贸易合作与区域集团的本质特征是生产要素跨国界的自由流动,而单纯利用一国外贸依存度和外资依存度等指标分析两者的趋势必然较为偏颇。为了更准确地说明两者之间的关系,本书规定了多边贸易体制与区域集团的静态互动指标,即全球贸易总量波动程度[①]与区域集团贸易总量波动程度之间的关联度。当全球和区域要素配置优化程度提高时,全球与区域贸易总量波动的相关性就会提高。

(1)研究方法。指标的具体测定方法如下:分别计算全球与区域集团出口贸易总额增长率时间序列,然后求出两者之间的关联度,即可获得多边贸易体制与区域集团化之间的互动指标。

(2)样本说明。由于区域集团组织生效时间不一及数据选取困难等方面的原因,为了统一指标体系,本书选用 1990—2012 年作为研究时段进行分析。为了使样本具有代表性,本书选取 EU(15)、NAFTA(3)、ASEAN(10)、MERCOSUR(4)、ANDEAN(5)五个主要的区域集团作为样本。这五个样本具有以下特征:覆盖全球各大洲、经济总量较大;包括发达和发展中国家和地区、涉及主要区域经济集团;能够获得比较全面的出口贸易总额数据。所有的原始数据均来自历年 WTO《国际贸易统计》。

(3)回归分析。我们用 1990—2012 年世界和五个主要的区域集团的出口贸易总额数据,先求出各自的增长率,然后分别对两者的增长率指标进行回归分析,分析结果见表 4-17。

---

① 由于 WTO 成员之间的贸易额占全球贸易额的比例高达 95%,故本书从简化分析角度出发,用全球贸易额直接替代 WTO 成员间贸易总额,作为衡量多边贸易体制效应的一个指标。

表 4-17 世界与主要区域集团出口贸易总量波动的关联系数

	EU 出口增长率	NAFTA 出口增长率	ASEAN 出口增长率	MERCOSUR 出口增长率	ANDEAN 出口增长率
世界出口贸易 总量增长率	0.832	0.931	0.630	0.677	0.389

(4)回归评价。以上回归结果都通过了显著性检验(至少在 5％的水平下显著),从回归结果我们不难得出以下结论:各区域集团都或深或浅地被卷入经济全球化的进程中,其中欧盟和北美自由贸易区两个区域集团由于一体化水平较高,与世界贸易总体波动的关联程度最为明显(关联系数分别为 0.832 和 0.931),而安第斯共同市场正好相反。

(五)区域集团化的发展与多边贸易体制的互动指标动态变化分析

从静态分析,我们得知,多边贸易体制与区域集团两者在贸易波动程度上具有较高的关联度,但战后各国经济互动程度一直在发生变化,区域集团化与多边贸易体制的互动关系也处于不断的变化中。为了进一步从动态上分析各主要区域集团与世界经济波动的互动关系,本书就两者的相关程度变化进行了测算。本书选择 1991—2012 年这 22 年为一个时间序列,以移动平均的方式产生了 6 个子序列组:1991—2007 年、1992—2008 年、1993—2009 年、1994—2010 年、1995—2011 年和 1996—2012 年,对这 6 个子序列组的相关分析结果见表 4-18。

表 4-18 多边贸易体制与主要区域集团出口贸易总量的互动指标变化

年　份	EU(15)	NAFTA	ASEAN	MERCOSUR	ANDEAN
1991—2007	0.737	1.381	0.568	0.584	0.436
1992—2008	0.715	1.287	0.614	0.597	0.351
1993—2009	0.775	1.030	0.582	0.654	0.412
1994—2010	0.823	0.826	0.625	0.657	0.396
1995—2011	0.801	0.761	0.681	0.643	0.339
1996—2012	0.942	0.808	0.730	0.607	0.351

注:2004 年欧盟正式由 15 国扩大至 25 国,此数据为原 15 国出口贸易总额。

从表中可以看出,从时间进程上分析,欧盟、东盟和南方共同市场与世界经济波动的相关性加强,而北美自由贸易区、安第斯共同市场与世界经济的相关性反而减弱。(1)欧盟一体化水平高,各成员市场化程度高,区域内贸易达到 60% 以上,因此,受区域外国家经济波动的影响较小。同时,由于多米诺效应的作用,欧盟区域集团规模进一步扩大(2004 年欧盟由 15 国扩大到 25 国),与世界经济波动的相关性也显著地提高。(2)东盟自由贸易区与世界经济波动的相关性一直呈上升趋势,这说明亚洲发展中国家在世界经济整体中的地位明显提升。亚洲特别是东亚已经成为全球经济中最有活力的区域之一。(3)处于非洲的南方共同市场与全球经济相关程度提高的一个主要原因是该集团成立的时间较短,区域集团化第一个层面的本地市场效应正处于逐渐显现阶段。(4)北美自由贸易区中,目前多极化的格局减弱了作为主要成员国的美国在世界经济中的主导作用,同时,美国在全球范围内寻求多种层次的双边贸易安排所带来的"轴辐效应",这都是北美自由贸易区与世界经济总体相关程度降低的直接原因。(5)与南方共同市场正相反,同样处于非洲的安第斯共同市场,由于成立时间较长,区域集团的整体经济实力较弱,成员经济水平相差较大,正处于区域集团化第二个层面的本地市场效应中。特别是 20 世纪 80 年代之后,其经济总体增长速度明显下降,低于世界整体发展速度,与世界经济波动逐渐脱节。由于和世界发达国家经济水平的差距越来越大,明显有边缘化的倾向,这也从另一个侧面验证了区域集团空间发展的不平衡效应。

本章小结

从 GATT 到 WTO,多边贸易体制经历了从无组织到有组织,从"临时总协定"到具有国际法地位组织的贸易制度变迁过程,这个过程是强制性制度变迁和诱致性制度变迁共同作用的结果。对多边贸易体制的绩效分析表明,在制度变迁中,WTO 的建成加快了贸易的自由化进程,使贸易制度成本大幅度下降,有力地推动了国际贸易自由化,带来国际贸易的增长,对全球经济的增长也有一定的贡献。但全球性贸易利益的获得并不意味着所有成员方都在贸易自由化中获得贸易利益,或者获得相同的贸易利益。发展中成员要从多边贸易体制安排中获得收益,存在着诸多困难,使发展中成员与发达成员贸易收益不均衡,并且发展中成员在获得贸易自由化收益的同时要付出相应的成本。

当前 WTO 多边谈判受阻,以多边贸易体制为代表的经济全球化步伐有所减缓,区域集团化(包括双边 FTA)的浪潮日益高涨,两者之间的关系之争成为理论界研究的热点问题,并因此影响了一国参与多边贸易体制与区域集团的相关决策。本章深入剖析了两者关系,指出多边贸易体制框架下区域集团化会产生四大效应,即多国本地市场效应、空间不平衡效应、多米诺效应及轴辐效应。这四大效应使多边贸易体制与区域集团之间的关系更加紧密,协调发展。在此基础上,本章从静态和动态两个方面对多边贸易体制与区域集团的互动效应分别给予验证。多边贸易体制和区域集团之间的互动效应为我国推进全球化背景下的区域经济合作提供了思路,即要充分发挥 FTAs 选择谈判对象的主动性、缔结协定的局部性与灵活性等诸多优势,发挥其独特的作用,拓展利益渠道,确保我国的区域利益,服务于多边利益。

第五章 多边贸易体制的发展：基于多哈发展议程的研究

多哈发展议程(DDA)是 WTO 成立以来发动的第一次多边贸易谈判。这次谈判从 2001 年 11 月 WTO 的第四次部长级会议启动以来,历经跌宕起伏的磋商和僵局、艰苦的讨价还价,终因参与谈判的关键成员意见差异过大,于 2006 年 7 月被 WTO 宣布无限期中止。2007 年 1 月经过多方的努力,这轮多边谈判又在多种不确定因素的笼罩下重新得以恢复,但是几乎所有各方对谈判的前景都持不乐观态度。多边贸易组织需要达成一致性框架的构想,正在考验着全球公平交易决策者的智慧。2013 年 12 月 7 日,在世贸组织第九届部长级会议上,多哈回合第一份成果——《巴厘一揽子协定》以 159 个成员全数通过,成为多哈回合"0 的突破"。

第一节 多哈发展议程视角下多边贸易体制的困境分析

一、多哈发展议程评析

经过谈判各方 4 年多的艰难努力,2006 年 7 月,谈判在没有达成任何协议的情况下被宣布无限期"中止",引起了人们的震惊和疑惑。那么,多哈发展议程谈判启动以来其基本谈判历程如何,取得了哪些进展,其暂时"中止"的深层次原因是什么? 本书拟对以上问题进行初步的介绍和讨论。

(一)多哈发展议程启动的背景

自 WTO 1995 年取代 GATT 以来,国际社会一直酝酿发起新一轮多边贸易谈判。概括而言,多哈发展议程的正式全面启动,是由当时世界经济贸易形势及 WTO 体制自身的内在因素决定的,是多边贸易体制下各方利益斗争和妥协的产物。[①]

第一,乌拉圭回合结束后,各国贸易政策更趋自由化,但全球贸易壁垒依然存在,而这些壁垒只有在全球谈判基础上才有可能得到认真的消除或规范。此外,国际贸易领域也不断出现一些新现象和新问题,需要通过新的贸易谈判给予磋商并达成共识。因此,人们对 WTO 寄予厚望。

第二,WTO 成立后,发达成员一直希望在其期待的领域、有竞争优势的一些部门进一步自由化,试图继续努力推进乌拉圭回合中未完成的贸易自由化进程以在全球范围内扩展商业空间,而发展中成员对 WTO 有关协议的执行情况不满意,呼吁 WTO 应充分考虑发展中成员在实施 WTO 协议中遇到的问题和困难,包括未实现的预期收益、过高的义务履行成本和丧失发展的政策自主权(盛斌,2004)。面对 WTO 规则和协议的不完善和不充分,发达成员和发展中成员相互做了妥协和让步,认为有必要对这些缺陷和不足进行审议,尽一切努力来系统地纠正现行承诺、规则、体系中的不平衡、不公正和不完善。

第三,自 2000 年下半年以来,世界经济和贸易的增速起伏不定。2001年世界货物贸易额出现 10 年多来最大的负增长,世界货物贸易量出现自 1982 年以来的首次负增长。全球保护主义势头增强,一系列双边贸易争端恶化了全球贸易环境,人们期待通过启动新的多边贸易谈判来恢复对世界经济的信心。

第四,1999 年 12 月在美国西雅图进行的发起新一轮贸易谈判的行动未能成功。为了避免重蹈覆辙及挽救 WTO 的威信,WTO 实施了一系列"树立信心"的措施,如优先考虑最不发达成员面临的困难、全面重新评估技术合作和能力建设活动、建立专门机制处理与实施有关的事项和问题、改革

---

① 陆燕.未能如期结束的谈判——WTO"多哈发展议程"启动三年评析[J].国际贸易,2005(1).

WTO 程序以保障所有成员的更广泛代表性和更为有效的参与、进一步加强与其他国际组织的密切合作等,这些为再次启动新的谈判做了较充分的铺垫和准备。

第五,在乌拉圭回合中,各方对农业和服务业的市场开放做了一些承诺,提出了未来开放的框架,但内容尚不具体,缺乏可操作性。乌拉圭回合结束时,这些议题被承诺将在下一轮谈判中占有一席之地,以推动这些领域的进一步贸易自由化。按照"既定议程",各成员就农业和服务业的新的谈判已于 2000 年初启动。

在多哈部长级会议上,面对新世纪经济贸易发展的挑战,各部长就范围广泛的问题进行了富有建设性的讨论,并最终决定全面启动新一轮全球多边贸易谈判,使得这次会议成为继新加坡议程后的又一次卓有成效的盛会。

(二)多哈发展议程启动以来的基本历程

多哈发展议程谈判自 2001 年 11 月启动至 2006 年 7 月被宣布"中止",再到 2013 年《巴厘一揽子协定》全数通过,谈判历程大致可以分为以下六个阶段(见表 5-1)[①]:

表 5-1　多哈发展议程的主要历程

时　间	地点	内　　容
2001 年 11 月	多哈	启动了新一轮全球多边贸易谈判,即多哈发展议程。
2003 年 9 月	坎昆	由于各成员在农业等问题上没有达成一致,多哈发展议程谈判陷入僵局,不能按最初计划在 2005 年 1 月 1 日前结束。
2004 年 8 月 1 日	日内瓦	各成员就多哈发展议程谈判达成框架协议,同意将结束时间推迟到 2006 年年底。
2005 年 12 月 13 日	香港	推进多哈发展议程谈判,使之能够在 2006 年年底最后期限前结束。

---

① 赵仁康.全球服务贸易自由化态势研判——以多哈发展议程服务贸易谈判为视角[J].国际贸易问题,2006(9).

续表

时　　间	地点	内　　容
2006 年 7 月 23 日	日内瓦	WTO 六个关键成员美国、欧盟、日本、澳大利亚、巴西和印度在农产品贸易自由化问题上存在着无法协调的分歧,导致谈判破裂。
2006 年 7 月 27 日	日内瓦	WTO 总理事会会议正式批准拉米关于多哈发展议程谈判全面中止的建议。
2013 年 12 月 7 日	印尼	《巴厘一揽子协定》全数通过,达成世贸组织首个全球贸易协定。

资料来源:根据 WTO 相关资料整理得到。

1.第一阶段:2001 年 11 月—2003 年 9 月。谈判启动以后,2002 年 2 月 WTO 设立了"贸易谈判委员会",在总理事会授权下由其负责监督谈判工作的进行。根据《多哈宣言》及其工作计划,谈判最迟不晚于 2005 年 1 月 1 日前结束。但是,此后的近两年中,由于各成员在利益要求上存在严重分歧,谈判进展缓慢。2003 年 9 月,在墨西哥的坎昆召开了 WTO 第 5 次部长级会议,会议对已进行的谈判工作进行了中期评估,并计划就主要谈判议题确立谈判框架,以借此开展第二阶段的谈判工作。但是,由于各方固守立场,分歧难以缩小,会议未能取得预期结果。坎昆会议的挫折使 2005 年前如期结束多哈发展议程谈判的计划成为泡影。

2.第二阶段:2003 年 9 月—2004 年 8 月。坎昆会议后,为打破谈判的僵局,各方在分歧严重的情况下将许多棘手的问题暂时搁置起来,并调整了谈判重点,着眼于制定一份框架协议,以确定今后谈判的指导原则和主要方向。2004 年 8 月 1 日,在日内瓦 WTO 总理事会上各方达成《多哈发展议程框架协议》(以下简称《框架协议》),指明了主要谈判范畴(即农业与非农产品市场准入)的框架和贸易与发展、服务贸易以及贸易便利化等新议题谈判的基本方向,多哈谈判取得阶段性突破。WTO 总理事会亦同意将原定于 2005 年 1 月 1 日的结束限期予以不设限延长。

3.第三阶段:2004 年 8 月—2005 年 12 月。《框架协议》签署后,谈判各方主要通过一些小型部长级会议推动谈判的进行。2005 年 1 月底,在瑞士达沃斯召开的主要成员部长级小型会议上,发出明确信号,希望 2006 年结束多哈发展议程谈判。2005 年 3 月,在肯尼亚召开的 WTO 小型部长级会议上，广大贫穷成员呼吁富裕成员采取具体措施削减农产品补贴。2005 年 7 月，在中国大连举行的 WTO 小型部长级会议上，各方也在一些具体议题上达成了一定共识。2005 年 12 月在中国香港举行了 WTO 第 6 次部长级会议，力图全面推进多哈发展议程谈判，会议最终通过《香港宣言》，在农业议题上取得了有限进展。

　　4.第四阶段：2005 年 12 月—2006 年 6 月。香港会议后，根据谈判计划，各方应在 2006 年 4 月 30 日前就农业和非农产品市场准入问题达成初步协议，但是由于各方缺乏妥协，谈判进展依然缓慢。基于此，WTO 决定将达成协议的最后期限重新限定在 6 月底，以便留出时间从 7 月开始就服务贸易自由化和发展中成员的特殊待遇等其他关键议题展开谈判。2006 年 6 月 29 日，大约 60 个成员的贸易和农业部长开始在日内瓦展开谈判，争取在关键的农业和非农产品市场准入议题上达成协议。但是由于各方分歧严重，立场没有松动，会议提前结束。2006 年 7 月 24 日，WTO 总干事拉米无奈地宣布，无限期中止多哈回合谈判。

　　5.第五阶段：2007 年 1 月—2011 年 12 月。谈判在多种不确定因素下再次恢复，但农业和非农产品市场准入等问题的谈判无法取得关键性突破，依旧无果而终。鉴于多哈回合谈判毫无起色，在避谈多哈回合的同时，第八次世贸组织部长级会议将重点放在了审视自身，会议的主题被选定为"世贸组织、多边贸易体系和当前全球经济形势"。

　　6.第六阶段：2013 年 12 月至今。第九届世贸组织部长级会议在印度尼西亚巴厘岛闭幕，达成世贸组织首个全球贸易协定。会议上发布的巴厘岛部长宣言共包括理事会日常工作、多哈发展议程进展和巴厘岛会议后工作展望三大部分。多哈发展议程进展一项即为此前各方期盼的多哈回合谈判"早期收获"，包含贸易便利化、农业、棉花贸易、发展四项议题共 10 份协定。

　　贸易便利化方面，同意建立"单一窗口"以简化清关手续，而世贸组织将尽快成立筹备委员会，就协定文本进行法律审查，确保相关条款于 2015 年 7 月 31 日前生效；农业方面，协定同意为发展中成员提供一系列与农业相关的服务，并在一定条件下允许发展中成员为保障粮食安全进行的公共储粮；棉花贸易方面，同意为最不发达成员进一步开放市场、协助其提高棉花产量；发展议题方面，同意为最不发达成员出口到富裕成员的商品实现免税免配额制，进一步简化最不发达成员出口产品的认定程序，允许最不发达成员的服务优先进入富裕成员市场,并建立监督机制,对最不发达成员享受的优先待遇进行监督。

(三)主要议题谈判目标及进展

多哈发展议程的主要目标是:抑制全球经济增速减缓下出现的贸易保护主义,提升贸易对促进经济发展和消除贫困的作用,处理最不发达成员出现的边缘化问题,理顺与区域贸易协定之间的关系,将多边贸易体制的目标与可持续发展有机结合起来,改善 WTO 的外部形象,实现《关于建立世界贸易组织的马拉喀什协定》的原则和目标。相关议题谈判目标及目前谈判进展是:

1.农产品议题

由于农产品问题长期游离于 GATT 之外,并产生了相应的、具有贸易扭曲作用的规则,加上农产品出口方和进口方,特别是美国、欧盟、日本、凯恩斯集团,以及发展中成员均对该问题非常敏感,各方都希望以自己的利益为平衡点,因此,农产品谈判仍将是此轮多边贸易谈判的重点,是解决其他议题的关键,也是发展中成员和发达成员分歧和争议最大的问题。农产品议题的目标是通过根本性的改革计划(包括实质性削减关税,分阶段削除所有形式的出口补贴和实质性削减对贸易产生扭曲的支持),建立公平的、以市场为导向的农产品贸易体制;同时,考虑到发展中成员的特殊需要,将发展中成员的特殊和差别待遇作为整个谈判不可分割的一部分。

由于各方立场差距大,农业谈判不断陷入僵局,并影响到其他领域的谈判,不可能有实质性的推动。经过艰苦的斗争和相互的协调与让步,2004年 8 月在日内瓦举行的 WTO 总理事会上达成了《多哈发展议程框架协议》,各方在农业问题上取得进展,最终确定取消农业出口补贴、总体削减国内支持和分层削减农产品关税,发达成员承诺最终确定取消其农产品出口补贴的日期,同时在初期把所有扭曲贸易的国内支持削减 20%。然而在进一步推动多哈发展议程的谈判中,WTO 六个关键成员美国、欧盟、日本、澳大利亚、巴西和印度在农产品贸易自由化问题上存在着无法协调的分歧,导致谈判破裂。2006 年 7 月 27 日,WTO 总理事会会议正式批准拉米关于多哈发展议程谈判全面中止的建议。

农产品问题从十多年前的乌拉圭回合起就一直悬而未决。这次多哈发展议程谈判,各方也在农产品问题上筋疲力尽。谈判资源在农产品问题上的过多耗费,也减少了各方在其他谈判问题上的磋商机会。多哈发展议程谈判也就随着农产品谈判跌宕起伏。农产品谈判成为多哈发展议程谈判的核心和焦点,从积极的角度来看,这反映出目前 WTO 的民主化特点,发展中成员(如巴西、印度等)能够和欧美针锋相对,不复之前回合发生的情形。发展中成员仅仅是被动地接受发达成员开出的条件,由发达成员来主导WTO 多边谈判的事实已经成为历史。从表面上看,巴西、澳大利亚等农业发达成员指控欧美对农产品贸易采取极为保守的态度,欧盟与美国则相互指责对方暗中提高对农业部门的补贴,而欧盟对外宣称其对农业部门的保护皆在于保护农村的生活方式,印度、日本等又尽量在农产品问题上采取拖延战术等等,这些多哈发展议程的农产品谈判的特征,反映出农业部门的复杂性,即使是发达成员内部,也会出现相互冲突的局面(如美国和欧盟,欧盟和澳大利亚)。

2.非农产品议题

非农产品市场准入谈判主要涉及工业产品和水产品的关税和非关税壁垒。谈判首先确定谈判模式和产品范围,然后就削减关税和非关税壁垒展开谈判,其中关税谈判主要涉及关税峰值、高关税和关税升级等问题。《多哈宣言》明确该议题谈判应遵循如下原则:谈判范围应是全面的,任何产品都不得排除在外;谈判应特别关注与发展中成员利益攸关的产品,并对发展中成员、最不发达成员的利益和需要给予充分考虑,包括给予非互惠优惠;加强研究和能力建设,帮助最不发达成员提高参与谈判的能力;将乌拉圭回合协议实施问题纳入一并考虑,并在具体实施中体现特殊和差别待遇。

该项议题谈判进程分成两个阶段:第一阶段,2003 年 3 月 31 日之前就谈判模式达成框架协议;第二阶段,在两个月后,即 2003 年 5 月,各成员应当就非农产品市场准入议题达成最后协议。但是,由于谈判本身的复杂性和各成员谈判态度的巨大差异,目前进展极其缓慢。首先,作为谈判基础的内容和范围尚处于不确定状态,从而无法推进实质性谈判。虽然谈判原则提示了谈判范围,但这些指示不够具体,不能指导谈判进程。在谈判内容方面,关税高峰和高关税的定义、非关税措施的范围、产品分类(尤其是环境产品的谈判范围)都处于不确定状态,各成员对谈判内容的理解和倾向都有差异。其次,谈判模式是各方争论的焦点。虽然美日欧都主张在新一轮谈判中进一步削减关税、协调关税结构,但在谈判方式上,分歧严重。

2003 年 5 月 16 日,谈判小组主席提出了第一份谈判模式案文《非农产品市场准入谈判模式草案要素》,8 月 12 日又提出了案文的修订本。发展中成员和发达成员围绕案文展开了激烈的争论。该案文从总体上对发展中成员不利,会威胁这些成员制造企业的生存和发展。案文对发展中成员的影响主要体现在以下三个方面:第一是争议最大的关于削减关税的"非线性公式"。按照这一公式,关税越高削减幅度越大。由于发展中成员一般平均关税较高,因此非线性方案将急剧降低它们的关税水平。第二是关税约束,协定规定发展中成员至少要对 95% 的税目进行约束,未进行约束的关税率应以两倍的实施税率进行减让,这会使得约束税率与实施税率之间的差距大为缩小,甚至会低于后者,这种苛刻的规定在多边关税谈判的历史上是史无前例的。第三是发达成员提出的"部门性方案",即至少 7 个部门的关税在特定时间内完全取消。上述情形与发展中成员在谈判最初所抱有的自主、灵活地拥有非约束性税目的比率以及按照一个较温和的公式和速度进行关税减让的初衷完全背道而驰,这不符合在先前所有多边贸易回合谈判中对发展中成员的常规做法,也不符合多哈发展议程中所倡导的差别和特殊待遇以及非完全互惠原则。[①] 但是最后,发展中成员却做出让步,同意接受这份不受欢迎的附件,作为妥协,有关减让公式、部门减让、关税约束、特殊和差别待遇和优惠安排等要素留待下一步谈判解决。

3.服务贸易议题

多哈发展议程中服务贸易谈判可分为两个阶段:一是规则制定阶段,二是市场准入谈判阶段。2001 年 3 月,服务贸易谈判委员会在总结成员提案的基础上,通过了《服务贸易谈判的指南和程序》,确定了谈判的目标、原则、范围及谈判的形式和程序。服务贸易谈判范围包括水平承诺及各特定服务业部门的进一步市场开放,涵盖服务贸易评估、自主性开放措施的奖励模式、对最不发达成员特别待遇模式、有关国内规章管理的多边纪律、《服务贸易总协定》规则及市场准入等议题。《多哈部长宣言》重申了《指南和程序》作为谈判基础的地位。2004 年 8 月,《框架协议》的签署,使各方进一步明

---

① 盛斌.以发展的视角评估"多哈发展议程"工作计划的新进展[J].世界经济,2005(3).

确了加快服务贸易谈判的各项关键要素，从而为多哈发展议程服务贸易谈判指明了方向。2005年12月，香港部长级会议上，成员们一致同意将诸边方法作为对传统"要价—出价"谈判模式的补充，即明确告知一方对其主要贸易伙伴在某一服务部门的最小市场准入要求，以加速谈判进程。香港会议后，一些收到要价的国家已经初步表明其在多哈发展议程其他谈判成果落实情况下可以做出的让步，禁区在哪里以及在什么地方留有变通余地。

随着《服务贸易总协定》规则的不断完善和实际执行的深入，各方逐渐意识到服务贸易自由化不仅是发达成员的利益所在，一些议题（如旅游）对发展中成员也具有重要意义。另外，由于各成员的承诺采用肯定清单的方式，只有明确列出的内容才受约束，这样就缓解了成员对过度自由化的担忧，使成员可以根据自身的发展状况推行渐进自由化。这种承诺方式更易于为各方所接受。目前，服务贸易谈判已取得一定的进展，相关谈判还在进行中。

4.知识产权议题

该议题的谈判内容主要有两项：（1）与贸易有关的知识产权协定（TRIPS）与公共卫生。该项谈判在2003年8月坎昆会议前取得突破，各成员同意可在强制授权许可下制造并出口有专利的药品，任何成员也可进口该药品，但该药品不能用于商业用途。（2）关于地理标识保护的扩大问题。在现行的TRIPS中，地理标识的保护只适用于葡萄酒和烈酒。在是否将地理标识的保护扩大到其他产品上，WTO成员形成两大阵营，由于双方立场坚定，谈判尚未取得共识。

5.新加坡议题

一直以来，各成员对贸易与投资、贸易与竞争政策、政府采购透明度及贸易便利化等4项议题（也称"新加坡议题"）究竟达成何种模式存在严重分歧。很多发展中成员自西雅图会议起，就开始抵制将对这些问题的讨论升级为新协议谈判的企图。在坎昆会议上，马来西亚、印度等70个成员宣称不准备就四个议题中的任何一个开始谈判，使这种对抗达到了顶峰。热衷这些议题的欧盟曾经试图做出妥协，同意将投资、竞争政策甚至政府采购透明度议题"从WTO中一并撤销"，而使贸易便利化进入谈判程序。在《多哈发展议程框架协议》中，各方对此表现出一定的灵活性，对"新加坡议题"采取了分割的办法，只将与贸易联系最紧密的贸易便利化保留在框架协议中，并就谈判模式达成一致,同意"就进一步促进货物的流动和通关"展开谈判。

发达成员和发展中成员之间在新加坡议题上存在巨大分歧。从本质上看,新加坡议题超出了贸易问题的范畴,因为它涉及投资、知识产权保护、竞争政策、政府采购、环境,甚至人权等领域。发达成员在以上领域占据明显优势,它们坚持将其列入议程,试图通过对这些议题的讨价还价来遏制发展中成员,并伺机取得对 WTO 体制的控制权。通过投资自由化、知识产权的高要求和劳工标准以及对发展中成员竞争政策的干预,可以使其更彻底地渗透到发展中成员的社会经济体制内,并在自身利益受损的时候,冠冕堂皇地实行保护主义,限制发展中成员产品进入它们的市场。发展中成员认为这些议题不属于 WTO 范畴,引入它们只能分散 WTO 的注意力,搁置发展中成员关心的农产品等贸易问题,加剧规则不公和义务负担失衡,使本国丧失促进经济发展的政策自主权。发达成员和发展中成员在新加坡议题上的重大分歧是导致多哈发展议程谈判西雅图会议和坎昆会议失败的重要原因。

6.WTO 既定规则执行议题

该议题主要涉及反倾销、补贴与反补贴和区域贸易协定等现有协议条款的审查和修订,包括检讨并澄清反倾销协议、补贴与反补贴协议和区域贸易协议的相关条文。有关反倾销议题的谈判有许多提案提出,讨论内容从界定问题转到对澄清与改善反倾销提出特定而具体的提案。从总体上可以将谈判各方分为两大利益集团,日本、瑞士和印度等发展中成员能够形成一致的观点,而欧盟、加拿大和美国对部分议题的态度相接近;其中又存在日本和美国观点对立、印度同其他发展中成员的立场保持距离,以及欧盟、加拿大与前一利益集团有可能就部分议题结成同盟而制约美国等复杂局面。因此,协定的达成与否,以及协定达成的范围,会在总体上取决于两大利益集团的妥协程度。在补贴协议方面,各方表现出十分谨慎的态度,并不积极表达观点,只有少数成员提交了书面提案。在如何定义禁止性补贴、发展中成员特别待遇问题以及渔业问题上,相关成员争议较大。区域贸易协定议题则因各成员意见分歧也进展有限。就区域贸易协定对 WTO 多边贸易体制究竟是补充还是阻碍或是替代,美国、欧盟和澳大利亚对此观点针锋相对,发展中成员的意见则尚不统一。

7.贸易与发展议题

多哈发展议程也被称为"发展回合",寓意这一回合谈判要为发展中成员带来切实的利益。该议题谈判启动后,主要谈判内容包括:小经济体、贸易债务与金融、贸易与技术转让、技术合作与能力建设、最不发达成员以及特殊与差别待遇。关于发展问题的谈判成果主要体现在 2005 年 12 月的WTO 香港会议上,在对某些关键议题难以实现突破的情况下,各成员就发展议题达成了共识。《香港宣言》称,发达成员和部分发展中成员同意,2008年前向所有最不发达成员的所有产品提供免关税和免配额市场准入,各成员还将采取进一步的措施来提供市场准入,包括制定简化和透明的原产地规则,以促进最不发达成员的出口。《香港宣言》也指出,实施这一措施有困难的成员 2008 年前向最不发达成员的至少 97％的产品提供免关税和免配额的市场准入,这意味着美国和日本等发达成员可以不向最不发达成员开放其敏感产品市场,如美国的纺织品和日本的大米等。

(四)多哈发展议程评析

1.多哈发展议程的特点

与 GATT 主导下已完成的 8 轮多边贸易谈判相比,由于世界经济贸易环境的变化,"多哈发展议程"启动后呈现出与以往谈判不同的一些鲜明特点。

第一,由于各议题的重要性和敏感性,加上此轮谈判议题的选定本身充满了矛盾、折中和妥协,各成员方从各自国家、地区利益出发各有侧重,发达成员和发展中成员之间本已存在利益不平衡,导致谈判的实质性进展缓慢,几度陷入困境。"多哈发展议程"不仅在曲折中启动,而且自拉开序幕以来各议题的谈判进展迟缓。1999 年 11 月的西雅图会议未能按预定计划启动谈判。2002 年 2 月谈判全面开始后,因各成员严重的立场分歧,除在"TRIPS 与健康问题"上达成协议外,几乎所有领域的谈判均错过了谈判时间,未能在预定的期限内达成任何协议。2003 年 9 月的坎昆会议主题是对谈判进行中期评估并做出必要的决定,但由于各方固守立场,分歧难以缩小,会议再次未能取得预期结果。这次挫折使得 2005 年前如期结束谈判成为泡影。为了打破僵局,各方在分歧严重的情况下将许多棘手的问题暂时搁置起来,于 2004 年 8 月达成《多哈发展议程框架协议》,才使谈判重回正轨。但框架协议是各方妥协的产物,它只规定了未来谈判的指导原则,大部分具体数字还需要在下一阶段谈判中确定。一旦进入具体谈判模式的实质性谈判,各种矛盾还会暴露出来。2006 年 7 月,WTO 六个关键成员美国、欧盟、日本、澳大利亚、巴西和印度在农产品贸易自由化问题上存在着无法协调的分歧,导致谈判破裂,使多哈发展议程谈判全面中止。

第二,谈判涉及的议题十分广泛,远远超过以往历次谈判,提出的新议题也多,均增大谈判的难度。《多哈宣言》列出的谈判议题有 21 个,其中明确规定谈判期限的有农产品、服务贸易、非农产品市场准入、与贸易有关的知识产权、WTO 规则(主要包括反倾销、反补贴和区域贸易安排)、争端解决机制、贸易与环境、贸易与竞争政策、贸易与投资、政策采购透明度和贸易便利化等 11 个;而新列入的议题则包括贸易与环境、贸易便利化、贸易与竞争政策、贸易与技术转让、贸易与债务、电子商务、小经济体、技术合作与能力建设等 8 个。可见该回合无论是议题总数还是新议题数均远远超过乌拉圭回合,这表明全球贸易的自由化正向纵深发展。但由于谈判涉及的领域广泛,议题的复杂性和技术性增强,可以预见谈判的任务是非常艰巨的。

第三,以发展为中心探讨贸易政策的呼声日益影响 WTO 走向,谈判要兼顾发展中成员的需要和利益成为共识。发展问题是战后国际社会长期面临的焦点问题之一,多边贸易体制也始终是发展中成员争取解决发展问题的一个重要场所。为使谈判能顺利达成协议,使发展中成员进一步融入多边贸易体制,《多哈宣言》特别强调了发展的重要性,明确提出在追求市场开放与贸易自由化的同时,要把发展中成员关心的问题置于 WTO 的核心位置。为此,《多哈宣言》重申了给予发展中成员特殊和差别待遇的规定是构成 WTO 协议不可分割的一部分,承诺新的谈判将使之更明确、更有效和更具有可操作性,承诺对发展中成员提供技术援助和能力建设等。在发展中成员的努力下,诸如贸易、债务与金融,贸易与技术转让,以及技术合作与能力建设等与"发展"有关的议题也首次被正式纳入多边贸易体制谈判议程,使谈判议题的不平衡现象有所改进。在谈判中,发达成员出于长远经济策略上的考虑,对发展中成员关心的问题给予了更多的关注和考虑,迈出了多方共赢的一步。

第四,谈判的焦点仍然是农业问题,农业议题的进展和前景成为"多哈发展议程"的指示器。乌拉圭回合时,农业问题首次被纳入多边贸易体制,由于美欧在农业补贴问题上的分歧,谈判多次陷入僵局,致使乌拉圭回合推迟 4 年结束。WTO 成立以来,无论在西雅图会议上还是在多哈会议上,农产品贸易的自由化依然是 WTO 每次都要讨论的重要问题,但也是一直无法解决的难题,各方的分歧并不亚于乌拉圭回合时期。所不同的是,在此轮关于农业问题的谈判中,出现了美国、欧盟、巴西、印度、中国等组成的 20 国协调组(G20)、由非洲联盟和以孟加拉国为首的最不发达成员组成的贫困国家集团、由非洲 4 国组成的"棉花集团"及"凯恩斯集团"等多个集团的较量。现在的农业问题谈判不仅面临着美、欧两大农产品出口方在农业补贴问题上的尖锐矛盾,面临着来自凯恩斯集团等中小农产品出口国维护本国市场的呼声,更面临着以 G20 为代表的发展中成员的强烈要求,再加上诸如环境保护等非贸易问题的不断增多,使得 WTO 要达成进一步开放农产品贸易的协议困难重重。农业领域的焦点和矛盾不能得到妥善的协调和解决,已直接影响到非农产品市场准入、服务业等领域的谈判进度。

第五,参与谈判的 WTO 成员数目不断增加,远远多于以往历次谈判,在成员经济水平差异大、利益关系错综复杂的情况下,取得协商一致的难度明显增加。"多哈发展议程"启动时的成员数为 142 个,目前增加到 150 个,这使参与谈判的成员数目成为历次最多的,谈判已经成为一个多边的综合博弈的过程。按照谈判的程序,除了进行双边谈判外,还要举行各种诸边谈判。会议磋商及谈判次数的庞大,不仅使 WTO 不堪重负,也使各成员工作量极大。而谈判中的矛盾和分歧,既存在于发展中成员和发达成员之间,也存在于发展中成员内部和发达成员内部。

第六,WTO 成员谈判力量多极化的趋势初步形成,不同集团势力对谈判的影响力增强,谈判格局更加复杂。与以往的谈判不同,"多哈发展议程"呈现出一个引人瞩目的现象:在存在着发达成员和发展中成员两大利益集团的背景下,各成员为了维护自身利益并利用集体谈判力量的显著优势,组成了数量众多的利益"同盟"或协调小组,积极谋求对谈判产生影响。由于各集团间存在着尖锐的利益冲突,众多利益集团如同一股股潜流,或加速或延缓着谈判进程,使多边谈判的形势更趋复杂。乌拉圭回合最主要的矛盾集中在发达成员内部,特别是美国和欧盟在农业政策上分歧严重。而在"多哈发展议程"中,主要矛盾转移到发达成员和发展中成员之间,并在农业问题上集中爆发。发展中成员组成谈判协调组或集团对于维护发展中成员的基本利益是有利的,但也要看到,多种谈判力量的出现在有利于改善 WTO

体制不平衡性矛盾的同时,也加深了各成员在多边谈判中进行博弈的难度,使得博弈均衡的实现变得更加困难。

第七,受经济实力及谈判能力所限,此轮谈判还是发达成员掌握主导权,但发展中成员的态度变得更加重要,其力量也在增强。"多哈发展议程"启动后进展并不平坦,但发展中成员的立场和作用日益显现,它们发出了比以往谈判更加强烈的声音,并通过有效的联合,成为谈判中不可忽视的重要力量。在酝酿和启动谈判时,无论是"既定议题"还是新议题,发展中成员都在加紧进行研究和立场协调,分别或集体地提交了不少立场文件和提案。西雅图会议上,发展中成员坚决抵制了发达成员提出的将劳工标准与贸易相挂钩的议题。坎昆会议前,发展中成员促成了《TRIPS 与公共健康宣言》的达成,使它们能够基于公共健康的理由而免除严格的知识产权保护的义务。坎昆会议上,发展中成员据理力争,首次赢得了为争取权利所进行的联合斗争的胜利。在日内瓦召开的总理事会上,发展中成员在农业问题上迫使发达成员降低国内支持和补贴;阻止了将竞争政策、投资政策及政府采购的透明度等议题纳入本轮谈判。随着谈判的深入,人们越来越形成这样一个共识,即发展中成员的积极参与是谈判最终取得成功的关键。可以预言,发展中成员将在未来谈判中发挥更大的影响作用,这不仅会影响今后WTO 谈判进程,而且会对未来的南北关系产生深远的影响。

2.多哈发展议程进展缓慢的原因分析

多哈发展议程谈判之所以在未取得任何协议的情况下暂时"中止",欧盟、美国与代表发展中成员利益的 20 国集团(简称 G20)在最核心的农业问题上的僵持不下是最直接的原因。然而,较深层次的原因还可以归纳为以下几个方面:

(1)直接原因——多哈发展议程本身的问题

第一,准备不足,分歧过大。多哈发展议程先天不足,它是在西雅图会议失败后启动的,准备并不充分。1999 年 11 月 30 日,在 WTO 第三次部长级会议(西雅图会议)上原计划发起新一轮全球多边贸易谈判,即"千年回合"谈判。但由于发达成员与发展中成员在现有协议的实施、既定议题以及是否增加新议题等方面存在严重分歧,此次会议失败。2001 年召开多哈会议时,发达成员的经济普遍处于衰退状态,同时又受到"9·11"事件的冲击,迫切需要启动新一轮多边贸易谈判来刺激人们的信心。所以,多哈会议更多的只是决定发起新一轮谈判，而对于谈判议题并没有确定。尽管多哈会议启动了"发展回合"，但《部长宣言》在许多方面未能充分考虑发展中成员的利益。例如，由于美国的强烈抵制，尽快取消发达成员对发展中成员设置的纺织品配额问题没有达成协议；由于欧盟的强烈反对，宣言中有关取消农产品补贴的表述被大大冲淡；等等。正是这些局限给多哈进程带来不利影响。

第二，议题多，时间短。多哈发展议程谈判是 GATT/WTO 历史上涉及议题最广的一次。包括与执行相关的问题、农业、服务业、非农产品的市场准入、WTO 规则、争端解决机制、贸易与环境问题、政府采购、贸易便利化、贸易与投资、贸易与竞争政策、与贸易有关的知识产权问题、贸易债务与金融、贸易与技术转让、电子商务、技术合作与能力建设、小成员经济、最不发达成员、特殊和差别待遇等 19 个议题。这些议题涉及的层面、类型与成熟程度都大不相同，既有乌拉圭回合既定承诺的执行问题和需进一步深化的问题，又有新加坡部长级会议上已经提出并有待澄清的新议题，更有多哈部长级会议首次提出的全新议题。由于谈判内容的广泛性，要在短暂的三年时间内就所有的议题达成协议，难度过大。

第三，核心议题复杂，矛盾重重。农业问题是多哈发展议程争论的焦点。发达成员和发展中成员围绕着农业问题所产生的深刻分歧，实际上是历史遗留问题。在历次多边贸易谈判中，发达成员一直占据着主导地位，谈判所解决的多是其感兴趣的问题。直到 1994 年乌拉圭回合谈判即将结束时，才开始涉及发展中成员关注的农产品贸易自由化等问题。农业对任何一个成员都是十分敏感的话题。就农产品贸易而言，美国每年的农业补贴高达 1 800 亿美元，欧盟是 600 亿美元，加上日本和其他发达成员，共占全球农产品补贴的 90％。不可否认，发展中成员也存在着贸易保护。但是，关税减让和承诺不能搞一刀切。贸易自由化的目的是促进就业和经济增长。就业的主体不在发达成员，而在发展中成员，包括中国在内的 21 国集团就占了全球农业人口的 63％。任何涉及农产品贸易安排的多边谈判，如果不能充分尊重这个群体的利益，则势必陷入窘境。2003 年 8 月 11 日，美国和欧盟就谈判中的焦点——农业问题达成了妥协，之后转为联手向发展中成员施压，要求它们开放市场。但乌拉圭回合多边贸易协议的执行情况不尽如人意，WTO 利益与义务均衡的原则未得到很好的落实，发展中成员担心新谈判将使其承担更多新的义务,重蹈乌拉圭回合知识产权谈判的覆辙,并且造成它们与发达成员利益的进一步不平衡,所以,发展中成员认为,在现有协议实施问题得到解决之前,不应启动新一轮贸易谈判。发展中成员对启动新一轮多边贸易谈判不抱太大希望。而发达成员认为,只有在新一轮贸易谈判中才能对所作承诺进行重新谈判。双方在核心议题上分歧过大,造成多哈谈判进程缓慢。

(2)体制原因——WTO自身的缺陷与不足

第一,机制缺陷。WTO是通过双边或多边谈判来达成协议的。这种以谈判为基础的机制在成员少、议题少的情况下运行得很好。但是,如果成员多、议题多,且又存在重大分歧,这种机制就很难发挥作用。WTO发展到现在已有149个成员,谈判已成为一个多边的博弈过程。仅就一个议题达成协议所要进行的谈判的量就非常大,更不用说19个议题都达成协议。另外,各成员在议题上的巨大分歧,注定了短时间内达成共识和消除矛盾并非易事,若再采用"一揽子接受"方式,则会使多边贸易谈判机制运行效率更低。

第二,制度挑战。从西雅图会议失败、《多哈宣言》勉强通过、坎昆会议遭受重大挫折到香港会议在最后关头才通过《部长宣言》这一唯一成果来看,国际贸易领域的主要矛盾已经转变为"南北关系"问题。WTO框架下的世界贸易体制面临着制度性的危机,使WTO的宗旨与目标无法顺利实现。在GATT的八个回合的谈判中,发达成员或国家集团之间的利益冲突构成矛盾的主线,而发展中成员尚未形成一股统一的强大力量来维护自身权利。各发达成员的经济发展水平相似、产业结构相似,在发达成员主宰WTO的年代里,它们之间的各种利益冲突较为容易地在WTO框架内得到缓和或一定程度的解决,因而在多哈发展议程之前,WTO并未凸现明显的制度性危机。随着发展中成员力量的逐渐增强,在WTO内部,由发达成员控制事态和发展中成员亦步亦趋的旧规则已不再起作用,但又没有新的机构取而代之,这就造成发达成员与发展中成员的利益冲突在多边贸易体制中日益尖锐。

(3)根本原因——各国经济发展状况及利益不平衡

新的多边贸易谈判所面临的种种难题,确实暴露了当今多边贸易体系内部存在的一系列矛盾,其根源是各国经济发展及其利益的不平衡。

2000 年下半年世界经济出现衰退,占世界经济总量 70％的美、日、欧三大经济体的经济同时下滑。2000 年世界经济增长速度为 4.7％,2001 年陡然降到 2.4％。美国经济在 20 世纪 90 年代后期保持高速增长,经济增长率连续四年超过 3.6％,至 2000 年上半年,美国实现了连续 111 个月的扩张性增长。然而,在经历了十年繁荣之后,2001 年美国经济陷入衰退,增长率从 2000 年的 3.8％降为 0.3％。日本政府为了摆脱泡沫经济破灭后的不景气,大力推行积极的财政政策和宽松的货币政策以刺激经济增长,1999 年 4 月以后日本经济出现了缓慢回升,当年实现了正增长,达到 0.3％。但是 2000 年 8 月起再次出现滑坡,尽管全年 GDP 增长率达到 2.4％,但依然未能扭转下滑势头,2001 年降为 0.4％。2000 年欧盟经济增长率为 3.4％,由于国际贸易增长减速和石油与食品价格意外飙升等外部冲击,2001 年欧盟经济自 1993 年以来首次出现负增长,全年经济增长率降为 1.6％。在这危急关头,尽快启动新一轮多边贸易谈判,重振全球经济,成为大多数世贸组织成员的共同愿望。

然而,WTO 发展到今天,在各种利益集团的较量中,实力与利益已经成为决定性的因素。对于一国政府而言,参与多边贸易谈判的基本立场是维护本国的国家利益,要尽可能地减少国内居民和企业因外部竞争所带来的损失。多哈谈判受阻,体现了不同经济发展水平、不同利益、不同背景成员之间的互不妥协和矛盾。这一矛盾在多边贸易体系中,就表现为各成员一方面愿意加强谈判、磋商和协调来推进贸易自由化,实现成员经济主权一定程度的让渡,另一方面又竭力维护国家主权和民族利益,力争使贸易自由化进程符合自身经贸发展的要求。这一矛盾更具体地表现为发达成员与发展中成员的矛盾。发达成员力图控制和操纵多边贸易体系,千方百计地保护自己的弱势产品市场,在多边贸易谈判中竭力体现自己的目标,并迫使发展中成员接受不利的条件。而发展中成员在自身经济实力有所增强的情况下,既希望通过谈判使自身经贸发展获得更有利的条件,又对发达成员推进贸易自由化的意图深切怀疑,对开放市场带给自身经济的冲击十分担忧,对许多方面的谈判具有抵触情绪。所以,多哈发展议程的谈判议题实际上隐含着世贸组织成员之间尖锐的利益冲突,从而使谈判的过程充满了不确定性,增加了谈判的难度。这也是多哈发展议程谈判困难重重,踯躅前行,以至中止的根本原因。

多哈发展议程谈判是一个庞大的系统,所涉领域广泛,所涉利益深刻,给世界经济和多边贸易体制带来的影响必将是深远的。可以肯定地说,很难在短时间内完成多哈进程。但是,无论花多长时间,经历多少曲折,多哈发展议程谈判终能重新启动并达成协议。

二、多哈发展议程视角下多边贸易体制的困境分析

多哈发展议程谈判的"中止",对于以 WTO 为代表的全球多边贸易体制来说是一个沉重的打击。多哈发展议程中止突显多边贸易体制的深层危机,但是,多哈发展议程的中止,也并非意味着多边贸易体制的毁灭。战后世界经济发展的实践证明,一个具有权威的、合理的多边贸易体制是符合各方利益的。从多哈发展议程视角分析多边贸易体制的困境,有利于为多边贸易体制的健康发展寻找改革的方向。这些制度性冲突如果不及时妥善地解决,或者寻求某种利益的均衡点,将严重损害 WTO 多边贸易体制。[①]

(一)多边贸易体制的内在危机

1.多边贸易体制基本原则受到侵蚀

非歧视原则是多边贸易体制的首要基本原则,它通过最惠国待遇和国民待遇条款贯穿于 WTO 各项具体制度之中。非歧视原则要求 WTO 成员之间应在非歧视的基础上进行贸易,任何成员均不得对运自或运至其他成员域内的产品,或其他成员的国民提供的服务,或给予的知识产权保护实施歧视或者差别待遇,使所有成员的国民在同样条件下进行贸易并能分享减少贸易壁垒带来的好处。

然而,非歧视原则却由于 WTO 自身规则上的自相矛盾而受到严重侵蚀。WTO 把非歧视原则作为核心原则的同时,却明确规定在特殊情况下允许歧视和偏离最惠国原则。这些特殊情况可以分成两类:一类是 WTO 允许特惠贸易协定(如区域贸易安排等)的建立,同时也确定了适用于其设立的规则,具体体现为 GATT 第 24 条。另一类是 WTO 允许发展中成员

---

① 邓炜.从"多哈发展议程"中止看多边贸易体制的危机[J].经济经纬,2007(1).

适用"特殊和差别待遇"（如"普惠制"），主要体现在 GATT 第 37 条。

这些特例在使一些成员因特惠贸易协定或"普惠制"而享受特殊优惠待遇的同时，却使其他成员遭受了歧视。一方面，虽然特惠贸易协定是比最惠国待遇还要优惠的体制，但这种体制只限于特惠贸易协定内部成员之间，对外则具有明显的歧视性。被排除在特惠贸易协定之外的国家，遭受了关税同盟转移效应损失。同时，GATT 第 24 条允许的区域性贸易安排的存在，造成地区主义盛行，"这些区域性的联盟使人们产生了这样一种担心：世界经济已经分裂为同关贸总协定范围内的多边自由贸易相对立的贸易集团"①。另一方面，"普惠制"几乎不受规则的限制，由每个发达成员根据产品的选择、特惠的水平以及对受惠人的选择酌情定夺。这显然对不能享受"普惠制"的成员是歧视性的。

2005 年 1 月 WTO 发表了以彼得·萨瑟兰为首的专家小组所作的咨询委员会报告——《WTO 的未来》（即《萨瑟兰报告》）。

该报告对特惠贸易协定对非歧视原则的侵蚀表示忧虑。报告指出，GATT 在马拉喀什让位给 WTO 以前，非歧视性原则已经严重受损。在各种特惠贸易协定错综复杂的情况下，最惠国待遇实际上已经不是 WTO 的原则，而是从"最惠国待遇"（Most Favored Nation）转变成了"最差国待遇"（Least Favored Nation），基于最惠国待遇的关税率讽刺性地成为事实上条件最差的关税率。② 非歧视原则的退化使多边贸易体系中存在诸多混乱因素，增加了管理的困难和贸易的成本，与世界贸易组织促进自由贸易的宗旨相违背，对多边贸易体制的发展造成威胁。

公平贸易原则是 WTO 的又一项重要基本原则。它的主要内容是禁止成员方采用倾销或补贴等不公平贸易手段扰乱正常贸易，并允许采取反倾销和反补贴的贸易补救措施，保证国际贸易在公平的基础上进行。公平贸易原则的初衷是促进公平的自由贸易，但是它在现实中已经逐渐沦为贸易保护主义者的保护伞。公平原则中的反倾销和反补贴措施被贸易保护主义者在"保护公平贸易"的借口下滥用，严重影响了自由贸易的发展。

例如，随着美国在世界贸易中的地位相对衰落，它使所谓的"公平贸易"

---

① 贾格迪什·巴格瓦蒂.风险中的世界贸易体系[M].北京：商务印书馆,1996.

② 彼得·萨瑟兰等.WTO 的未来[M].北京：中国财政经济出版社,2005.

问题日趋紧张。美国一直是国际反倾销的主要指控国,也是迄今为止国际反倾销案最多的国家,反倾销已经成为美国打着"公平贸易"的幌子推行战略贸易政策的重要工具。2000年美国通过了《2000年持续倾销和补贴抵消法》,目的是要大力提高美国企业反倾销的积极性,以国内立法的形式鼓励美国企业通过寻求贸易救济,排斥进口产品。美国等发达成员对"公平贸易"的关心还扩展到有关进口和出口公平竞争的整个新领域(如零售分配制度、储蓄率、汇率、工人权利的差异)。在WTO新加坡部长会议中,以美国为首的发达成员在维护人权、保证公平竞争的借口下,坚持把贸易与高水平的劳动标准挂钩。从这个不明智的贸易道路走下去,美国贸易政策制定者将使世界贸易体制承担风险:要是任何事情都变成公平贸易问题,可能的结果将是大大缩小各国同意倾向规则的贸易体系的可能性。[①]

2.多边贸易体制缺乏较强的约束机制

从目前的情况看,WTO突出的危机是其约束力的缺失,以及这种缺失所导致的权威性遭受侵蚀。现存的WTO章程并不是真正意义上的法律制度,在它的框架中,并不存在惩罚违背协定行为的外部强制性制度。在世界贸易体系中,实际义务的履行以及贸易争端的解决机制是建立在成员之间违约报复威胁的基础上的。这种强制实施协议的机制在现实中运行的状况如何,对于单个国家来说,取决于该国在与贸易伙伴国的重复博弈中,对违约的短期收益与报复的长期成本之间的权衡。如果博弈双方是对称的,即经济规模相等,博弈策略也相同,双方自然都害怕伙伴国的报复行为给自身带来的不利影响。如果两国是非对称的,它们之间的经济关系就有可能是单向依存的,依存于别国的一方,博弈策略是有限的,因此对主导方的报复行为更为担忧,而主导方则无须顾及对方的报复行为。[②] 因此,WTO的强制实施机制和争端解决机制,相对于发展中成员而言,对发达成员的约束力是非常有限的。

多边贸易体制缺乏约束机制导致美国等发达成员在世界贸易中大肆推行侵略性单边主义贸易政策。美国贸易法"301条款"、"特别301条款"和

---

① 贾格迪什·巴格瓦蒂.风险中的世界贸易体系[M].北京:商务印书馆,1996.

② 贝格威尔,思泰格尔.世界贸易体系经济学[M].北京:中国人民大学出版社,2005.

"超级 301 条款"就是这种单边主义政策的具体体现。根据这些条款，美国政府每年确定一份美国认为在实行"自由贸易"方面做得不够的国家名单，指出这些国家在哪些领域影响了美国市场或未对美国开放市场，然后在规定时间内通过谈判迫使它们同意采取开放措施，否则将对其进行报复，而不管这种谈判是否为 WTO 和其他条约所禁止。侵略性单边主义危害了多边主义，使发展中成员处于不利和被动的地位，损害了发展中成员的利益，降低了多边贸易体制的权威性和凝聚力，对多边贸易体制形成严重威胁。

3.多边贸易体制的决策机制和程序缺乏民主和透明度

从 1959 年开始，几乎所有的 GATT 决策（除有关加入和义务免除的问题）均采用"协商一致"的方法。它的决策由所有成员的代表通过"协商一致"的原则做出，每个成员都有否决权。从表面上看，协商一致在一定程度上削弱了大国霸权，有利于发展中成员的加入和参与，是一种民主公正的决策程序；但其实质却是为了防止发展中成员利用其成员数量优势结成联盟，从而在决策中与数量居劣势的发达成员抗衡，甚至占据主导地位。[①] 随着乌拉圭回合和多哈发展议程中一揽子承诺方式和互惠原则的重新抬头，发展中成员发现自己陷入了"协商一致"的困境：一方面，各项议程及其谈判结果直接影响自身利益；另一方面，就单个成员而言，由经济实力和市场规模所决定的谈判地位、能力和资源，无法与任何一个发达成员抗衡。"协商一致"的结果是众多发展中成员无法联合起来，只能眼看着自己被关在主要成员把持的"绿屋会议"门外，最后在"协商"的名义下不得不接受自己根本没有参与的谈判成果。

"绿屋会议"制度集中体现了 WTO 决策机制的不透明和不民主。例如，在新加坡（1996），大多数部长被拒在谈判大门之外，只有 30 个国家受邀参加整个会议期间都在运作的绿屋会议。当未被邀请的部长在非正式会议上被告知应接受一份其没有参与起草的宣言时，他们非常气愤。在西雅图（1999），绿屋会议再次贯穿始终，非加太集团和非洲集团的部长们对"闭门羹"感到愤怒，他们发表声明表示不会同意宣言，导致会议崩溃。在多哈

---

① Richard H. Steinberg. In the Shadow of Law or Power? Consensus-Based Bargaining and Outcomes in the GATT/WTO[J]. International Organization,2002,56(2)：330－374.

(2001),发展中成员在许多关键问题上的观点和立场不能被明确地反映在WTO 的会议文件或宣言中,WTO 秘书处也被指责缺乏中立性和在关键时刻为追求行政效率而牺牲发展中成员的利益。这些导致了众多发展中成员的愤怒和失望。当发达成员试图罔顾发展中成员利益强行推进谈判时,投反对票阻碍协议达成就成为发展中成员迫使发达成员让步的唯一途径。由此可见,决策机制的不民主和不透明影响着 WTO 成员的团结,损害了发展中成员的利益,威胁着多边贸易体制的进程。

(二)多边贸易体制面临的外部挑战

1.全球经济失衡与贸易保护主义抬头

当前全球经济失衡主要表现在两个方面:一方面是美国巨额的经常账户逆差和迅速上升的净对外债务;另一方面是部分国家特别是部分亚洲国家大量的贸易顺差。美国经常账户逆差/GDP 目前已经达到创纪录的 6%左右,其绝对值相当于全球贸易盈余国贸易顺差总额的 75%。经合组织预测,美国的经常账户赤字会继续上升。美国经常账户失衡对美国的贸易政策产生了重要影响。美国贸易政策发展历程清楚地表明,美元高估以及由此导致的巨额且不断增长的贸易赤字是美国保护主义抬头最准确的晴雨表。巨额经济账户不平衡和汇率失调把欧美的贸易政策推向危险的保护主义边缘。

欧美国家在国内保护主义利益集团的政治压力下,公然挑战多边贸易体制的自由贸易宗旨。例如,2005 年 1 月 1 日纺织品全球贸易配额取消,仅过了三个月,美国就以中美贸易失衡,中国纺织品出口增长过快,扰乱市场为由,启动了特别保护程序。欧洲也以同样的理由对来自中国的 10 类纺织品重新实施配额限制。美国 2002 年 5 月 13 日生效的新农业法规定 10年内美国政府将提高农业补贴 80%,并且扩大了可以接受补贴的产品范围,从而很有可能突破美国在乌拉圭回合最终文件中所承诺的农业综合支持量上限。在多哈发展议程农业谈判矛盾重重的情况下,美国单方面增加农业支持和补贴的做法,为多边贸易体制的发展设置了更多的障碍,遭到欧盟和发展中成员的一致反对。

2.区域主义对多边贸易体制构成严重威胁

在多边贸易体制的发展举步维艰的同时,区域主义却进入一个新的阶段。过去 10 多年中,全球双边和区域贸易协定激增,并且重叠交错,成为世界经济的显著特征之一。截至 2006 年 3 月,向 WTO 通报的区域性贸易协定已达 340 个,其中 80% 是近 10 年来缔结的。区域贸易安排在一定程度上促进了地区内部的贸易自由化,但是随着区域合作愈演愈烈,人们开始担忧区域主义将最终危及多边贸易体制。区域主义对多边贸易体制的影响主要体现为:(1)使多边贸易体制的非歧视原则受到损害。区域贸易安排在使区域内成员享受贸易优惠的同时,却使非成员遭受贸易歧视,尤其是一些贸易量小的成员往往被排除在区域贸易安排之外,从而影响了世界贸易体系的平衡和稳定。(2)交错重叠的区域贸易协定增加了多边贸易体制的潜在成本。区域贸易安排通过各自复杂的关税规则、烦冗的原产地规则以及各不相同且相互冲突的监管法规等,令全球市场进一步支离破碎,形成贾格迪什·巴格瓦蒂所谓的"意大利面碗"(Spaghetti Bowls)现象,导致全球贸易体系的复杂性和不稳定性。(3)区域主义会造成贸易转移问题,影响了多边贸易体制的公平性,降低了世界经济的福利。贸易从签订区域贸易协定之前效率较高的国家转移到区域内效率较低的国家,巴格瓦蒂指出:"这就是造成地区主义与 GATT 原则和世界范围内较自由贸易的目的尖锐对立的原因。"(4)区域贸易谈判占用了大量的谈判资源,使一些成员特别是发展中成员无法对多边贸易谈判投入更多的财力物力。另外,美国等发达成员在多哈发展议程谈判中提出的要求由于损害了发展中成员的利益而屡次遭到反对,发达成员逐渐对推进多边谈判失去热情,转而把工作重点投入区域贸易谈判上。例如,美国前贸易代表佐立克在坎昆会议失败后就曾经在《金融时报》上威胁,将把华盛顿的关注从多边协议转向与有意愿的国家间的双边协定。美国的这种态度表明,美国在战略上已经为未来多边贸易体制可能的失败做好了次佳的替代准备,同时如果 WTO 规则的改进不能满足美国的要求,区域主义将成为其新的武器。[①] 多边贸易体系中的欧美等主要角色给予区域主义优先考虑的倾向,令人担忧世界贸易制度是否会重新倒向以欧、美、日三极为中心的贸易集团,从而使多年来为推动多边自由贸易体制所做的努力付诸东流。

从 1947 年签署《关贸总协定》至今,多边贸易体制走过了风风雨雨,它

---

① 盛斌.区域贸易协定与多边贸易体制[J].世界经济,1998(9).

在推动全球多边贸易自由化方面发挥了巨大的作用,极大程度地减少了世界贸易中的各种障碍,促进了经济全球化的发展和世界人民福利水平的增加。但是多边贸易体制的发展进程并不是一帆风顺的,它不仅受到自身内在的缺陷,也受到国际经济环境的严重影响。多哈发展议程谈判的中止是多边贸易体制受到的重大挫折。但是现在是经济全球化时代,贸易自由化潮流不可逆转,谁也承担不起多哈发展议程失败的沉重代价。正如《华尔街日报》所指出的,"全球贸易谈判破裂的光明一面可能是,在贸易上相互依赖的各国可能会因此而警醒,从而通过加倍努力来达成妥协"。美国、巴西等成员恢复多哈发展议程谈判的外交斡旋已经开始。20国协调组高层会议发表公报,对多哈发展议程谈判陷于中止状态深表遗憾,呼吁各方尽快恢复谈判,以促进全球经贸发展。恢复多哈发展议程谈判,挽救多边贸易体制,不仅需要对多边贸易体制自身的机制进行改革和完善,也需要世界各国共同努力,改善全球经济失衡状态,抑制贸易保护主义,维护多边贸易体制和货币体制对区域协定的管理。

三、多边参与机制的重建与困境破解

多边贸易体制陷入困境,事实上是多边贸易体制改革与发展中面临的一系列问题的集中体现。从表面上看,多哈发展议程的破裂主要是因为在农业和新加坡议题等问题上,发达成员和发展中成员分歧严重;而从根本上看,发展中成员和发达成员在经济发展程度上的巨大差距才是导致多哈发展议程失败的深层原因。正是因为存在这种差距,所以在过去历次的多边贸易谈判中,发达成员一直占据着主导地位,直到近些年来,发展中成员的发言权才日益得以体现。由于WTO成员中发展中成员在日益增多(已占到3/4以上),其力量正在日益壮大,特别是中国加入WTO后,发展中成员大大增强了自信心。对于这种状况,发达成员显然估计不足,甚至那种居高临下地把发展中成员视为弱势群体可以忽略的思想仍然在支配着它们的大脑。对于发达成员来说,设立WTO的目的之一肯定是要有利于它们自身的利益,所以以前人们称WTO是一个富国俱乐部,而今天如果还抱着它们在这个组织中"一股独大"的幻想,显然已经不合时宜。可以这样说,坎昆会议失败是WTO多边会谈保留了"过时"的组织方式和思维定式造成的。

现在是 WTO 反思自身体制缺陷的时候。能够帮助 WTO 走出困境的途径就是重建多边参与机制，减少发达成员与发展中成员之间的对抗，增进两个阵营的妥协与合作。在相当长的一段时间内，发展中成员所做的只是利用存在的机制，而不能参与机制使其做一些有利于自身的改变。在乌拉圭回合中，发展中成员的努力使这种局面有所改变，当发达成员逼迫发展中成员做出种种让步时，发展中成员利用这种让步换回了纺织品和服装贸易回归多边贸易体制，这实际上也是利用有限的实力参与了新机制的建设。

当前，WTO 机制的制定者是发达成员，尽管它们也在受着机制的制约，但它们的收益远大于发展中成员，这是由经济实力决定的。多边贸易体制主要是通过发达成员间的磋商决定的，因而 WTO 并非是它们谈判的唯一场所，"乌拉圭回合谈判场所之外，以发达国家间的多边谈判为主要形式"。[①] 西方七国会议、经济合作与发展组织（OECD）都是进行商谈的场所，一些决议甚至是在 OECD 的会议上决定之后才拿到 GATT/WTO 大会上的。乌拉圭回合会议期间也存在一种被称为"绿屋会议"（greenroom meeting）的秘密会议，该会议只邀请个别成员，主要是发达成员的首席谈判代表参加，达成协议后才拿到大会上。发达成员的专横做法令广大发展中成员极为不满，而机制的重建为发展中成员发泄这种不满提供了一个机会。在 1999 年 11 月召开的 WTO 新一轮谈判的西雅图会议上，发展中成员表现出了更大的积极性。欧美等发达成员试图将劳工标准、环境等新议题塞入计划召开的新一轮谈判中，其中的劳工标准问题因直接触动了发展中成员的利益而成为此次会议破裂的最重要原因，同时发展中成员对发达成员未能履行消除纺织品贸易壁垒的承诺极为不满。西雅图会议表明，国际贸易机制在重建过程中的多边参与倾向日益明显，这对发展中成员是有利的。

从世界贸易体制发展的历史可以看出，对于发展中成员，尤其是中国来说，当前形势下在该体制中体现自身利益是最为有利的。霸权国衰落，多边参与机制重建所引起的利益多元化为发展中成员提出自己的利益要求提供了一个契机。国际贸易机制的建设是以实力为后盾的博弈的结果，中国已迈入世界十大贸易国的行列，应该、也有能力在国际贸易机制中代表发展中成员体现自身利益，欧日崛起后对机制重建的参与表明了这种参与的可能性。

---

① 　尤先迅.世界贸易组织法[M].上海：立信会计出版社，1997：43.

多边参与机制的重建,有助于避免发达成员,尤其是美国的单边主义,改变WTO成员间权力的失衡状态,切实维护发展中成员利益,通过不同议题的市场准入交换,获得各方共赢的结局。当然,多边参与机制重建的道路不是平坦的,它涉及WTO相关机制的改革,需要发展中成员的团结努力争取。

第二节　多边贸易体制与区域集团的均衡机理

以多边贸易体制为载体的世界经济全球化和以区域集团为载体的区域经济一体化是当今世界经济发展的两大特点,其中区域经济一体化更是寄生于世界经济全球化的进程当中,使得世界经济的发展有时呈现出异常复杂的局面。

多边贸易体制与区域集团的"共生并存"现象自然引发一个问题:多边贸易体制与区域集团何者为先,何者居后？或者何者为大,何者为小？答案是十分明确的,这就是前者居先,后者居后;前者为大,后者为小。从多哈发展议程反映出现实面临的问题是,当两者在法律框架上形成矛盾,在实践发展中发生冲突时,前者是否应该对后者行使强制性的规范措施？也就是说,多边贸易体制与区域集团如何实现均衡？处理好多边贸易体制与区域集团之间的关系,分析两者的均衡机理,寻找一种解决途径,是多边贸易体制急需解决的一道难题。

一、多边贸易体制与区域集团均衡的实现前提:趋同性

从长远动态看,区域集团形成的背景、内容、原则、基本目标以及成功的先决条件等方面,与多边贸易体制具有较高的共同性、相似性和一致性。这种"趋同性"并非偶然的巧合,而是由多边贸易体制通过对区域集团有计划的审议与监督以及客观上形成的多边压力所产生的积极影响有效补充带来的,它成为多边贸易体制与区域集团实现均衡的前提。

(一)背景与挑战的"共同性"

多边贸易体制每次进行职能强化活动(发动新一轮多边谈判以制定和改进多边纪律,开辟贸易自由化的新领域等)的背景与区域集团形成的背景有许多相似之处,如单、双边主义和新老贸易保护主义措施的泛滥、世界经济的相互融合与相互依赖程度加深等。二者基本上面对同样的挑战,在不同程度的区域范围内采取迎接挑战的行动。这种背景与挑战的"共同性",使多边贸易体制成员在注重建立和加强区域内经济合作的同时,并未忽视强化多边贸易体制职能和加强多边贸易关系,而是二者并重,均衡发展。例如,欧盟形成和扩张的历史阶段与加强多边关税合作的时期相吻合,正如一份 WTO 报告总结的那样①,欧盟的形成和扩张是开展 GATT 狄龙回合(1960—1962)多边谈判的促动因素。而 1973 年英国、爱尔兰和丹麦三国加入欧共体,又促使美、加、日等发达国家要求发动新一轮多边谈判(东京回合);1985 年欧洲统一大市场计划的提出和美加经济合作的强化(1988 年签署《美加自由贸易协议》),成为乌拉圭回合发动的重要背景之一。

同时,强化了的多边贸易体制可以更好地监督区域集团的形成和发展并有效地吸收区域集团新发展所积累的"先进经验";区域集团又可以从强化和完善了的多边贸易体制中汲取新的内容和多边纪律,以充实和改进区域内的经济合作内容和贸易自由化范围(如北美自由贸易区从乌拉圭回合达成的有关协议中吸取了许多内容来充实北美协议;欧盟迫于乌拉圭回合农产品协议和补贴与反补贴协议的义务规定,使其敏感和困难的"共同农业政策"也提到了改革的议程上),从而有力地促进了两者的均衡。

(二)内容与原则的"相似性"

除最惠国待遇原则作为合作例外外,迄今为止,那些重要的区域集团协议的内容,基本上与多边贸易体制的自由化范围相类似(虽有量上的区域、范围大小的差异,但质上是相同的),而且大都标榜多边贸易体制的开放、公平、透明和非歧视等基本原则。这说明建立区域集团并不自动或必须提高

---

① WTO. Regionalism and the World Trading System. Geneva:World Trade Organization,1995.

贸易保护程度或自然产生排他性的贸易壁垒。虽说有些区域集团客观上会产生贸易转移和造成对第三国贸易的损失甚至会打破现有的投资与贸易格局,但由于长期动态规模经济效应的作用①,这类区域集团的形成事实上并未造成区域外贸易和投资下降,而是逐步出现了与区域内贸易和投资同步增长的趋势,因而未损及基于资源有效配置的世界贸易与投资格局。

这个内容与原则的《相似性》有助于多边贸易体制与区域集团实现均衡,而非背离。不可否认,区域集团在协调和规范国内政策方面有其天然的优势,有些还取得了有效的成果。但是,如果没有多边贸易体制在长达50多年内积极推动全球贸易自由化进程,使各成员政府和利益集团在经受多边义务压力后逐渐认识到自由贸易的益处并为各区域集团在贸易政策领域的自由化奠定了必要的内容和原则基础,这一天然优势的发挥和成果的取得是不可想象的。离开了多边贸易自由化的广泛基础和背离多边贸易体制基本原则的区域集团,不仅找不到实现有效的区域经济合作和推进贸易自由化的机制,甚至有可能会中途夭折。因此,区域集团广泛吸收和尊重多边贸易体制的贸易自由化内容、原则和基本精神,就足以说明多边贸易体制的强劲生命力和权威,从而反映出进一步加强和改善多边贸易体制职能对协调和监督区域集团形成和发展的重要性。内容和原则的"相似性"是两者均衡发展的重要前提,反过来也保障了两者的发展。

(三)目标和运行基础的一致性

区域集团的基本目标与多边贸易体制基本目标的一致性是比较明显的。区域集团的基本目标是:取消或降低成员间的贸易障碍,进而协调与规范国内经济政策与立法,最大限度地推动贸易的自由开展,形成和扩大市场规模经济,实现资源的合理配置,以期扩大就业、提高生活水平、保护环境和促进经济可持续增长。个别区域集团还把实现政治联盟或政治一体化和社会问题的协调解决纳入了区域合作的目标范畴。但这些社会目标有助于区域集团的根本经济目标的实现。GATT 的基本目标是:在处理缔约方的贸

---

① 如果一个区域经济集团的建立是为了更好地发挥规模经济的效应,且集团内贸易以行业内贸易为主,那么这个集团将是开放的,它将促进贸易自由化的进程。参见屈子力,靳玉英.区域经济集团化与全球贸易自由化的新视角[J].南开学报:哲学社会科学版,2003(3).

易和经济关系方面,应以提高生活水平、保证充分就业、实现实际收入和有效需求的巨大稳定增长、扩大世界资源的充分利用,进而促进商品生产与交换为目的。WTO 基本目标在保留了 GATT 上述目标的同时,又增加了两项彼此相连的内容,即可持续发展的资源最优利用和环境保护。

从两者基本目标的比较不难看出,区域集团目标着眼于区域内,多边贸易体制的目标着眼于世界范围,二者的目标内涵和努力方向是基本一致的。如果把动态规模效应考虑进来,那么"区域进程"和"多边进程"[1]的最终方向是一致的,即多边贸易自由化基础上的世界经济一体化。目标的一致性为多边贸易体制与区域集团的均衡提供了前提条件。

至于多边贸易体制与区域集团有效运行的基础的一致性问题,对多边贸易体制和区域集团的发展历程进行比较总结就可发现,其主要包括三个方面:成员方奉行市场经济模式、外向型发展战略和自由贸易政策。把市场作为配置资源的根本机制不仅制约了政府过多过滥的行政干预,而且为公开、公平的竞争创造了基础。这种市场经济的运行"外延"势必是外向型经济的形成和发展。外向型经济的形成和发展又为自由贸易政策的实施提供了必备的客观环境。基于此类经贸政策的区域集团,虽然有时短时间内难免产生贸易保护主义或排他性倾向,但从长期动态角度看,其贸易政策的基本走向是开放和自由的。这些区域集团的形成与发展不仅不会对多边贸易体制构成挑战与威胁,反而是一种有益的补充和促进。至于那类封闭的、排他性的、具有贸易壁垒倾向的区域集团,虽可在短期内形成和有所发展,但最终的命运仍将是名存实亡,或者解体解散。因此,多边贸易体制对区域集团应采取的是一种监督、指导与协调合作的态度,维持与区域集团在共同发展进程上的均衡。

二、多边贸易体制与区域集团均衡的实现方式：两步宽容

多边贸易体制与区域集团的均衡是通过"两步宽容"实现的。"第一步

---

① "区域进程"和"多边进程"是由美国经济学家巴格瓦蒂(Bhagwati)在 1992 年 4 月《地区主义与多边主义》一文中提出来的概念。他利用此概念力图说明是"区域进程"还是"多边进程"为实现全球贸易自由化目标的最佳手段。他是西方经济学界崇尚多边主义而反对区域集团的典型代表。

宽容"也称"法律宽容",即多边贸易体制通过 WTO 协定第 24 条及其"谅解"和服务贸易总协定第 5 条以及"授权条款",对成员建立关税同盟和自由贸易区的问题,通过灵活、笼统和模糊的规定采取了认可和宽容的态度。"第二步宽容"也称"实践宽容",即基于现实的考虑,WTO 在具体处理和审议有关区域集团问题时采取灵活务实的态度。[①] 多边贸易体制对区域集团的"两步宽容",被质疑是区域集团冲击多边贸易体制权威的主要根源之一,为区域集团的大量涌现并进而侵蚀多边贸易体制提供了条件。但事实上"两步宽容"正是多边贸易体制顺应历史潮流,维护自身稳定,实现多边贸易体制与区域集团均衡的途径。

(一)"两步宽容"有利于区域集团的蓬勃发展,也维护了多边贸易体制的稳定,形成均衡

首先,通过建立区域集团来加强区域内国与国、地区与地区间的经济合作与贸易往来古今有之。如果对此视而不见,一味地用多边贸易体制的最惠国待遇原则要求之,而不在法律和实践中做出相应的灵活规定,最终可能导致最惠国待遇原则失去严肃性,进而侵蚀多边贸易体制赖以生存的基础。

其次,建立区域集团是国家主权意志的表现,其建立大都经历一个较长时间的酝酿、讨论、策划和付诸实施的过程。一旦宣布建立,一般都不可逆转(成败另当别论),无论是多边贸易体制宽容与否,区域集团是任何外来压力和义务都难以阻止的。如果多边贸易体制坚持其对某一区域集团协议的否定结论,那么结果是该协议成员集体退出多边贸易体制,这种后果的严重性取决于该协议成员的贸易分量。在国家主权意志面前,多边贸易体制与其"堵"不如"疏",否则,毫无疑问会影响自身的稳定发展和成员力量的壮大。所以说区域集团的存在,成为 WTO 协定最大的例外,也是多边贸易体制的唯一选择。

再次,区域集团有其自身的优势。在促进某些领域进一步贸易自由化、有效协调国别内部经济政策与立法、对待互惠、实现政治联盟以及约束大国操纵等方面,多边贸易体制不可能完全满足其成员的愿望。有些问题更宜

---

① 刘光溪.互补性竞争论——区域集团与多边贸易体制[M].北京:经济日报出版社,2006.

在区域内协调解决，而且这种解决有可能对多边贸易体制是一种有效的补充。把区域集团贸易自由化成果多边化正日益成为一种有意识、有计划的行动。发达成员考虑到多边贸易体制成员众多、分歧较大，在一些方面的自由化计划难以实施，故它们先在区域集团内酝酿、协商并逐步形成一套纪律和经验，然后再通过多边贸易体制使之多边化，扩大这些纪律的实际意义，如服务贸易、知识产权就属这类情形。"两步宽容"促进区域集团的发展，也是对多边贸易体制自身缺陷的弥补，两者的互补性，形成了均衡式的发展。

(二)"两步宽容"使多边贸易体制保持对区域集团的主导权，形成制衡

在区域集团化不可阻挡的潮流下，"两步宽容"是多边贸易体制审时度势和充分认清历史与现实的情况下，对区域集团所采取的一种有意识的"宽容"，以便在审议中掌握主动权，并视情况需要可对有关审议程序加以改进。多边贸易体制对区域集团的"两步宽容"，有助于使多边贸易体制对区域集团的形成与发展保持一种监督的外部压力，尽量促其遵循多边贸易体制的基本原则和精神，这也是 GATT 成立以来，多边贸易体制对区域集团的审议明明流于形式但还要继续进行的原因。经济、贸易的要求越模糊、笼统，解释和适用起来就越灵活，在一定程度上可以强化缔约方政府创立区域集团的责任感，避免区域集团建立的随意性，从而使多边贸易体制保持对区域集团的主导权，形成对区域集团的制衡。

三、多边贸易体制与区域集团均衡的演化动力：互补竞争

多边贸易体制的法律与实践的"两步宽容"，意味着对区域集团的建立为国家主权意志体现及其积极作用的认可；背景和挑战的"共同性"昭示了区域集团与多边贸易体制从不同的范围与角度来迎接所面临的共同挑战；内容与原则的"相似性"、目标与运行基础的"一致性"，说明区域集团的建立并不必然成为贸易壁垒，多边贸易体制对其形成与发展有有效监督作用；区域集团通过开辟和进一步推动贸易自由化对多边贸易体制所产生的积极作用，表明前者对后者不是威胁而是补充，二者彼此吸收兼容，达到协同前进的效果。

在这种基本框架下，区域集团与多边贸易体制相互均衡发展的演化由

二者的互补性竞争来推动：区域集团的形成和发展与多边贸易体制的改进和加强，在发挥各自优势的情况下产生竞争；这种竞争的结局是二者彼此取长补短，相互补充；互补作用的影响进一步提高二者在开辟贸易自由化领域和实施贸易自由化计划上的竞争层次，因而又丰富和增加了二者互补的内涵……直到全球经济贸易一体化的实现。因此，互补竞争关系是多边贸易体制与区域集团均衡的全部内涵。

保持各自优势和特长是区域集团和多边贸易体制赖以存在和有效运行的基础，互补竞争为二者的均衡发展注入了生机和活力。区域集团在某些领域里的自由化新作为，客观上会使多边贸易体制相形见绌，多边贸易体制只有积极汲取和采纳对方的有益经验和技巧，使之多边化，方能与区域集团并驾齐驱；反过来讲，多边贸易体制在某些方面的贸易自由化新作为弱化和侵蚀了区域集团加强区域合作的作用与成效，客观上又对区域集团形成了压力，从而迫使其在一些领域采取进一步自由化的行动，以保持自己所拥有的独特优势。不难想象，如果区域集团只是跟在多边贸易体制后面，亦步亦趋，没有实施贸易自由化计划的新作为，那么区域集团的发展就会失去活力，甚至其存在的必要性就要打折扣，更谈不上对多边贸易体制形成一种外部压力了。如果多边贸易体制在推进贸易自由化计划方面，一味地步区域集团之后尘，没有充分发挥自己的优势，仅起到守株待兔的应付作用，那么，多边贸易体制的职能和权威不仅无法强化和提高，反而可能弱化和丧失，成员的热情和注意力自然会更多地转到区域集团的发展上来。显然，互补与竞争是多边贸易体制与区域集团均衡演化的动力。区域集团的形成与发展不可怕，可怕的是多边贸易体制束手无策，无所作为，导致缺少竞争的平行发展。

四、多边贸易体制与区域集团均衡的"锁定机制"

区域集团在区域范围内把贸易自由化向深度和广度推进，区域内、外可能由此产生的问题和矛盾则交由多边贸易体制处理；多边贸易体制为区域集团设定总体目标、提供框架性指导和约束，并且根据客观形势的发展需要，通过管理途径努力协调甚至预防二者间的冲突。这些事实表明，区域集团与多边贸易体制的均衡存在一种"锁定机制"。一方面，这种"锁定机制"

使区域集团和多边贸易体制之间的冲突通过管理而得以协调,推动双方继续前进;另一方面,二者共同作用生成的这种"锁定机制",形成一个"锁定框"约束,降低了成员之间贸易政策的不稳定性,促进了成员方贸易的发展。

在这个"锁定框"约束中,多边贸易体制是最外层的约束,区域约束居于中间层次,双边约束是最里层次的约束。但这并不意味着外层次的约束力小于内层次的约束力,约束层次的不同仅仅表明约束的直接性有所区别:约束的直接性随着约束层次的由外到里逐层递增,即越往里约束的直接性越大,亦即外围的约束是一种间接性的约束,而越往里的约束则是一种直接性的约束。换言之,外层次的约束是一种原则性、规范性的约束,而内里层次的约束则是一种规程性、操作性的约束。

从约束的权威性看,外层次约束的权威性大于内里层次的约束,或者说内里层次约束的权威性弱于外层次,这主要是因为外层次约束的法律渊源的认可程度及范围高于、宽于后者的法律渊源。一般而言,权威性与稳定性成正比,因而外层次约束的稳定性一般来说强于内里层次的约束。

就三个层次的制度本身而言,它们之间存在着这样的关系:一方面,从规范的意义着眼,内里层次的制度依次受制或服从于外围层次的制度(从实证的角度考察,三者间的这种关系虽然没有在十分严格的意义上存在,但也近似地存在);另一方面,从实证的角度考察,每一层次的制度都有着不受其他层次制度制约的独立运作空间。概而言之,这三个层次的制度大体上由外到内依次制约,但又在某种程度上相互独立。①

多边贸易体制与区域集团的这种均衡"锁定机制",对一国贸易政策的稳定性有积极的意义。从现实角度看,各种贸易协定的签订与国家间的政治关系密切相关:当两国的政治关系良好时,双方就会签订更多的贸易协定;当两国政治关系冷却时,双方基本上不会签订任何形式的贸易协定。换言之,贸易协定的签订要求两国间存在着良好的政治氛围。从博弈论的角度看,签订贸易协定实际上是将双方在经贸领域的合作博弈机制化、条约化,从而进一步降低合作博弈的成本和费用,这样就能最大化合作博弈的支付。由于贸易协定通常有一个较长的期限且大多数贸易协定都有自动延期

---

① 梁碧波.美国对华贸易政策决定的均衡机理[M].北京:中国社会科学出版社,2006.

生效的条款,这就使得两国的经贸合作关系得到某种程度的外生力量的维护,从而不会因为两国政治关系的走低而受到太明显的影响。这一点已为实证考察所证明:两国政治关系经常跌宕起伏,这对两国经贸合作关系当然有所影响,但冲击不会太大,这可以部分归因为成员间签订的贸易协定在发挥着作用。而多边贸易体制则为区域集团下的贸易协定提供原则性、规范性的约束。在成员方意识到保持多边贸易体制与区域集团均衡的"锁定机制"所能带来的利益后,就会自觉地注重两者的均衡。

五、多边贸易体制与区域集团均衡的强化与发展

从长期看,在许多情况下,区域集团确实是多边贸易体制的有力支持和重要补充。它使各国谈判的规则、承担的义务比现有多边贸易体制更为深入。有些规则甚至为多边贸易体制相关协议的启动、磋商和缔结奠定了基础。服务贸易、知识产权、环境标准、投资以及竞争政策等问题都是最初由区域集团提出,随后纳入多边贸易体制协定或讨论议题中的。

但从短期看,也必须承认,区域集团的确存在违反 WTO 原则和宗旨、使多边贸易体制更为复杂等方面的负面影响。若干现象表明,即使最强大的国家,也会因为参与多重区域集团的谈判和实施而损伤其制度能力,并减弱对多边层面自由化的热情。区域集团的激增将使贸易环境更加复杂。区域集团创造了既定利益,避免了优惠利益的压缩,但因此而产生的曲折复杂的规则却使国际贸易成本升高、环境复杂。尤其是当自由化所基于的优惠基础并不容于当前的最惠国待遇自由化时,其产生的贸易和投资扭曲威胁到国际贸易的平衡发展。

因此,多边贸易体制与区域集团的均衡不可能是一个直线发展的过程,在其发展进程中出现各种矛盾、挫折甚至反复都是正常的。关键是要对多边贸易体制与区域集团发展中出现的新问题进行调整,以使两者的均衡呈现螺旋式的良性演化。为此,要推动多边贸易体制有关区域集团规定的改革,尤其重要的是要争取在多边贸易体制新一轮多边谈判中修订其协定,明确规定 WTO 规则的效力应优先于各成员方的国内措施和相互间达成的各种区域贸易协定。另外,要完善多边贸易体制关于区域集团安排的制度设计,其中包括:建立相对统一的区域集团审议规则和程序,改变目前不同区

域贸易安排分别依照不同协定或规定进行审议的混乱状态，以提高审议速度、效率和质量；尽快研究制定界定区域集团是否阻碍多边贸易体制的一般标准，以便及时断定拟议中的或已通知 WTO 的区域集团安排是否符合多边贸易规则；加强多边贸易体制对区域集团的审议力度，改变其"审而不决、决而无果"的局面，切实解决对区域贸易协定审议难、执行难的问题，树立起多边贸易体制对区域集团审议的权威和信心。[①]

第三节　发展中成员的新利益诉求与实现方式

以发展为中心探讨贸易政策的呼声日益影响 WTO 走向，谈判要兼顾发展中成员的需要和利益成为共识。发展问题是战后国际社会长期面临的焦点问题之一，多边贸易体制也始终是发展中成员争取解决发展问题的一个重要场所。为使谈判能顺利达成，使发展中成员进一步顺利达成协议，使发展中成员进一步融入多边贸易体系，《多哈部长宣言》特别强调了发展的重要性，明确提出在追求市场开放与贸易自由化的同时，要把发展中成员关心的事务置于 WTO 的核心位置。在这一背景下，发展议题贯穿于整个多哈发展议程谈判进程中，发展中成员呈现出动态化、多样化、明确化、有效化的新利益诉求。

重视和考虑发展中成员的新利益诉求是判断整个世界贸易组织体制是否公平的标志性问题，决定着多边贸易体制发展的走向，对发展中成员意义十分重大。因为，WTO 成员加入组织类似于企业签订契约合同，成员方有完全的自由，作为契约型体制的 WTO 必须满足每个成员的利益诉求，使每个成员在国际贸易中都不受损失或都受益，这样才是维护多边贸易体制完整的条件。随着发展中成员日益全面参与多边贸易体制，对平等贸易机会的争取也将日益激烈。如果一些发达成员完全按照自己的利益取向推动全球贸易自由化的发展，这个进程有可能是不被接受和不可持续的。只有更多地关注发展中成员的新利益诉求，使所有参与方都能够从贸易自由化进

---

①　邵沙平，余敏友.国际法问题专论[C].武汉:武汉大学出版社,2002.

程中获益,这种自由化才是可接受和可持续的。

　　同时,多哈回合是发展回合,发展问题解决得如何,是衡量多哈发展议程成功与否的重要标准。能否确保各成员尤其是发展中成员卓有成效地参与讨论并得到实惠是谈判成功与否的一个重要影响因素。长期以来,多边贸易体制面临的一个重要问题就是对发展中成员的利益关注不够,对发展中成员利益的保障机制不完善。《多哈发展议程框架协议》重申了将发展中成员和最不发达成员地利益及需求作为本轮谈判所有工作中心的基本原则。

一、发展中成员新利益诉求的特点

　　在多哈发展议程中,发达成员与发展中成员的谈判在冲突与合作中曲折进行,发展中成员的新利益诉求出现动态化、多样化、明确化、有效化四大特点。

(一)动态化

　　发展中成员新利益诉求的动态化主要体现在参与多边贸易体制历程的转变,发展中成员参与多边贸易体制经历了观念转变、积极争取到最终全面参与的过程。在参与多边贸易体制的前期阶段,更多的是靠等待发达成员给予非互惠的特殊和差别待遇为主,但由于相关软条款的存在,使其实质意义并不是很大,发展中成员反而失去了影响多边谈判的机会。在认识到策略上的失误后,发展中成员转变观念,开始由被动等待转变为积极争取有利于自身发展的规则制定权。发展中成员已不满足于一般的参与者地位,更希望能进入核心的决策机制,从而从根本上改变在多边贸易体制中的地位,更好地维护自身利益。

　　在狄龙回合之前的四轮谈判中,虽然发展中成员对 GATT 根本未考虑其利益而从总体上表示不满,但主要关注的则是在相关条款中允许其在一定条件下为保护本国工业发展而背离总协定义务,即保留数量限制。提起抗争的发展中成员很少,以印度为主。如果说 20 世纪 50 年代还只是少数发展中成员在多边贸易体制中竭力抗争的话,那么到了 60 年代发展中成员的地位和作用开始得到全面提升。1958 年完成的哈伯勒报告是 GATT 与发展中成员关系的一个转折点,标志着发展中成员在 GATT 的地位发生根本性改变。① 这一时期的一系列实质性举措标志着发展中国家作为一个整体,开始对多边贸易体制产生影响,如 GATT 第四部分"贸易与发展"的起草。但由于规则制定的主导权依然在发达成员,肯迪尼回合期间生效的"贸易与发展"并没有给发展中成员在多边谈判中带来明显利益。在东京回合中,另一针对发展中成员的特殊和差别待遇条款——"授权条款"承认非互惠是发展中成员的一项权力。由于这些条款并不要求签字国修改其国内法,加上相关的"毕业"制度和"最大努力"等软条款的局限,最终并没有从真正意义上改变发展中成员在多边贸易体制中的被动、从属和依附地位。

到乌拉圭回合,发展中成员通过反思在 GATT 和联合国中争取"特殊和差别待遇"的长期斗争,感到从发达成员单方面实施优惠关税中获得的好处是有限和不可靠的,并且在这过程中却失去了影响多边谈判的机会,从而无法通过谈判削减发达成员针对自己出口产品的壁垒。两者相比,得不偿失。于是,它们对发达成员主导的国际经济体制的态度开始由敌对转向接受,参与多边贸易体制的策略也开始呈现局部的主动态势,成功地将其最为关注的农产品和纺织品贸易重新纳入多边框架内。在服务贸易谈判中,发达成员最终接受了 GATT 和 GATS 相互独立的"双轨制"谈判方式和承诺的肯定清单模式。这一系列成果都是发展中成员积极斗争的结果。

为了更好地参与多哈发展议程,发展中成员做了积极准备,力图改变以往在谈判中的被动和边缘地位,以及谈判结果的严重不平衡。到西雅图部长会议前,各成员所提出的近 260 项提案中,有一半以上来自发展中成员。在多哈会议确定的 8 个新议题中,有 5 个议题与发展中成员直接相关。虽然多哈发展议程的重点仍然是发达成员所关注的议题,但这足以说明发展中成员的利益在多边贸易体制中进一步得到体现,发展中成员的地位进一步得到提升。

除此之外,在确定新一轮谈判议题过程中,发展中成员对多边贸易体制

---

① 这份由 GATT 委托 4 位国际知名经济学家所做的有关国际贸易发展趋势的研究报告认为,当时的贸易规则对食品和工业原料等初级产品出口国不利。由此促成了 GATT 一系列旨在维持和扩大欠发达成员出口收入的举措,包括创立贸易与发展委员会的前身——GATT 第三委员会,进而推动了狄龙回合的发起,并将提高欠发达成员出口机会,尤其是将热带产品准入免除关税问题作为一项议题。

长期以来存在的由少数发达成员垄断决策程序和决策结果的"民主赤字"现象开始表现出强烈的不满,尤其是导致多边贸易体制协商一致原则名存实亡的"绿屋会议"制度。发展中成员的不满实质上也反映了其对自身谈判实力弱、地位低而被忽略这一现实的忧虑。这表明发展中成员已不满足于一般的参与者地位,更希望能进入核心的决策机制,从而从根本上改变在多边贸易体制中的地位,更好地维护自身利益。

(二)多样化

发展中成员参与世界贸易体系的战略目标是实现广泛而全面的发展目标。它们要求纠正乌拉圭回合谈判成果中的结构性缺点,并通过新一轮多边贸易谈判重新构筑全球贸易体系。① 全面发展的目标应该被置于国际政策与国内政策制度的核心,并贯穿于所有各种具体制度之中。这些目标广泛而多样化,包括维护国家主权、工业化、收入分配平等、技术进步、经济安全、食品安全、农业生存、公共健康等。为了最大限度地减少全球化的负面冲击和实现经济发展的既定目标,发展中成员并不认为自由贸易应该是国际贸易制度的唯一宗旨,同时在进行自由贸易安排时必须兼顾发展中成员的利益,有多样化的安排,使其有一定的政策选择空间。近年来,发展中成员对贸易自由化所导致的不平等、边缘化、贫穷、环境恶化和社会安全网络等问题产生了种种忧虑(WTO,1998)。② 因此,它们主张贸易自由化的性质、时间选择、次序安排、范围界定和政策配合必须从属于发展目标,必须承认发展中成员享有充分的政策空间,并在不同的政策方案中有选择的自由权。它们还认为WTO体系中充满了不平衡、不公正和不完善,越来越多的成员已经清楚地意识到它们在实施乌拉圭回合协定时希望落空。因此,关注"执行问题"、减轻义务负担、实施优惠与差别待遇、增强能力建设成为它们坚持的正当利益要求。

(三)明确化

《多哈部长宣言》重申了给予发展中成员特殊和差别待遇的规定是

---

① 盛斌.世界贸易体系变革中的风险与发展中国家面临的挑战[J].世界经济,2004(3).

② WTO.WTO Annual Report,1998.

WTO协议不可分割的一部分,承诺新的谈判将使之更明确、更有效和更具有可操作性,承诺对发展中成员提供技术援助和支持其能力建设等。在发展中成员的努力下,诸如贸易、债务与金融,贸易与技术转让,以及技术合作与能力建设等与"发展"有关的议题也首次被正式纳入多哈发展议程谈判议程,使谈判议题不平衡现象有所改进。在谈判中,发达成员出于长远经济策略上的考虑,也做出了一些更理智的选择,对发展中成员关心的问题给予了更多的关注和考虑,迈出了多方共赢的一步。

(四)有效化

发展中成员的"特殊和差别待遇"不是法律上具有约束性的义务,就整个情况来看,发达成员在为发展中成员提供优惠方面的践诺程度是极低的。一大批发展中成员在这个所谓的自由贸易体制中并没有得到具有实质区别的特别优待。在多哈发展议程中,通过含有广泛而均衡议程的谈判来全面落实乌拉圭回合成果,再次充分确认对发展中成员的"差别和优惠待遇",并转化为实际利益,成为发展中国家在新一轮谈判中新的期待。

二、发展中成员新利益诉求的内容

发展中成员的新利益诉求通过多哈发展议程得到集中的反映。其不仅在实体性议题中要求在贸易发展问题上得到实质性的贸易利益,也在程序性议题中要求改革WTO决策机制,使之更加有效、透明与民主,实现多边贸易体制中权力分配的变动,使发展中成员能实质性地参与多边贸易体制的决策。

(一)程序性议题中新利益诉求的体现

伴随WTO约束力的加强(争端解决机制的强化、一揽子接受规则、交叉报复措施、规则向国内领域的扩展),发展中成员在决策体制中的边缘化状况却没有改观。发展中成员已经意识到有必要加强积极参与的力度,但积极的参与并不一定意味着有效的参与。因此,在积极参与的态度下,如果要提高参与的有效性,首要的内容就是要进行WTO决策机制的改革,这也成为发展中成员在多哈发展议程中最强的呼声之一。

与国际金融体系的决策机制相比,多边贸易体制提供给发展中成员的决策地位大大提高,规定了"一成员一票"制和"协商一致"等制度。不幸的是,这些美好的制度在现实实施中却被发达成员以各种方式架空,名存实亡。

"一成员一票"制度给予占成员总数的绝对多数的发展中成员有利的公平条件,但事实却表明,发展中成员并没有利用到这个有利条件。这在一定程度上和 WTO 协商一致的决策原则有关。WTO 规定协商一致原则优先于投票,投票需要先经过协商一致。而协商一致原则是以出席会议的代表为基础,而不是以全体成员为基础。由于发展中成员受人力、财力的限制,不能和发达成员一样派出庞大的代表团去参加各种会议。即使对于有能力派驻代表的发展中成员而言,要参与到决策过程之中也不是一件容易的事情。"绿屋会议"制度的不透明性,使大多数发展中成员的贸易部长被排除在决策会议之外。在讨论西雅图会议的日程时,只有 20 个成员的部长被邀请参加。另外,在协商中发达成员也往往利用双边谈判的压力迫使发展中成员达成所谓的多边协商一致。因此,WTO 的协商一致制度,事实上是一种消极的协商一致。[①]

协商一致原则的优先性使得"一成员一票"制度实际上被空置,发展中成员数目上的优势不能被利用,影响了其参与多边贸易体制的有效性。改革 WTO 的决策机制成为发展中成员新利益诉求得以实现的前提条件。

(二)实体性议题中新利益诉求的体现

乌拉圭回合中最主要的矛盾集中在发达成员内部,特别是美国和欧盟在农业政策上的分歧严重。在"多哈发展议程"中,主要矛盾转移到发达成员和发展中成员之间,并在农业问题上集中爆发。在实体性议题中,发展中成员新的利益诉求集中表现在与发展中成员利益密切相关的协议(或议题)的落实情况。

从 WTO 成立以来规则的实施情况看,对与发展中成员利益密切相关的协议(如《农业协议》、《服装与纺织品协议》)及 WTO 各协议中所体现的

---

① 胡北平.发展中国家如何有效地利用 WTO 的决策机制[J].世界经济研究,2003 (11).

针对发展中成员的特殊与差别待遇规定,发达成员缺乏实施力度和应有的关注,发展中成员特别是最不发达成员在实施和执行 WTO 各项协议时所遇到的人力、财力及技术上的困难很多。因此,一方面要敦促发达成员落实已经通过的议案,主要是货物贸易方面的协议,如逐步取消对纺织品进口配额的限制,减少对本国农业的补贴和保护等。只有在这些任务已经完成的前提下,才能提交新的议题,毕竟在目前的世界贸易中,货物贸易仍占 3/4以上。因此,WTO 应将注意力主要集中在货物贸易方面,而不能只听命于少数发达成员对服务贸易、投资自由化、竞争政策、知识产权保护及政府采购等问题的一面之词。另一方面,要从规则制定、资金资助等方面帮助发展中成员实施和执行 WTO 各项协议,让发展中成员切实得到多边贸易体制所带来的利益。

三、发展中成员新利益诉求的实现方式

受经济实力及谈判能力所限,多哈发展议程谈判还是由发达成员掌握主导权,但发展中成员的态度变得更加重要,其力量也在增强。

(一)完善 WTO 决策程序

目前主流观点是认为应对现有决策机制进行微调而不是进行根本性的改变,可以采取的对策有:用积极的协商一致代替消极的协商一致,使各成员的意见能够在协商时得到表达和考虑。适当减轻议程的负担,减少会议的重叠。增加各项决策的透明度。加强会议主席在发达成员与发展中成员间任命的平衡性。对各种非正式会议的安排和有关笔录的公布应和最后的决策会议有足够的时间间隔,以便未出席非正式会议的成员了解和消化有关内容。在秘书处增加发展中成员的人员和加大从发展中成员的实际情况出发考虑的研究,提供更多发展中成员切实需要的技术支持等。

(二)协调立场,有效联合

发展中成员在多边贸易谈判中应该抛弃搭便车的思想,积极谋求在发展中成员内部形成统一的谈判目标,通过集体的力量增强其谈判能力。发展中成员结成统一的谈判集团,可以避免在与发达成员就某一问题进行谈

判时,在集团内部出现争执,从而给发达成员利用这种纠纷,采取各个击破的谈判战术提供机会;发展中成员之间形成统一的谈判目标,还可以使得发达成员惯用的通过缔结双边条约的形式以实现其目的的方式较难施行。例如,在关于多边投资公约的签订问题上,美国所倡导的将国民待遇从开业权扩大到准入权的关于保护外资的条件在多边公约的层面上由于反对者众多,阻碍较大,因此难以实行;然而在美国与许多发展中成员所缔结的双边条约中,很多条款得到了贯彻,因而通过一个所谓的双边条约的网络,美国正在向全世界推行其国内对于国际投资保护的理念,并在一定的实践基础上,为多边投资条约的签订铺平了道路。

(三)发挥"先行优势",提高决策能力

积极提出自己的议题不仅是提升发展中成员决策能力的表现,也是提升其决策能力的途径。发达成员正是不断提出劳工标准、环境、电子商务等新议题以避免深入讨论农产品、纺织品等协议中的进一步承诺和已有承诺的履行问题。发展中成员也需要掌握这种策略,提出和自身利益切实相关的经济安全、对现有规则的改进和完善、知识产权的合理定价、国际垄断的控制、直接投资中东道国的权利、自然人的流动等议题,以回应发达成员的"进攻"。博弈理论中有关"先行优势"的论述对发展中成员的启示是:尽管发展中成员面临着谈判能力较弱的不利局面,但如果能在一些问题上采取主动,积极对谈判的发展施以影响,这种不利局面是可以减少甚至消除的。当然,积极提出合理的议题需要投入大量的人力物力进行相关的前瞻性研究,因而再一次突出了发展中成员决策能力建设的需要。

本章小结

本章阐述了多哈发展议程的进展,并探讨了未来多边贸易体制的发展。多哈发展议程中止突显多边贸易体制的深层危机,但是,多哈发展议程的中止,也并非意味着多边贸易体制的毁灭。战后世界经济发展的实践证明,一个具有权威的、合理的多边贸易体制是符合各方利益的。从多哈发展议程

视角分析多边贸易体制的困境，有利于为多边贸易体制的健康发展寻找改革的方向。这些制度性冲突如果不及时妥善地解决，或者寻求某种利益的均衡点，将严重损害 WTO 多边贸易体制。从根本上看，发展中成员和发达成员在经济发展程度上的巨大差距是导致多哈发展议程失败的深层原因。能够帮助 WTO 走出困境的途径就是重建多边参与机制，改变 WTO 成员间权力的失衡，减少发达成员与发展中成员之间的对抗，增进两个阵营的妥协与合作，切实维护发展中成员利益，通过不同议题的市场准入交换，获得各方共赢的结局。

多哈发展议程的中止，同时反映出多边贸易体制必须重视与区域集团的均衡，以及发展中成员新的利益诉求。对多边贸易体制与区域集团互动效应的实证检验表明，两者之间更多的是一种均衡。多边贸易体制的法律与实践的"两步宽容"，意味着区域集团的建立为国家主权意志的体现及其积极作用的认可；背景和挑战的"共同性"昭示了区域集团与多边贸易体制从不同的范围与角度来迎接所面临的共同挑战；内容与原则的"相似性"、目标与运行基础的"一致性"，说明区域集团的建立并不必然成为贸易壁垒以及多边贸易体制对其形成与发展所产生的有效监督作用。这种均衡的发展演化由二者的互补性竞争来推动，并形成"锁定机制"，不仅有利于维护二者的均衡，同时也有利于一国贸易政策的稳定性。

是否重视和考虑发展中成员的新利益诉求，是判断整个世界贸易组织体制是否公平的标志性问题，决定着多边贸易体制发展的走向，对发展中成员意义十分重大。同时，多哈回合是发展回合，发展问题解决得如何，是衡量多哈发展议程成功与否的重要标准。《多哈部长宣言》特别强调了发展的重要性，明确提出在追求市场开放与贸易自由化的同时，要把发展中成员关心的事务置于 WTO 的核心位置。发展议题贯穿于整个多哈发展议程谈判进程，发展中成员呈现出动态化、多样化、明确化、有效化的新利益诉求。这些新利益诉求分别表现在程序性议题和实体性议题上。发展中成员要实现其新利益方面的诉求，必须积极有效地参与多哈发展议程的谈判，这是最终取得成功的关键。必须协调立场，进行有效联合，努力推进完善 WTO 决策机制以及发挥"先行优势"，提高决策能力。

第六章　多边贸易体制与中国

　　加入 WTO 是我国改革开放、在更高层次上积极参与经济全球化进程的正确选择。加入 WTO 以来我国全面认真地履行了入世承诺,享受了 WTO 成员的权利。根据 WTO 规则,我国全面清理修订了相关法律、法规和政策措施,完善了经济、行政体制。我国还积极参与了 WTO"多哈发展议程"以及其他磋商,接受并参与了 WTO 框架内的"政策审议",有效维护了我国政治、经济利益。

　　比较研究显示,加入 WTO 后我国对外贸易总量迅速增长,经营主体多样化进程加快,高新技术产品比重上升并形成较强的国际竞争力,收入贸易条件稳步上升,整体国民经济和对外贸易持续高速发展。随着我国"义务保留期"基本结束,我国将全面融入多边贸易体制中,应积极主动参与多边贸易体制,成为多边贸易体制的推动者和多边贸易自由化进程的受益者。

　　但加入 WTO 并不意味着多边贸易体制将对中国外经贸的发展提供一个避风港,多边贸易体制下中国对外贸易的发展事实上面临着更多的挑战:如何权衡参与多边贸易体制与区域一体化的关系;中国在多边贸易体制中"非市场经济"地位所面临的政治与经济上的双重博弈;加入 WTO 后迎来了贸易摩擦高峰期,带来的诸多不和谐因素成为中国外贸发展的困扰;多边贸易谈判进程中,议题外延拓展的冲突对中国外贸发展的挑战;WTO 市场开放原则与国家主权让渡、经济安全之间的博弈与协调;等等。这些都需要官、商、学各界进行冷静思考,提出相应的对策。

第一节　中国在 WTO 中的表现

2006 年 4 月 19 日至 21 日，WTO 对中国进行了自中国入世以来的首次贸易政策审议。事实证明，中国在履行对 WTO 承诺方面交了令人满意的成绩单，与 WTO 密切相关的行业改革与发展态势良好，中国经济取得了持续稳步增长。"中国加入 WTO 不仅促进了中国的改革开放进程，也给世界带来机遇，中国信守承诺是对多边贸易体系的重大贡献！"[①]

一、中国外贸体制的适应性调整

使本国（地区）贸易体制与 WTO 多边体制相一致，是 WTO 成员的一项基本义务。经过 20 多年的改革，中国的外贸体制改革取得了重大突破，特别是市场取向改革目标的确立与逐步推进，已从根本上解决了中国外贸体制与 WTO 多边贸易体制的相容性问题。可以说，目前的外贸体制基本适应了 WTO 多边贸易体制的要求。但也要看到，中国外贸体制在局部也还存在与 WTO 多边贸易体制要求不尽一致或不相适应的地方，需要按照WTO 要求和中国国情进行规范和调整。从积极角度看，为了适应加入WTO 后中国企业在更大范围、更高程度上参与国际竞争与合作的需要，也必须进一步深化外贸体制改革。[②]

（一）清理、修订外贸法律法规，完成法律转换工作

WTO 多边规则对其成员并不是直接适用的，而是必须转化为成员的法律法规，使成员贸易法律制度与多边规则相一致。根据这一要求，中国进行了大规模的清理修订法律规则工作。截至 2005 年 10 月 11 日，中国对

---

① 贸易政策审议：WTO 秘书处关于中华人民共和国的报告[M].北京：中国财政经济出版社，2006.

② 江小娟等主编.中国对外经贸理论前沿Ⅲ[M].北京：社会科学文献出版社，2003.

230 部与贸易有关的主要法律、法规进行了重新修订(见表 6-1)。立法活动包括全国人大(或全国人大常委会)制定的法律和国务院颁布的法规以及国家部委和政府部门颁布的法律实施细则,兑现了加入 WTO 的承诺。

表 6-1　中国与贸易有关的主要法律、法规
(截至 2005 年 10 月 11 日)

立法类别(注释)		修订数目
对外贸易、外汇管制和国外投资		21
海关和关税相关法规		6
标准和技术规则		14
知识产权		10
税收制度		11
部门法	农业	11
	制造业	6
	能源、公共事业和自然资源	12
	金融行业	16
	其他行业	37
其　他		86

资料来源:中国商务部。

(二)保持外贸政策的统一性和透明度

根据中国入世议定书有关透明度的承诺,各级政府部门所制定的与贸易、投资有关的法规和政策措施,都要在指定刊物上予以公布,不公开的不能执行。据此,中国外经贸部设立了世界贸易组织通报咨询局,就提供有关贸易咨询的范围、方式和时限做了明确说明。有关部门还设立 WTO"实施卫生措施协定"和 WTO"技术性贸易壁垒协定"两个国家咨询点,并向 WTO 做了通报。

(三)转变政府职能,深化外贸体制改革

为了兑现加入 WTO 的承诺,同时为企业参与国际竞争创造良好条件,各级政府进一步转变政府职能,积极推进依法行政,提高行政效率,改善公共服务;以深化行政审批制度改革为突破口,加快了建设符合 WTO 规则和社会主义市场经济体制要求的新型外贸体制的步伐。按照国务院行政审批制度改革的总体要求,各级外经贸部门大力减少行政审批项目;对于确需保留的审批项目,要建立健全监督制约机制,简化程序,提高效率。积极推进外经贸管理制度创新,推进电子政府、联合审批制度、社会听证和专家审查制度,强化行政行为的责任和监督。

履行外贸登记制承诺,改革外贸经营资格管理制度,取消了私营生产和流通企业进入外贸领域的限制,实行了与公有制企业相同的标准和程序,取消了对不同所有制企业的区别待遇。与此同时,在深化国有外经贸企业改革方面也进行了有益的探索。一些大中型国有外贸企业通过资产重组、股份制改革、国内以及海外上市,形成了一批有规模、有实力的企业集团;一些中小型外贸企业,通过改组、联合、兼并、租赁、承包经营和内部职工持股、股份合作等多种形式,实现了机制创新,取得了明显成效。外经贸中介组织改革与发展也有新的进展,通过改革使中介组织真正成为会员制企业自律的组织,成为为会员企业服务的组织。

二、中国贸易政策与措施的实践

中国全面履行开放市场承诺,实施了贸易及与贸易有关的重要改革。官方数据显示,中国在关税减让和非关税措施方面的大多数承诺已履行完毕甚至提前完成,服务贸易方面的承诺基本到位。

(一)货物贸易领域

根据加入 WTO 的承诺,中国进行了较大范围的实质性降税。适用的最惠国平均税率已从 2001 年即中国加入 WTO 之前的 15.6％降至 2005 年的 9.7％。2005 年农产品和非农产品的最惠国平均税率分别为 15.3％和 8.8％。关税全部为约束性,而且适用税率正逐步处于或接近约束税率,这

导致了对关税较高的可预见性。2005 年约束关税平均为 10％且到 2010 年有望降至 9.9％。至此,中国履行了它所作的现实承诺。在曼谷协定的基础上,中国对东南亚国家和巴基斯坦等国家和地区扩大了双边优惠。中国还对近 30 个发达成员的某些产品实施了单边优惠措施(零税率)。

同时,非关税措施也大为减少。进口配额以及贸易权利(仅授予某些特定贸易商)已于 2004 年年底不再适用。同时进口限制和许可程序业已大为减少。进口许可体制的行政程序亦被简化。中国仍维持着进口限制措施,大量地是基于健康与安全原因以及国际公约的规定。中国也出于加工和再出口的目的限制某些产品进口。这样的进口包括一些农产品、矿产品、化肥和其他废旧物资。自动及非自动进口许可曾经被用于规范某些产品进口。非自动许可目前正主要被用于那些国际公约限制的进口。自动许可主要用于监控目的,并且主要是为了保证这些产品的贸易"不产生剧烈变动"。自 2002 年以来,自动许可项下的关税税目数量已有小幅增加;目前它们适用 16％左右的关税。进口配额已被取消。

中国已采取步骤简化其他更广泛措施所适用的行政程序,诸如标准、卫生检疫措施以及备用措施。2005 年,32％的标准建立在国际标准的基础之上;目前标准的 44％将要被修订以确保它们符合国际标准,而 11.6％的标准则将被废止。

通过对关税的削减和非关税壁垒的逐步取消,中国货物贸易获得迅速发展:中国进出口贸易总额由 2001 年的 5 096.15 亿美元上升到 2005 年的 14 221.12 亿美元,贸易顺差为 10 181.8 亿美元。

(二)服务贸易领域

加入 WTO 以来,中国政府相继颁布服务贸易领域的法律和规章,涵盖金融、分销、物流、旅游、电信、商业、建筑等几十个领域,在地域、数量、经营范围、股权、开放时间表等具体领域,认真履行了入世承诺。截至 2005 年年底,中国对外资保险公司的地域和业务范围无任何限制,在中国保险市场的 82 家保险公司中,外资保险公司已达 41 家,分支机构接近 400 家;累计批准设立外商投资商业企业 1 341 家,开设店铺 5 657 个,外资大型连锁超市在中国大型连锁超市的市场份额已超过 1/4;在华境外律师事务所代表机构已有 195 家;有 7 家外资会计师事务所在华运营,其分所有 18 家;获得许可的中外合资、合作医疗项目 52 个;全国经批准的中外合作办学机构和项目 851 个;有 11 家中外合资旅行社和 7 家外商独资旅行社获得了经营许可。截至 2006 年 5 月底,已有 71 家外国银行在中国设立了 197 家营业性机构,并可在 25 个城市开办人民币业务。截至 2006 年 6 月底,外资金融机构已在中国设立 7 家汽车金融公司、3 家企业集团财务公司;已设立合资证券基金管理公司 23 家、合资证券公司 7 家,上海、深圳从事 A 股交易的境外证券经营机构分别达到 39 家和 19 家,有 42 家境外机构获得合格境外机构投资者(QFII)资格;获得批准的设立外资电信企业申请有 8 份,其中 4 家企业获得电信业务的经营许可证。在直销领域,2005 年 9 月 2 日,国务院对外公布《直销管理条例》和《禁止传销条例》。根据《直销管理条例》,中国直销市场制度从 2005 年 12 月 1 日起实施,中国直销立法进程结束。

通过服务业市场的进一步放宽,中国服务贸易也获得了迅速的发展:服务进出口总额由 2001 年的 726.11 亿美元上升到 2005 年的 1 582.10 亿美元,其中出口由 333.14 亿美元上升到 744.10 亿美元,进口由 392.17 亿美元上升到 838.10 亿美元,贸易逆差由 59.13 亿美元上升到 94.10 亿美元。

第二节　多边贸易体制下中国贸易政策调整的绩效分析

加入 WTO 以来,作为 20 世纪 70 年代末开始的意义深远的改革开放进程的延续,我国经历了特殊的、备有严格时间表的改革开放,国民经济、对外贸易迅速发展,国际地位明显提高。我国国内生产总值年均增长 9% 以上,2005 年超过 2.2 万亿美元[①],跻身世界五强之列,人均 GDP 也相应地提高到 1 700 美元。对外贸易年均增长近 30%,跃升为世界第三位贸易大国。对于加入 WTO 前后外贸发展的比较研究,有助于更加准确地把握对外贸易发展现状,正确判断我国履行入世承诺、运用世贸规则现状,以便加以改

---

① 若无特别说明,本节数据均来自世界贸易组织网站(www.wto.org)、IMF(www.imf.org)以及中国商务部官方网站(www.mofcom.gov.cn)。

进,进而寻找中国参与多边贸易体制的策略。

一、加入 WTO 前后中国对外贸易数量规模变化比较

加入 WTO 以来我国对外贸易发展迅速,进出口商品结构进一步优化,为国民经济实现平稳较快增长发挥了重要作用,我国在多边贸易体制中的影响力上升至第 8 位。[①]

(一)货物贸易规模

1.总体数量规模

数据充分显示(参见表 6-2),加入 WTO 以来我国外贸持续高速增长,2002 年(加入 WTO 第一年)到 2005 年,进出口年均增长率超过 29%,整个"十五"期间年均增长率达到 25%,比以往任何时期都高出许多,较"九五"时期几乎翻了一倍,有力推动了国民经济的发展,也直接拉动了全球贸易的增长。我国在进出口高速发展的同时,从 1994 年起连续保持较高的贸易顺差,2005 年更是达到 1 018亿美元。

表 6-2　加入 WTO 前后各时期中国商品进出口总额及增长情况比较

单位:亿美元

年　份	进出口		出　口		进　口	
	总额	年均增长（%）	总额	年均增长（%）	总额	年均增长（%）
1981—1985	2 905.4	13.0	1 281.6	8.4	1 523.6	16.1
1986—1990	4 864.1	10.6	2 325.3	17.8	2 538.4	4.8
1991—1995	10 144.5	19.5	5 183.5	19.1	4 961.0	19.9

[①]　一个国家在多边贸易体制中的影响力用国家贸易势力指数来衡量,它由 GDP、人均 GDP、进出口贸易量以及产业结构等因素决定。2005 年我国的贸易势力指数已达 0.764 7。参见:阿布来提·依明.多边贸易体制中后进国家贸易势力比较研究[J].新疆师范大学学报:哲社版,2006(2).

续表

年　份	进出口		出　口		进　口	
	总额	年均增长（%）	总额	年均增长（%）	总额	年均增长（%）
1996—2000	17 739.2	10.9	9 616.9	10.9	8 122.3	10.7
2001—2005	45 585.4	25.0	23 854.1	25.2	21 731.3	24.3
2006—2010	40 484.9	29.1	21 193.1	30.0	19 295.8	28.3

资料来源：中国商务部商务统计。

2.贸易方式及经营主体

目前，我国已进入加工贸易出口占主导的阶段。加入 WTO 前后，我国贸易方式的基本格局没有变化，但从外贸经营主体的企业性质来考察，经营主体多样化趋势十分明显，从以国有企业为主转向了以外商投资企业和私营企业为主（见表 6-3）。

表 6-3 加入 WTO 前后中国出口贸易方式及经营主体变化

单位：%

年份	总值	贸易方式			经营主体			
		一般贸易	加工贸易	其他	国有企业	外商投资企业	集体企业	其他
1995	100	47.97	49.54	2.49	66.71	31.52	1.53	0.24
1996	100	41.60	55.83	2.57	56.97	40.72	2.03	0.27
1997	100	42.67	54.52	2.81	56.21	41.00	2.48	0.31
1998	100	40.39	56.91	2.70	52.72	44.01	2.94	0.33
1999	100	40.60	56.88	2.52	50.53	45.47	3.49	0.51
2000	100	42.21	55.24	2.56	46.73	47.93	4.24	1.10
2001	100	42.05	55.41	2.55	42.54	50.06	5.34	2.05
2002	100	41.83	55.26	2.91	37.73	52.21	5.79	4.26

续表

年份	总值	贸易方式			经营主体			
		一般贸易	加工贸易	其他	国有企业	外商投资企业	集体企业	其他
2003	100	41.53	55.17	3.30	31.49	54.83	5.73	7.95
2004	100	41.06	55.28	3.66	25.89	57.07	5.36	11.69
2005	100	41.35	54.66	3.99	22.15	58.30	4.79	14.76

资料来源：中国商务部商务统计。

(二)服务贸易规模

加入 WTO 以来，中国服务贸易发展速度明显加快（见表 6-4），但总体发展水平仍然很低。2005 年总额达到了 1 665 亿美元，占全球份额由 1982 年的不到 0.6% 上升为 3.4%，排名从第 34 位上升至第 7 位。但 2005 年服务贸易出口占贸易出口总额的比重仅为 9.6%，远低于 19% 的世界平均水平。服务贸易呈现逆差且近年来逆差趋于扩大，这表明我国服务贸易整体上处于比较劣势，国际竞争力较弱。

表 6-4 加入 WTO 前后中国服务贸易发展情况

年份	金额（亿美元）			差额	增长率（%）		
	进出口	出口	进口		进出口	出口	进口
1995	430.65	184.30	246.35	−62.05	34.01	6.46	27.55
1996	429.36	205.67	223.69	−18.02	−0.30	4.96	−5.26
1997	522.28	245.04	277.24	−32.20	21.64	9.17	12.47
1998	503.46	238.79	264.67	−25.88	−3.60	−1.20	−2.41
1999	571.32	261.65	309.67	−48.02	13.48	4.54	8.94
2000	660.04	301.46	358.58	−57.12	15.53	6.97	8.56
2001	719.33	329.01	390.32	−61.31	8.98	4.17	4.81

续表

年份	金额(亿美元)			差额	增长率(%)		
	进出口	出口	进口		进出口	出口	进口
2002	854.61	393.81	460.80	-66.98	18.81	9.01	9.80
2003	1 012.27	463.75	548.52	-84.77	18.45	8.18	10.27
2004	1 336.58	620.56	716.02	-95.46	32.04	15.49	16.55
2005	1 660.00	810.00	850.00	-40.00	24.20	30.53	18.71

资料来源:WTO(www.wto.org)。

二、加入 WTO 前后中国对外贸易商品结构变化

(一)进出口商品结构

国际分工的一般模式是发展中成员以简单资源密集型产品和劳动密集型产品换取发达成员先进的高附加值的资本与技术密集型产品。自 1981 年工业制成品的出口比重首次超过初级产品以来,我国的出口产品结构在不断完善,档次不断提高。1986 年纺织品和服装成为我国第一大类出口产品,标志着出口商品从资源密集型为主向劳动密集型为主的飞跃。1995 年机电产品取代纺织品和服装成为我国第一大类出口产品,标志着出口商品开始从劳动密集型为主向资本技术密集型为主转变。但工业制成品规模的扩大仍依靠附加值低的初级制成品来实现。

加入 WTO 以来,商业环境的改善有力地推动了我国进出口商品结构的优化。至 2005 年,制成品在总出口中的比重达到了 93.6%,比加入WTO 前的90.1%(2001 年)提高了 3.5 个百分点,保持了稳步上升趋势(见表 6-5)。机电产品和高新技术产品的发展速度明显加快,信息与通信技术产品已逐渐成为我国出口新兴优势领域。据计算,从 1997 年以来我国出口

商品的劳伦斯指数数值很小(见表 6-5)①,表明出口结构没有经历大的波动,表现出贸易大国特性。加入 WTO 前后我国出口商品结构变化的明显趋势是第 7 类上升,第 8 类下降。

表 6-5　加入 WTO 前后中国出口商品结构(按 SITC 分类)变化

单位:%

	1997	1998	1999	2000	2001	2002	2003	2004	2005
一、初级品	14.52	13.10	11.21	10.23	10.22	9.90	8.77	7.94	6.83
0 类	6.773	6.059	5.777	5.365	4.929	4.802	4.491	4.000	3.180
1 类	0.888	0.574	0.531	0.396	0.300	0.328	0.302	0.232	0.205
2 类	2.678	2.295	1.915	2.011	1.791	1.568	1.352	1.148	0.985
3 类	3.927	3.822	2.817	2.390	3.152	3.159	2.591	2.534	2.440
4 类	0.249	0.354	0.167	0.068	0.047	0.042	0.030	0.026	0.025
二、工业品	85.48	86.90	88.85	89.77	89.78	90.10	91.23	92.06	93.17
5 类	5.877	5.595	5.618	5.321	4.855	5.018	4.707	4.468	4.444
6 类	18.87	18.84	17.68	17.06	17.07	16.47	16.26	15.75	16.96
7 类	23.38	23.91	27.34	30.18	33.15	35.66	39.00	42.86	45.22
8 类	37.36	38.55	38.21	37.20	34.62	32.74	31.07	28.77	26.36
9 类	0.008	0.002	0.003	0.005	0.089	0.219	0.199	0.218	0.187
劳伦斯指数	0.018	0.034	0.030	0.038	0.029	0.033	0.039	0.036	0.013

数据来源:中国海关统计。

从加入 WTO 前后我国进口商品结构看,1995 年以来我国进口商品中制成品的比重波动很大,在 80% 上下振荡,加入 WTO 以来表现出持续下

---

① 贸易结构变化可以用劳伦斯指数(Lawrence Index)来测度。计算公式为: $LI = (1/2)\sum_{i=1}^{n}|S_{it} - S_{it-1}|$,其中 S_{it} 为 i 产品 t 年在一国总出口中所占的份额。劳伦斯指数值的变化范围从 0 到 1,指数越接近 1,代表一国的贸易结构变动幅度越大,越接近于 0,说明贸易结构变化越不明显。

降趋势。分析其原因,是进口初级品中的非食用原料,矿物燃料、润滑油及有关原料两项的波动所致,此两项在进口初级品中的比重从 1995 年的 62.5% 振荡上升到加入 WTO 前的 85% 左右,再持续上升到了 2005 年的 90% 以上,表明我国外经贸已经相当紧密地和国际原料供应联系在一起。

(二)高新技术产品进出口结构

我国高新技术产品出口出现快速增长态势,但是国内获取高新技术产品国际贸易利益的比例却在缩小。1999—2004 年我国高新技术产品出口额从 247.0 亿美元增长到 1 655.4 亿美元,增加了 5.7 倍(见表 6-6)。从表 6-6 可知,我国高新技术产品出口增长明显快于货物出口的增长,高新技术产品占货物出口总额的比例也从 1999 年的 12.7% 上升到 2004 年的 27.9%,贸易竞争力指数逐年上升。但是我国高新技术产品出口对外依附性较强。从出口方式上看,一般贸易方式的出口比重下降,加工贸易方式的出口比重上升,例如 2002 年以加工贸易方式出口的高新技术产品为 606.3 亿美元,占高新技术产品出口总额的 89.3%;从贸易主体看,外商投资企业的高新技术产品出口处于主导地位,2002 年外商投资企业高新技术产品出口占我国高新技术产品出口总额的 82.2%。我国对外高新技术产品出口中以中低端产品为主,高端高新技术产品主要依赖进口。

表 6-6　中国高新技术产品出口的情况

年　份	1999	2000	2001	2002	2003	2004
高新技术产品出口额 (亿美元)	247.0	370.4	464.5	678.6	1 103.2	1 655.4
高新技术产品出口占 总出口额的比例(%)	12.7	14.9	17.5	20.8	25.2	27.9
高新技术产品出口增长率 (%)	22.9	50.0	25.4	46.1	62.6	50.1
货物出口增长率(%)	6.1	27.8	6.8	22.4	34.6	35.4
贸易竞争力指数	−0.20	−0.17	−0.16	−0.10	−0.04	0.01

　资料来源:中国商务部、国际贸易经济合作研究院.2004 年中国对外贸易白皮书.中信出版社,2005:42−57,并经计算而得。

(三)加入 WTO 前后中国关税保护结构与产业结构、贸易结构的优化

加入 WTO 前后,经过不断调整和完善,我国的关税保护结构大体上符合对越低加工阶段的产品课征越低的名义关税率的关税升级原理,形成了从上游产品到下游产品保护率逐渐升高的梯形结构(见表 6-7)。但关税有效保护结构的优化与国际贸易比较优势的变化不相适应。20 世纪 90 年代初以来,我国已经开始进入重化工业阶段,依靠劳动、土地等初级要素投入的比较优势正在逐步丧失,而被资本、技术等要素取代。但是,我国这几次重大的关税调整却没有很好地注意让有效保护结构的变化与我国动态比较优势的变化相适应,从而更好地支持我国产业结构的调整和升级。从表 6-7 可知,2007 年关税调整形成的有效保护结构中,保护的重点仍然落在缝纫皮革制品业、食品制造业等行业,而幼稚性、成长性强的资本和技术密集型产业的绝大部分部门的有效保护率并未明显改善。

表 6-7　我国关税保护结构

单位:%

	2001		2004		2007	
	名义关税	有效保护率	名义关税	有效保护率	名义关税	有效保护率
农业	16.3	16.2	13.8	15.0	13.1	14.3
煤炭采选业	3.5	0.5	4.0	2.9	4.0	3.2
石油和天然气开采业	5.9	2.9	4.5	3.9	4.5	4.1
金属矿采选业	0.19	−7.42	1.5	−2.8	1.4	−2.4
其他非金属矿采选业	3.56	−1.88	3.6	1.5	3.5	0.9
食品制造业	25.5	38.6	19.0	25.8	18.5	25.5
纺织业	22.6	33.1	14.3	17.9	12.7	15.8
缝纫皮革制品业	28.1	45.7	18.3	24.9	13.7	16.1
木材加工及家具制造业	15.4	17.9	4.3	−0.2	4.2	0.2

续表

	2001		2004		2007	
	名义关税	有效保护率	名义关税	有效保护率	名义关税	有效保护率
造纸及文教用品制造业	13.65	11.9	5.4	3.7	5.2	3.8
电力及蒸汽、热水生产和供应业	2.98	−0.41	0	−4.0	0	−3.7
石油加工业	7.54	6.8	6.1	9.9	6.2	10.6
炼焦煤气及煤制品业	6.86	5.37	6.3	10.6	6.2	10.6
化学工业	13.1	13.2	7.9	8.7	6.9	7.2
建筑材料及其他非金属矿物制品业	17.1	25	14.4	22.0	13.4	20.5
金属冶炼及压延加工业	7.1	7.2	5.6	6.1	5.0	5.3
金属制品业	12.55	17.2	7.4	9.7	9.1	14.7
机械工业	13.3	14.5	10.5	14.0	7.7	8.8
交通运输设备制造业	26.1	45.4	18.0	29.0	13.6	20.9
电气机械设备制造业	18.9	31.1	10.5	15.2	10.8	16.8
电子及通信设备制造业	12.25	12.9	8.3	6.9	8.3	7.6
仪器仪表及其他计量器具制造业	13.6	13.4	9.0	10.0	9.0	10.5

资料来源：谷成.入世后优化我国关税保护结构的再思考[J].财贸经济,2007(6).

三、加入 WTO 前后中国外贸依存度走势比较

从 1995 年以来,中国外贸依存度总体上呈上升趋势,加入 WTO 以来,对外贸易依存度直线上升,且幅度较大(见表 6-8)。外贸依存度的上升,反映了我国加入世界贸易组织前后,由于引进外资所带来的加工贸易和跨国公司直接投资所带来的贸易的增长。从主观上看,我国加入世界贸易组织

后,有竞争优势的劳动密集型产品的大量出口同样促进了我国对外贸易依存度的迅速上升(佟家栋,2005)。但由于我国对外贸易以加工贸易为主,加工贸易表现为从国外进口设备和原材料等投入品,产品又直接出口到国际市场,所以加工贸易"两头在外",只有有限的加工工序在国内完成。这导致我国的出口和进口都大量增加,而通过这种大量的加工贸易,国内得到的附加值并不高。

表 6-8　加入 WTO 前后中国外贸依存度的变化

年份	国内生产总值(亿元)	进出口总额(亿元)	对外贸易依存度(%)
1995	58 478.1	23 499.9	40.2
1996	67 884.6	24 133.8	35.6
1997	74 462.6	26 967.2	36.2
1998	78 345.2	29 896.2	38.2
1999	82 067.5	26 849.7	32.7
2000	89 468.1	39 273.2	43.9
2001	97 314.8	42 183.6	43.3
2002	105 172.3	51 378.2	48.9
2003	117 251.9	70 483.5	60.1
2004	136 515.0	95 577.0	70.0

资料来源:2005 年《中国统计年鉴》,并经计算而得。

四、加入 WTO 前后中国贸易条件走势比较

贸易条件就其实质而言始终是用来提示贸易利益分割的概念。表 6-9 报告了加入 WTO 前后中国价格贸易条件和收入贸易条件指数的变化。可以看出,我国 1995—2005 年价格贸易条件指数呈现明显的恶化趋势。从价格贸易条件的评价公式(价格贸易条件指数由进出口价格指数决定)可以看出,价格贸易条件的恶化主要是由进口商品价格大幅上升和出口商品价格

明显下降所引起的。收入贸易条件指数由价格贸易条件指数与出口数量指数共同决定。由于出口数量的持续不断增加,使收入贸易条件指数背离价格贸易条件指数的变化,总体上收入贸易条件明显改善。

表 6-9　加入 WTO 前后中国价格贸易条件和收入贸易条件指数变化(1995—2005)

	进口价格指数	出口价格指数	价格贸易条件指数	出口数量指数	收入贸易条件指数
1995	1.30	1.09	0.84	1.05	0.88
1996	1.20	1.11	0.93	0.99	0.92
1997	1.52	1.06	0.70	1.20	0.83
1998	1.38	0.98	0.71	1.25	0.88
1999	1.19	0.92	0.77	1.35	1.04
2000	1.45	0.95	0.66	1.66	1.07
2001	1.48	0.93	0.63	1.68	1.04
2002	1.41	0.89	0.63	1.98	1.23
2003	1.43	0.88	0.62	1.98	1.21
2004	1.46	0.90	0.64	1.99	1.25
2005	1.47	0.92	0.65	2.01	1.26

资料来源:根据《中国对外经济贸易年鉴》(1995—2003)、《中国商务年鉴》(2004—2005)、《中国海关统计年鉴》(1995—2005)等资料整理计算。

国内关于贸易条件的实证研究较多,由于统计口径不同等原因,得出的数据虽不一致,但总的趋势几乎相同。加入 WTO 以来,在价格贸易条件恶化的情况下,收入贸易条件指数增长迅速,主要是由于加工贸易发展迅猛、政府鼓励出口等等。

五、加入 WTO 前后中国出口产品竞争力指数变化

表 6-10 为加入 WTO 前后中国出口产品贸易竞争指数变化情况。如

该表所示,我国出口产品贸易竞争指数最高的为杂项制品,其次是非原料类初级品,最低的则是原料类初级品,且都趋于下降。未分类商品项的贸易竞争指数改善最快,其余制成品类也基本趋于改善。加入 WTO 后第 6、7 类商品贸易竞争力明显加强。

表 6-10　加入 WTO 前后中国出口产品贸易竞争指数(按 SITC 分类)变化

单位:%

	1997	1998	1999	2000	2001	2002	2003	2004	2005
总值	0.124	0.134	0.081	0.051	0.044	0.049	0.030	0.028	0.072
初级品	−0.089	−0.054	−0.148	−0.295	−0.269	−0.266	−0.353	−0.486	−0.501
0 类	0.440	0.474	0.486	0.442	0.439	0.472	0.493	0.347	0.411
1 类	0.533	0.690	0.575	0.345	0.359	0.435	0.350	0.378	0.204
2 类	−0.482	−0.506	−0.529	−0.635	−0.683	−0.676	−0.743	−0.809	−0.807
3 类	−0.192	−0.134	−0.313	−0.449	−0.350	−0.391	−0.449	−0.537	−0.568
4 类	−0.445	−0.659	−0.824	−0.788	−0.746	−0.886	−0.926	−0.932	−0.852
制成品	0.165	0.164	0.115	0.113	0.096	0.094	0.085	0.109	0.164
5 类	−0.307	−0.323	−0.397	−0.428	−0.413	−0.436	−0.429	−0.427	−0.370
6 类	0.033	0.022	−0.016	0.009	0.022	0.044	0.039	0.152	0.228
7 类	−0.094	−0.062	−0.083	−0.053	−0.060	−0.038	−0.013	0.030	0.096
8 类	0.784	0.785	0.764	0.742	0.705	0.673	0.585	0.514	0.523
9 类	−0.991	−0.984	−0.987	−0.764	−0.483	−0.414	−0.146	−0.158	−0.110

资料来源:中国海关统计,并经计算得出。

表 6-11 分析了我国出口产品显示性比较优势指数变化情况,很明显,其中服装和纺织品是我国的比较优势项。同时要注意的是,服装的比较优势正在显著下降。办公通信设备则正在形成较为明显的比较优势,加入WTO 后更为显著上升。钢铁的比较优势波动很大,总体趋于下滑。

表 6-11 加入 WTO 前后中国出口产品显示性比较优势变化

单位:%

	1996	1997	1998	1999	2000	2001	2002	2003	2004
农产品	0.83	0.76	0.71	0.72	0.73	0.66	0.60	0.53	0.45
食物	0.88	0.80	0.75	0.74	0.77	0.71	0.65	0.57	0.48
燃料及矿产品	0.47	0.49	0.49	0.40	0.35	0.36	0.33	0.31	0.29
燃料	0.43	0.43	0.42	0.30	0.29	0.30	0.26	0.24	0.21
制成品	1.11	1.12	1.10	1.12	1.15	1.15	1.16	1.18	1.20
钢铁	0.86	0.88	0.65	0.59	0.76	0.53	0.43	0.40	0.39
化学品	0.61	0.58	0.56	0.53	0.51	0.49	0.43	0.40	0.39
机械运输设备	0.58	0.58	0.64	0.69	0.77	0.85	0.94	1.05	1.13
办公通信设备	0.91	0.89	1.02	1.06	1.11	1.38	1.68	2.03	2.21
纺织品	2.67	2.56	2.42	2.47	2.56	2.52	2.51	2.55	2.50
服装	5.08	5.17	4.58	4.51	4.49	4.18	3.83	3.66	3.49

资料来源:www.wto.org,并经计算得出。

第三节 中国参与多边贸易体制进程中面临的博弈

加入 WTO 后,中国对外贸易环境总体趋向于改善,促进了中国对外贸易的高速增长。但中国参与多边贸易体制的过程中,也面临着一些深层矛盾和制约因素,甚至陷入"两难冲突"的博弈困境中。如何分析和对待这些"两难冲突",深入思考这些与我国对外贸易长期发展密切相关的问题,是未来一个时期对外贸易政策研究的重点内容。

一、推进多边贸易体制发展与区域集团化进程的权衡

从前文对多边贸易体制与区域集团互动效应的检验,我们可以得出结论:多边贸易体制与区域一体化从总体上讲是"互补竞争"的关系。从多边贸易体制的理论和实践分析可知,多边贸易改革仍然是目前最好的贸易促进方式,多边贸易自由化作为最优选择所带来的贸易利益的广泛性及其深远影响都是其他地区性贸易互惠无法达到的。而区域集团由于在选择谈判对象的主动性、缔结协定的局部性与灵活性等方面所具备的优势,能够率先在区域范围内解决问题,这是利用区域集团服务于多边利益的一条有效途径。但区域集团由于贸易转移、贸易混乱和有限的制度能力,也给整体的自由贸易带来了潜在的成本。因此,在多哈发展议程中止,多边贸易体制的发展陷入困境的时期,如何在多边贸易体制与区域集团之间进行权衡是所有WTO成员都要面对的问题。

多边贸易体制既致力于在更大范围内实现贸易自由化,同时也允许在符合有关规则的前提下,建立区域性自由贸易安排。正因为如此,多边化和区域化在各国并行不悖,WTO成员往往是区域集团更积极的推动者。全球贸易自由化进程已逐渐演变为区域间的竞争,由此产生的"有竞争的自由化"(Competitive Liberalization)更促使各成员热衷于利用区域集团构建自己的区域网络,这也对中国的贸易战略和区域利益带来了挑战。多边进程受阻的现实、区域集团的激增及其在各国贸易政策中的重要性迫使我们不仅要重视这种区域主义的实践形式,更要积极参与其中。一方面,我国需要在双边贸易的竞争性自由化格局中占据一定地位;另一方面,区域集团也将发挥独特的作用拓展利益渠道,确保我国的区域利益。

过去几年里,中国已经开始积极参与东亚地区的区域经济合作,因此,中国目前面临的已经不是是否要参与区域集团的问题,而是如何更好地参与其中及如何进行相应的贸易政策调整两大问题。从国际经验看,不论选择何种层次的区域集团,我国要想在贸易谈判和机制运行中取得实质性的进展,达到上述预期目的,就必须妥善处理和解决好以下若干理论和实践的关键问题和核心环节(以下分析以中国参加的两类典型组织为例:非制度化

组织——APEC、制度化组织——10＋1)①。

(一)排他性与开放性

区域经济一体化的所谓排他性集中于两个问题上：一是对其成员的限定，成员必须在所属区域范围之内。二是对其优惠政策的限定，各成员相互给予优惠待遇只限于区域内，区域外国家则不能享有。上述的所谓排他性是合理的排他，必须坚持排他。从理论层面分析，区域经济一体化具有贸易转移和贸易创造两重效果。但一般来说转移效果大于创造效果。从实践层面考虑，区域经济一体化都是以"区域发展优先"为原则，坚持区内外有别的原则。但这并不妨碍区域合作整体和个体实行"地区开放主义"，积极发展与其他地区和国家的全面经济合作，甚至与其外部国家签署自由贸易协定和建立自由贸易区。特别是当今的区域经济合作机制出现了扩大其组织以及相互融合的趋势。中国的区域经济合作政策也必须处理好排他性与开放性的关系，这事实上关系到参与多边贸易体制与区域一体化的绩效问题，避免两者之间效应的相互抵消。

(二)主导权与非主导权

区域经济一体化一直存在着一个争议，亦即是否需要有区域"领导核心"或"主导国家"，但至今尚没有一个确切的结论。有人认为欧洲和美洲的区域经济一体化之所以取得令人瞩目的进展是由于：北美自由贸易区以美国为主导，作为强有力的领导者，美国不遗余力地推动区域化向前发展。欧盟则是以"法德为轴心"，推动区域化从经济领域拓展至政治、军事和社会融合等各领域。而亚洲的经济区域化则是"无人负责"，如同一串散落的珍珠，缺少一根有效的主线将它们串连起来。正是由于缺乏经济区域化强劲的推动者，亚洲区域经济整合进展不大。如果是这样的话，那么亚洲特别是东亚区域经济合作究竟应由谁来主导？无非一是日本，二是中国，三是中日共同主导，四是由东盟主导。

在美国等外部压力加大和亚洲成员内部分歧增多的形势下，中国促进

---

① 黄建忠.全球化与区域集团化背景下我国外经贸战略的集约性调整[R].福建省教育厅重点课题，2005—2006.

"10＋3"、"10＋1"以及中日韩三国合作协调发展是正确的战略方针,今后中国仍应继续强调"10＋3"是东亚合作的主渠道。但是根据东亚的当前实际状况,建立"10＋3"合作机制将是相当困难的,为此中国的工作重点似应放在中国与东盟建立自由贸易区的决策上,但这并不影响"10＋3"相互间就某些部门或领域的合作达成共识,并取得实质性的进展。如东亚国家在金融领域里的合作就已经有了较大的动作。日本同韩国、泰国、菲律宾、马来西亚缔结了货币互换协定。中国也与泰国和日本等国缔结了货币互换协定和协议。由于中国与东盟建立自由贸易区不会存在由谁主导和支配的问题,也不存在敏感的农业补贴问题,同时中国与东盟建立自由贸易区既不是东盟自由贸易区的扩大,也不是取代东盟自由贸易区,其结果将是双赢的局面。但是,在建立"10＋3"合作机制的过程中,其主导权问题将会凸显出来。

(三)制度化与非制度化

制度化与非制度化的主要区别是:前者必须通过国家官方谈判,并将其达成的共识以缔结或签署条约或协定的形式锁定下来,条约或协定需要通过各国国会批准,因而具有法律的强制性和约束力。而非制度化则是采取集体协商,由各自领导人做出执行的承诺,但其承诺并没有法律效力,只有信誉和道德的约束。中国对这一问题需要引起关注的组织无疑就是亚太经合组织。亚太经合组织中的发展中成员,特别是东盟一直反对美国等将亚太经合组织变成为制度化的经济集团,其主要目的是保护东盟的独立性及维持东盟在 APEC 中的核心地位。中国亦担心美国控制和支配亚太经合组织,并且出于对美国提出建立"新太平洋共同体"的疑虑,也对亚太经合组织向制度化方向发展保持警惕。由于 APEC 各成员的具体经济发展阶段不同,因而允许发达成员和发展中成员在关税减让方面采取不同的时间表,但是却有"期限空间"的约定,发达成员和发展中成员要分别在 2010 年和2020 年实行贸易和投资自由化。为防止各成员不采取措施如期实现贸易投资自由化,美国提出建立评审机制。亚太经合组织实行的"集体行动＋单边行动＋评审机制"的动作方式实际上已具有制度化的内涵了。为使亚太经合组织能取得实质性的进展,从非制度化走向制度化合作已是大势所趋,中国提出的经济技术合作也需要有制度化的保障,因此,应该重新审视亚太经合组织的制度化问题,其重点似应放在制度化的合作中如何维护中国国家的正当利益和安全。①

(四)国家利益与区域利益

所有参加区域经济合作的国家都有其经济的动因和追求,但是,如果每个国家都把国家利益放在区域利益之上,只想有所得,不想有所失,那么区域经济合作是搞不起来的,即使勉强搞成,也不会取得太多的实质性成果。因此,如何协调国家利益和区域利益是区域经济合作必须妥善处理的问题。

在自由贸易协定谈判的过程中,有关国家相互之间既要考虑自身的利益,也要考虑他国的利益,特别是经济强国和大国需要做出一些利益让步,以推动区域经济一体化取得成功。中国与东盟自由贸易协定的谈判同样是寻求利益平衡的过程。中国领导人已宣布将向老挝、柬埔寨和缅甸提供特别优惠关税待遇,以增加从三国进口的商品量,并减免一些国家欠中国的债务,这些举措表明中国倡议建立中国与东盟自由贸易区不仅是为了自身的利益,也是为了东盟的整体利益,特别是促进东盟最不发达成员的发展,以期实现共同发展及共同繁荣。国际经验表明,妥善处理国家利益与区域利益将始终存在于自由贸易协定谈判及自由贸易区运行的全过程之中。

(五)经济因素与非经济因素

当今的世界经济和国际经济关系,不仅受经济因素的左右,而且越来越多地受到非经济因素的干扰。非经济因素包括政治、社会、文化、历史、思想及意识形态等。从国际政治经济关系看,在世界范围内已出现了两个明显的趋势:一是经济政治化与政治经济化的趋势愈益明显。二是国际问题国内化与国内问题国际化的趋势愈益明显。这两个趋势都涉及非经济因素对经济发展和国际经济关系的影响。

影响东亚"10+3"与"10+1"以及中日韩三国合作对话及合作机制运行的非经济因素,包括日本对历史问题的认识、美日安保条约的存在、少数国家对其他国家主权的干预、领土主权的争端、社会政局的动荡、西方价值观与发展模式的强制推行等等。这些无一不对亚洲特别是东亚经济整合产生

---

① 庄惠明.和谐亚太区域经济合作的构建:规则合作与共赢博弈[J].亚太经济,2006(5).

负面影响,因此,广义的东亚区域经济一体化和狭义的东亚经济一体化所遇到的阻力,要比其他地区大得多、强得多。所以,在东亚区域经济合作谈判及合作机制形成及运行过程中,必须采取有效措施消除种种非经济因素的干扰。最重要的问题是加强东亚国家之间的政治互信,并建立起相应的机制。中国领导人在倡议建立中国—东盟自由贸易区时,提出加强双方的政治互信和支持正是基于这一考虑。中国已与东盟签署了东南亚友好合作条约,这是加强双方政治互信的重要体现。

中国与东盟建立自由贸易区属于"南南型区域一体化"合作范式,双方对各种非经济因素对区域或次区域合作的影响,其共识大于分歧。因此,中国与东盟之间的自由贸易协定谈判以及自由贸易区运行,所受内部非经济因素的干扰是有限的,是可以解决的,其非经济因素的冲击将主要来自外部。在中国与东盟达成建立自由贸易区协议后,美国拉拢并建议菲律宾与其签署双边自由贸易协定,与此同时,美国鼓动菲律宾在同中国进行自由贸易协定谈判时,向中国提出更高的要求,设置更多障碍。这些都是我们必须要考虑排除的非经济因素的干扰。

上述五大理论和实践的关键问题和核心环节,对所有区域经济合作来说都是不能回避的,但大多解决得并不好,因此其成效甚微。中国在谈判的过程中,应该注意研究和借鉴北美自由贸易区和欧盟的某些做法和经验,加强双方的沟通,力争对涉及全局的五大重要问题取得更多的共识,以推动自由贸易协定谈判的成功。

二、外贸高速增长与贸易摩擦加剧的协调

加入 WTO 以来,中国国内市场进一步开放,对外贸易持续高速增长,但出口贸易摩擦不断加剧,已成为我国对外贸易持续发展的严重障碍,我们必须正视我国已进入贸易摩擦高峰期这一现实。

我国出口贸易摩擦目前呈现出几个明显的特征:(1)贸易摩擦案件数量大幅度上升、涉案金额增加,由国外反倾销、技术性贸易壁垒摩擦引起的贸易利益受损程度加剧;(2)与我国产生贸易摩擦的国别集中在发达国家并扩展到发展中国家,具有较强的连锁效应;(3)贸易摩擦的形式多样、领域和范围不断扩大,等等。究其原因有多个方面,其中,我国出口贸易额迅速增长、

贸易顺差较大、出口相对集中是贸易摩擦的一大诱因。虽然长期以来,我国大力推进"市场多元化"战略,但对外贸易地理方向仍比较集中,出口产品75％以上销往日、美、欧盟这三大地区,而这三大地区既是近期经济衰退的主流,也是贸易壁垒的主要发源地,当这些地区的传统产业受到迅速增长的我国廉价产品出口的影响时,引发双边、多边贸易摩擦的概率加大。除此之外,我国与一些发展中国家部分产品比较优势趋同、产业结构类似,产品可替代性强,在争夺国际市场份额的竞争中,出口产品与国外产品的竞争不可避免。这是近年来发展中国家对华发起反倾销和保障措施不断增多的主要原因。目前,发展中国家对我国采取的贸易救济措施已经占到我们所有贸易救济措施的60％以上。

　　贸易摩擦的直接目标是争夺世界市场,实质是发展机遇和生存空间的争夺战。① 贸易摩擦的要害是"以点打面",发生摩擦的可能是某种产品,但遭遇损害的是整个产业和关联产业,危及我国经济安全。因此,必须从战略角度审视、正视和重视贸易摩擦问题,提出化解贸易摩擦的对策。

三、"非市场经济"条款与贸易争端解决的被动

　　对于非市场经济地位,WTO 没有统一的标准,西方各国都是通过其国内法制定相关标准,学术界也存在较大分歧。这使人们对非市场经济地位的判定显得模糊,不仅如此,非市场经济地位还是一个悖论。第一,市场经济与非市场经济都具有相对性,世界上根本没有纯粹的市场经济。在所谓的市场经济国家,也或多或少地存在着国有企业或国家干预经济的现象。对于市场经济国家中国家专控产品的贸易问题,GATT 第 17 条专门予以处理。该规则的指导思想是把它看作一种相对的贸易壁垒。② 第二,GATT 与 WTO 本身是以市场经济的存在为条件和原则的,其允许非市场经济成员加入该国际贸易体制,意味着对该条件和原则的"破坏"。进一步来讲,无论是 GATT 还是 WTO 的规则都没有专门针对非市场经济的条

---

　　① 全毅.WTO 后过渡期我国对外贸易摩擦的趋势与化解途径[J].东南学术,2007(6).

　　② 宋泓.非市场经济地位与我国对外贸易的发展[J].世界经济与政治,2004(10).

款,没有专门区分市场经济与非市场经济的清晰标准。第三,WTO 主要成员之间的非市场经济标准往往表现出很大的不同,几乎是一个成员一个版本,即使在按照某个成员的标准认定其他成员非市场经济地位的情况下,选择哪一成员的产业或企业作为"类似的参照"标准也具有很大的随意性。例如,美国有明确的关于非市场经济国家的定义,欧盟等其他国家和地区则没有,但对于企业或行业是否可以获得市场经济地位,美国、欧盟和加拿大各有标准。对于"替代国"的选择,以彩电反倾销案为例,为了确定中国彩电是否存在倾销,欧盟选择新加坡作为替代国,而美国选择印度作为替代国。第四,欧美等国家和地区在应用市场经济标准时,对不同性质的企业给予不同的地位,国有贸易企业往往受到更多的贸易歧视。第五,在宏观层面否认一国市场经济地位时,反而给予该国的一些企业市场经济地位,即所谓灵活务实的"个案处理标准"。第六,受政治、军事等非经济因素的影响,市场化程度较高的成员不一定能够先于市场化程度较低的成员获得市场经济地位。例如,2002 年美国和欧盟给予了俄罗斯市场经济地位,而由于美欧的抵制,中国在加入 WTO 时就没有获得市场经济地位。总之,以欧美为代表的成员在国内立法中对非市场经济地位与市场经济地位的规定,其判断标准各异,不能涵盖市场经济体制的全部内涵,标准的内容缺乏公认的科学性。非市场经济地位的模糊性和矛盾性,是造成其被随意滥用的主要原因。① 因此使我国在贸易争端中处于被动地位。

在复杂的历史背景下,中国在加入多边贸易体制的过程中仅强调争取发展中国家地位,却忽视了自身转型经济的特点,以非市场经济地位的身份比较被动地加入了WTO。尽管绝大多数计划经济国家或转型经济国家同时拥有发展中国家身份,但是,随着这两类国家参与数量的增长,多边贸易体制却分别形成了两套不同的机制。对于前者,总体上是基于"非互惠性"的特殊和差别待遇,而对于后者却是基于特定互惠的歧视性待遇。正是由于我们对多边贸易体制"非市场经济"制度安排以往在处理与计划经济、转型经济国家政治经济关系中的地位和作用缺乏全面了解和深入研究,导致在参与多边贸易体制过程中不仅缺乏从根本上考虑的应对策略,反而使之强化为削弱自身作为多边贸易体制正式成员应享权利和待遇的工具,使中

① 冯涛.应对中国非市场经济地位的路径选择[J].经济体制改革,2006(3).

国成为现今唯一一个全面承受"非市场经济"地位的 WTO 正式成员。我国的非市场经济地位表现在中国入世议定书中 3 个对我国外贸经济发展非常不利的条款,①即持续 15 年的确定补贴和倾销时的价格可比性(非市场经济)条款,有效期为 12 年的特定产品过渡性保障机制条款以及到 2008 年年底终止的纺织品特别限制措施。

　　以欧美为代表的西方发达国家是"非市场经济条款"的始作俑者,也是对华应用非市场经济条款最多的国家。而在我国加入 WTO 多年之后,发达国家对华应用非市场经济条款的情况也在趋于好转,总体上趋于缓和。经过双边谈判,一些国家已经给予中国市场经济地位,一些国家从微观上给予中国企业市场经济地位。根据经济全球化下国际贸易摩擦的基本走势以及中国与主要贸易国之间的特殊经贸关系来判断,今后发达国家对华应用非市场经济条款的基本趋势是:第一,我国与发达国家之间的贸易关系和我国的贸易地位决定了发达国家仍将是对华应用非市场经济条款的主体,并主要集中在欧美。② 第二,发达国家对华应用非市场经济条款的产品结构将扩大到机电产品和高新技术产品领域。其中,机电产品将成为国外对华反倾销的重要目标。第三,发达国家对华应用非市场经济条款可能会由反倾销扩大到反补贴。例如美国已经出现了修改《反补贴法》的新动向。不过,按照有关规定,反补贴只能适用于市场经济国家。

　　由于对华应用"非市场经济"地位条款呈现"双集中"趋势(引用条款的国家集中在我国的主要贸易伙伴——欧美;引用条款针对的产业集中在推进我国产业结构升级的机电和高新技术产业),因此,在入世议定书的三个不利条款下,在贸易争端中如何处理与多边贸易体制(及与主要成员)之间的政治经济关系,以及如何最终获得市场经济国家待遇,必须引起重视。

---

　　① "非市场经济条款"是中国加入世界贸易组织议定书中专门确定中国出口产品是否具有倾销或补贴行为的条款。参见石广生.中国加入世界贸易组织知识读本(三).北京:人民出版社,2002:16.
　　② 石磊.美国的贸易逆差及中美贸易摩擦成因探析[J].复旦大学学报:社会科学版,2004(4).

四、多边贸易谈判议题无限扩展与经济政策自主权的丧失

多边贸易体制中议题的扩展和延伸呈现两个特点:一是由边境措施向各成员方国内政策延伸,即议题由直接关注限制市场准入的贸易措施,转向各成员方的补贴、政府采购、环境、知识产权等国内立法,甚至有进一步向劳工、人权等社会标准的立法进行延伸的趋势;二是由针对贸易本身转向与贸易有关的问题,如贸易和环境、贸易与竞争等。

就多边贸易谈判议题的扩展边界,发达成员与发展中成员分歧严重。一方面,由于国际贸易使实施较低社会标准的国家工人的生活质量进一步恶化,以及环境资源的负外部性、市场失灵导致治理环境的成本和收益不对称等等,为了避免相关负面影响,多边贸易体制的制度框架把人类、社会与贸易的和谐发展统一起来,使各国在多边贸易体制框架下,基于共同利益和愿望,在与国际贸易有关的一系列活动中,以人的全面发展为根本宗旨,尊重人的生命及其价值,以保障人的幸福和尊严为目的,协调效率与公平、技术与人性、科学与人文的关系,使人类活动与社会、自然和谐发展。协调的进程实质上就是可持续发展与国际贸易准则相融合的过程。这也符合WTO的宗旨。但从另一方面讲,WTO本是一个国际贸易的多边组织,但其管辖的范围却越来越宽,不仅涉及贸易与投资方面,而且还涉及服务、知识产权保护、竞争政策、政府采购、环境等许多方面。目前发达成员仍在紧锣密鼓地行动,力争把一些新的领域纳入WTO的管辖范围。为什么发达成员热衷于扩大WTO的权限呢?原因就在于发达成员发现它们可以很方便地控制WTO。由于很多议题并非贸易问题,WTO关注这些问题只能分散其注意力。这些新议题一旦进入WTO的框架之中,发展中成员就必将进一步失去制定经济政策的自主权,陷入更艰难的境地。

多边贸易谈判议题无限扩展与经济政策自主权丧失之间的矛盾,是作为WTO发展中成员的中国必须面对的现实问题。如何团结大多数发展中成员,与发达成员抗衡,减少与贸易无关的议题带来的负面影响,以及在多哈发展议程中,在相关议题的对抗与妥协上采取什么样的策略,以在推动多哈发展议程顺利进行的同时维护自身的利益,这对中国和其他发展中成员的谈判能力都是一个考验。

五、市场开放与主权让渡、经济安全的博弈

中国加入 WTO,是市场开放的过程,也是权力上交和下放的过程,即国家将一部分有关对外贸易方面的权力上交给 WTO,将另一部分有关经济管理和干预的权力下放给市场。这个过程体现在法律制度的变革上,其变革不在于法律条文的修改而在于法律制度运作的过程,即如何真正按照现代法治的要求使得法律有效地实施。在这个过程中,存在着市场开放与权力上交(国家主权让渡)、权力下放(经济安全)两大问题。

(一)市场开放与国家主权让渡的博弈

主权是国家属性的主要特性。现代意义上的国家主权是指国家独立自主地处理国内外事务,管理自己的国家的最高权力,是国家区别于其他社会集团的最重要属性。每个国家对其全部财富、自然资源和经济、政治、文化活动享有充分的永久的主权。独立自主地制定和实施法律是一国行使主权的体现。然而,全球化却使国家主权的神圣性大打折扣。国际协调机制是全球化顺利进行的秩序保障,其权威性来自国家主权的部分让渡,而新的国际权力实体一经产生,便显示出对出让者的异化倾向。① WTO 作为经济全球化的主要推动者,它对中国主权提出了新的要求,也就是说在制定和实施法律方面,中国要向 WTO 让渡部分权力或接受 WTO 的法律监督。具体表现在以下几个方面:

第一,《建立 WTO 协定》第 16 条第 4 款规定:"每个成员方应保证其法律、规章与行政程序符合附件各协议规定的义务",并且通过设立争端解决机构保证协议的履行。这意味着中国以前制定的法律,凡与世贸规则不一致的均要修改、废止,今后制定的法律要受到世贸规则的制约,同时也意味着国家制定和实施有关法律的活动空间、权力界限受到了来自 WTO 的限制。中国的有关法律法规在 WTO 法律框架内具有一定的可诉性,从而有可能被 WTO 要求进行修改。

---

① 姜琦等.试析全球化背景下的国家主权[J].中国人民大学书报复印资料,国际政治,2000(7).

第二,WTO 还有很重要的监督职能,即有权对国内的法律、政策进行监督。WTO 的贸易政策审议机制定期地检查各成员的贸易政策和外贸体制,涉及发展中成员利益的问题由贸易发展委员会审议。对为了收支平衡目的而实施的贸易限制的多边监督职能设置在"收支平衡限制委员会"。还有几个委员会负责具体协议的运作,它们每隔 3 个月或 2 年监督检查各成员有关政策实施情况。

第三,跨国公司的经济扩张活动对国家主权构成威胁。"跨国公司与主权国家一直存在着各式各样的摩擦和冲突。作为工业发展模式的传播者,跨国公司常常为了利润和市场等目标的实现,影响东道国和母国(主要是东道国)的产业和经济政策的正常执行,甚至将触角伸入经济活动以外的诸如文化、社会和政治领域,从而被看作是对国家主权的一种挑战。"①中国加入WTO 后,跨国公司进入中国,一定会把它在某国享受到的制度背景和制度环境投射到中国来,中国也会产生类似的制度要求。另外,为了吸引跨国公司的投资和技术转移,发展中国家不得不通过制定各种法律、法规和政策,做出大量让步,如减少或撤销各种关税、非关税壁垒,降低市场准入的限制,在税收和投资方面给予优惠,实施较为宽松的劳动用工制度等等。因此,从某种意义上讲,加入 WTO 后,跨国公司会对中国经济改革施加更大压力,甚至可能会提出不合理的要求。

(二)市场开放与经济安全的博弈

加入 WTO,一方面使国家经济安全在国家安全格局中的重要性凸显;另一方面又给国家经济安全带来宏观层面和微观层面的影响,使国家经济安全面临新的问题和挑战。由于 WTO 的强制性制度安排,以跨国公司的"穿透式进入"为代表,以外国"资金流"为纽带,国外人流、物流、信息流等"外国因素"越来越多地渗透到国家经济的各个领域、各个层面,与"本土因素"进行全方位、宽领域的竞争、对抗和合作。这种情形在带来资金、技术和人才的同时,也削弱了国家经济运行的可控性,极大地增加了国家经济运行

---

① 唐勇.客大不会欺店——跨国公司与国家主权[J].瞭望新闻周刊,2000(16).

的不确定因素,给国家经济安全造成了潜在的威胁。①

多边贸易体制对国家经济运行环境和运行模式的宏观影响可以具体表现在以下三个方面:(1)国家的经济建设必须在全球经济一体化这一开放性的大环境下来展开;(2)国家的市场化改革的"国内时间表"必须遵守 WTO统一的时间表;(3)国家的经济必须在 WTO 的统一制度平台——市场经济制度上来运行。

多边贸易体制对国家经济安全微观方面的影响主要体现在反倾销和反补贴协议中。WTO 反倾销法律制度、反补贴法律制度影响国家经济安全主要是通过将倾销与反倾销、补贴与反补贴纳入 WTO 直接的调整范围,从而影响国家的经济管理模式和经济运行模式;通过一体化的强制性制度供给,削弱国家的经济管理权,限制国家在经济领域中的权利能力和行为能力,将存在巨大差异性的各国经济纳入一个统一的制度平台。其必然导致主权国家现实经济水平与 WTO 法律制度之间、国家经济法律制度与WTO 法律制度之间的双重冲突,而冲突的本身又必然导致国家经济运行中的不确定性和不可控制性,增加国家经济运行的风险,并最终影响国家,尤其是发展中国家和经济转型国家的经济安全。

第四节　多边贸易体制下中国的应对策略

通过对多边贸易体制机理、特征的分析可知,多边贸易体制是一个以规则为导向、追求合作共赢的贸易体制。一个健康、开放、公平、有序的多边贸易体制对 WTO 成员方是有利的,积极推动多边贸易体制,主动参与多边贸易体制,是各国追求共同发展的一个重要途径。战后多边贸易体制经历了从关贸总协定到世界贸易组织的发展过程,经历了从美国霸权主导到走向重建的过程,它作为一种国际机制是成功的。现阶段该体制仍处于重建的过程中,这为中国参与机制建设提供了契机。发展中国家在世界贸易体制

---

① 李平.WTO 多边贸易体制下国家经济安全问题凸显[J].经济研究参考,2007(42).

中的发展历史表明了对于中国这样的大国来说,等待受惠没有出路,利用已有的经济权力参与机制重建,使其发出来自中国的声音,是中国的国家利益所在。作为WTO成员,一个发展中的贸易大国,中国在推动多边贸易体制发展,参与多边贸易体制中应有自己的立场和作为,必须在维护中国主权和国家利益的前提下,积极推动多边贸易体制的改革和发展,进一步开放市场和进行国内改革,并享受多边贸易自由化的成果。同时,面对多边贸易体制这一新的外部环境,充分利用多边贸易谈判的相关特征,扬长避短,迎接WTO对外贸发展带来的新的挑战。

一、参与多边贸易体制的策略

如果把入世十几年、改革开放三十几年的历程放到新中国建立以来的更大的历史背景中,从中国与现有国际体系的关系来看,可以看到一条清晰的轨迹:中国已从国际体系的"反对者"和"挑战者"逐步转变成现有国际体系的"维护者"和"建设者"。中国对多边贸易体制的态度经历了从拒绝到承认、从消极旁观到积极参与、从象征性主张到实质性建设、从注重实际利益到努力寻求双赢的过程。中国从"挑战者"转变为"建设者"的根本原因在于中国自身的国家利益诉求和战略抉择。从根本上讲,加入WTO是中国毫不动摇地坚持开放、不失时机地推进开放的必然结果。尽管对于中国这样的发展中国家而言,现有的多边贸易体制仍存在着"非公正性"、与维护国家主权之间的冲突以及与国内制度的"非兼容性"等结构性弊端,但是融入这一体系,对于中国通过扩大开放和外部约束促进国内改革有着巨大的意义。

(一)承担制度的建设者和利益的平衡者双重角色

中国作为一个发展中大国,在WTO中一直发挥着联系发达成员和发展中成员的桥梁作用。作为发展中贸易大国,中国既要坚持适合自身发展水平的市场开放进度,又要借助稳定的多边贸易自由化来实现自身的工业化。同时,中国提倡利益多样化,中国是发展中国家,与发展中国家利益自然是一致的;而作为一个制造业大国,在制成品贸易方面,中国与发达国家也有着利益共同点。因此,可以说对于全球经贸发展来说,中国是制度的建设者和利益的平衡者,这也决定了中国在 WTO 中既要站在发展中成员的立场上,要求 WTO 更多地体现公平公正,改变目前 WTO 中的不平衡与不合理的现象,也要在保持多边贸易体制的稳定和发展方面维护发达成员的利益。对 WTO 的发展中成员和发达成员来说,它们都需要中国在 WTO 中发挥积极的作用,维护各自的利益。对中国来说,从自身的国家利益出发,中国同样需要分别来自发展中成员和发达成员的支持。正是中国在 WTO 中的这样一种特殊身份,赋予了中国在 WTO 中担当发达成员和发展中成员之间桥梁的角色和作用。

1.积极推动多边贸易体制的建设

多边贸易体制应该是世界贸易体系最优的国际协调制度安排。虽然"多哈发展议程"暴露出多边贸易体制在发展中存在的诸多困境,但从多边贸易谈判历史看,没有哪一次谈判很顺利就完成了,因此,我们有理由相信其困境只是暂时性的,因为建立一个健康、完善的多边贸易体制符合全体成员的利益,这不仅需要对多边贸易体制自身机制进行改革和完善,也需要世界各国的共同努力。

(1)建立更加公平公正的多边贸易体制

作为以发达国家为主导的多边贸易体制,只有更多地关注发展中国家利益,建立公平公正的多边贸易体制,才能获得更多成员的广泛支持和积极参与,才能在贸易政策的国际协调和合作上达成更深层次的共识,实现合作共赢。

发展中成员在多边贸易体制中面临着不平等待遇,表现为"结构性不平等"和"制度性不平等"。[①] 结构性不平等体现为参与多边贸易谈判需要足够的人力、财力、参与能力和讨价还价的能力,而这些正是大多数发展中成员所欠缺的;制度性不平等体现为多边贸易谈判议题的选择和确定更多地符合发达成员的利益,造成发展中成员享受的权利和承担的义务不平衡。因此必须纠正现有多边贸易规则的不平衡。中国支持多哈发展议程达成平衡的协议,所谓平衡,不是发达成员各自在谈判中有得有失的自我平衡,而必须是有助于发展中成员的全面平衡。多边贸易体制应为发展中成员提供

---

① 樊瑛.多边贸易体制:绩效、挑战与解决之道[D].对外经济贸易大学博士学位论文,2006.

足够的政策空间,促进发展中成员更多地参与世界服务贸易。具体体现在:保证发展中成员权利和义务的平衡;保证发展中成员贸易和发展的机会;保证规则制定过程中发展中成员有充分的参与度和话语权;保证规则的执行过程中既要维护多边贸易规则的权威性,又要兼顾发展中成员发展的特殊需要,充分尊重发展中成员的经济发展目标;发达成员应当切实履行在乌拉圭回合协议中承诺的义务,改进发展中成员的市场准入环境;制定新的贸易规则,必须有发展中成员的充分参与。

(2)提高多边贸易体制的运行效率

WTO 是一个实行一成员一票、协商一致的决策机制。在实践中,WTO 议事规则与决策程序虽然最具民主性,但在其日常运作中,经常因为其成员在主要内容上分歧严重而不能取得进展,也多次面临着信任危机。无论是对希望利用这个机制来确保其贸易机会和更有利的贸易规则的国家来说,还是对那些缺乏参与经验和能力不足的国家来说,这种程序都是不能令人满意的。中国要努力从决策机制和管辖领域两个方面推进多边贸易体制的高效运行。

目前,WTO 成员已达 160 个,现有的运行机制和机构资源面临着相当大的压力,提高多边贸易体制的运行效率是解决这一挑战的根本出路之一。在政治层面上实现共识是多边贸易体制高效运行的重要前提。为使各国首脑重视多边贸易体制,今后每 5 年举行一次 WTO 成员首脑峰会,部长级会议改为一年一次,推动 WTO 成立一个由 20~30 个核心成员组成的"执行委员会",每 3~6 个月开一次会,讨论 WTO 的方向性问题。在程序上改进全体成员一致的决策方式,可以考虑采取代表制,发展中成员可以组成不同的小组,选派代表参加多边贸易谈判,以保证参与的公平性和谈判的高效性。

多边贸易体制的管辖范围和涉及领域是发达成员和发展中成员争议的焦点之一。多边贸易谈判议题的不断增多,管辖范围的日益扩大,政治敏感性的增强,使谈判立场相互协调的难度加大,相互妥协和合作的可能性也相应减小。从效率为主、兼顾公平的角度出发,中国应推动多边贸易体制更加专注于贸易发展问题,注重内涵的深入而不是外延的扩展,适当收缩管辖范围,将议题的范围界定得更专注、更务实,这样才能取得实质性的多边贸易谈判成果,使所有成员特别是发展中成员受益。

　　(3)增进多边贸易体制的权威

　　多边贸易谈判的艰辛曲折使得多边贸易体制的威信受到了严重打击。在此情况下,博弈各方开始转而寻求以双边和区域贸易协定来促进贸易,部分成员方对区域集团化投入了极高的热情而无视 WTO 的存在。双边和区域贸易协定的发展势态,可能会进一步削弱各国对多边贸易体制的尊重,使其在发展的困境中难以自拔。除此之外,反全球化运动高潮迭起。自从西雅图风暴之后,反全球化运动与推进全球化的国际峰会总是在同一时间和同一地点举行,锋芒直接指向推行全球化的国际组织——世界贸易组织,对世界贸易组织乃至多边贸易体制造成了极大的冲击,使人们不得不反思全球化和多边贸易体制。

　　增进多边贸易体制的权威,要加强对区域贸易安排的约束,协调好多边贸易体制与区域贸易协定的关系。要坚持开放的地区主义原则,有效监管区域贸易安排,使区域贸易协定与 WTO 的目标和纪律协调一致,降低区域贸易安排的负面影响。许多区域贸易协定无法提供贸易创造的有力证据;区域贸易协定内相当大比例的贸易是非优惠的;关税高峰问题即对敏感部门的高保护在区域贸易协定中不经常被涉及等。对于这类侵蚀或减损多边贸易体制中非歧视原则的区域贸易协定,必须给予关注并及时审议。

　　同时,提高多边贸易透明度,既包括内部透明度的提高,也包括外部透明度的提高。对发展中成员,应提高决策过程的透明度,在保证其充分参与度的前提下,要保证多边贸易谈判的整个程序更加公开透明,让发展中成员更好地了解多边贸易谈判的进程、存在的问题和发展的方向。对市民社会,应加强与其的沟通,通过赋予其知情权和观察权,争取使多边贸易体制获得更广泛的公众支持。加强贸易政策审议机制,发挥贸易政策审议机制的透明度工具的作用,成为多边贸易体制与成员之间、成员与成员之间、多边贸易体制与市民社会之间、成员政府与市民社会之间沟通的桥梁。

　　2.有效地协调发展中成员内部利益关系,推动发展中成员共同发展

　　要协调好发达成员与发展中成员的关系,中国首先在多边贸易体制和多边谈判中应该是发展中成员内部利益的协调者。乌拉圭回合以来,发展中成员之间出现了进一步分化的趋势,参与或形成了多个关注各自利益的小集团,不仅分散了整体的谈判实力,甚至存在根本性的利益冲突,无疑加大了协调与发达成员关系的难度。作为发展中大国,中国应该一方面与印

度、巴西、印尼、巴基斯坦、墨西哥、阿根廷和南非等发展中大国密切协调,才能维护自身的利益、提高要价能力、提升谈判地位,才能为有效协调与发达成员的关系打下基础。另一方面,广泛联合其他发展中国家和地区,为落后的成员谋求更多的公平贸易条件,并在有必要时参与一些利益集团,在不同议题上寻找不同朋友。

(1)敦促发达成员落实已经通过的议案

敦促发达成员落实已经通过的议案,主要是货物贸易方面的协议。比如逐步取消对纺织品进口配额的限制,减少对本国农业的补贴和保护等。只有在这些任务已经完成的前提下,才能提交新的议题。毕竟目前世界贸易中,货物贸易仍然占据 3/4 以上,因此,WTO 应将注意力主要集中于货物贸易方面,而不能只听命于少数发达成员对服务贸易、投资自由化、竞争政策、知识产权保护及政府采购等问题的一面之词。富裕国家把 WTO 多哈发展议程称为发展回合,而它们却坚持启动"新加坡议题"的谈判。欧盟在坎昆会议上就坚持如果在"新加坡议题"上没有达成协议,它们将不会在农业问题上做出让步。但正是由于发展中成员坚持拒绝讨论"新加坡议题",使发达成员与发展中成员之间根本无法达成共识。这说明只要发展中成员团结起来,坚持自己的立场,坚决捍卫自己的利益,就能够逐步改变 WTO 中不合理、不公平的规则。

(2)要坚决阻止与贸易无关的新议题进入多边贸易体制,使 WTO 放弃盲目的自由化

多边贸易体制正面临制度性危机,全球贸易的生存能力也处于危险之中,不过 WTO 没有表现出放弃其对贸易和投资自由化的盲目承诺的迹象。各国贸易代表,特别是发展中成员的贸易部长们应推动修改现有的某些规则,而不是像 WTO 领导层提议的那样扩大经济自由化的范围。贸易能够而且必须是创造经济繁荣与减轻贫困的全球经济的一部分。若多边贸易体制仍然听命于大规模的经济自由化的要求,就会把贸易和投资转变为造成贫困和公司主宰市场的手段。现在应该是广大发展中成员改变 WTO 某些规则或原则的时候了。目前 WTO 的 3/4 成员是发展中成员,发展中成员在 WTO 中的地位日益上升,发展中成员完全屈服于发达成员的时代必将过去,发展中成员坚持在 WTO 决议中发挥它们作用的时代已经来临。

即使提交新的议题,也必须是与贸易有关的议题。发展中成员要反对

把非贸易的议题强加给 WTO 体系,那些非贸易的问题并非不重要,而是 WTO 显然不是讨论这些问题的最适当的场所。比如有关劳工标准的谈判,就应该放在国际劳工组织这种已经存在的专门的国际组织去谈判;环境、资源等问题的谈判就可以放到环境与发展大会或贸易与发展大会去谈判,而不是把 WTO 变成一个无所不包的国际组织。改变现有规则确实是相当困难的,但是并不是没有可能,只要广大发展中成员联合起来,就完全有能力改变国际经济与贸易的游戏规则。不过更现实的可能是在制止新的议题进入 WTO 框架方面,发展中成员可以大有作为。在 WTO 框架下改变一个新议题,要比改变一个旧协议容易得多,只要有几个发展中成员坚决抵制,新议题就难以进入 WTO 的框架。

(3)敦促 WTO 关注发展中成员提出的议题

发展中成员要让自己提出的议题被登记并列入讨论的日程表。这听起来似乎相当荒谬,因为这是任何一个组织都需要满足的基本原则与条件。设想在开会的时候,有的会议代表的议案根本无法摆上谈判桌,这种组织能够说是民主的吗?但这正是现状。发达成员经常对来自发展中成员的议题置之不理,在最后的谈判中我行我素地抛出完全代表发达成员利益的草案,要求大家讨论。所以,发展中成员在过去争取自己利益的斗争是相当艰难的,而且发展中成员的具体利益相差较大。比如在贸易方面,有的国家可能是粮食的进口国,有的可能是粮食的出口国,这些国家的利益就很难达到一致。但是,发展中成员在一点上看上去有着共同的立场,那就是在加入全球经济贸易活动中,应该有更多的制定本国经济政策的自主权。由于集体行动中的协调成本,发展中成员达成一致是困难的,但发展中成员是 WTO 中的大多数,只要它们团结在一起,就能够改变 WTO 中不合理的部分,使 WTO 成为发达成员与发展中成员真正双赢的谈判场所与舞台。

(4)争取 WTO 对"转型经济"发展中成员的特殊过渡性差别待遇

当前,转型经济国家,作为发展中成员的一个特殊群体,在多边贸易体制中深受非市场经济的不公正待遇。多边贸易规则中有多处有关"对发展中成员的特殊和差别待遇"的条款,而有关"转型经济"的条款却很少,这很大程度上是由于这些国家之间在结构和制度转型的努力上一直缺乏协调,尚未建立起任何正式的机制或组织,来处理转型和发展政策方面的国际协调问题。因此,中国作为其中的主要一员,有必要联合其他转型经济成员,在多边贸易谈判中争取特殊的过渡性差别待遇,从而在参与以市场经济原则为基础的国际经济活动中,维护自身的特殊利益,争取有利的生存空间。

(二)恪守承诺履行义务,妥善处理贸易争端

置身于加入 WTO 后的新形势、新环境,只有积极地面对,才能正确地应对。积极地面对,首先就是要在享有经济权益的同时,恪守承诺,履行相应义务,从而才能理直气壮地运用多边贸易规则,妥善处理贸易争端。

1.切实履行义务,变压力为加快市场化改革的自觉动力

中国加入 WTO,实质上是我国探索社会主义市场经济建设模式的过程,也是我国经济贸易体制与以 WTO 为基础的多边贸易体制逐渐接轨的过程。中国在 WTO 中的义务和承诺,正是我们深化改革、扩大开放和建设市场经济所需要采取的举措和步骤,不过是在入世议定书和承诺表中白纸黑字地罗列出来而已。因此,我们必须切实履行承诺义务,变入世压力为改革动力,自觉加大改革力度,加快推进国民经济市场化的步伐,按照 WTO 所倡导的各项原则,深化政府管理体制、企业制度、金融体制、粮食流通体制、社会保障体制等方面的改革,消除国内体制与多边贸易规则之间的碰撞和摩擦。

2.妥善处理贸易争端,维护本国利益

规则基础上的多边贸易体制决定了成员应积极遵守规则、执行规则、监督规则,当发生利益冲突和贸易争端时,运用规则妥善解决贸易摩擦和争端,而不是动辄采取贸易战的手段或诉诸单边行动。在当前中国贸易摩擦进入多发时期的情况下,运用 WTO 争端解决机制,对于维护中国的贸易地位和经济利益而言,具有现实意义。一方面,对其他成员的贸易措施违反 WTO 规则,损害中方利益的行为,要敢于诉诸争端解决机制,维护中方利益;另一方面,对于其他成员方对中方提起的争端,要敢于和善于应对,积极同对方展开磋商,在专家组、上诉机构程序中有效抗辩。

WTO 争端解决机制裁决的公正性已经得到了成员的总体认可,并且它们愿意将更多的案件推进至裁决阶段。然而必须承认,WTO 的争端裁决机构在试图确保裁决公正性的同时也面临着诸多约束。这些约束既来自 WTO 本身的组织特性,也来自多边贸易协定条款的缺陷,还来自 WTO 成员的能力差异。其他区域贸易协定的竞争、主要成员国内法的潜在压力和

裁决者自身的利益考虑也是重要的制约因素。这些约束产生的根源是WTO作为国际组织所必须具有的弹性,其缺乏实施能力且由成员驱动的组织特性,以及在短期内不可能得到根本改变的国际治理的专业化、技术化的大趋势。对此,一方面,中国要积极参与区域经济组织,建立双边磋商合作机制,构建争端解决网络以灵活选择争端解决的途径;另一方面,在WTO裁决的公正性得到普遍认可,且中国外贸结构偏重美欧的情况下,中国应在客观认识WTO裁决正义性的基础上,认真考虑是否将争端推进至裁决阶段,同时要通过提高自身调查能力、参加关于争端解决机制的多边谈判修正条款缺陷,以增加WTO裁决实现正义的可能性。

(三)提高多边谈判能力,实现合作共赢博弈

谈判是驱动多边贸易体系的动力,协定的签订是谈判的结局,国际贸易自由化进程中的飞跃正是通过一系列贸易回合的方式实现的。谈判能力在一定程度上制约了一国参与多边贸易体制的程度,影响了其在多边贸易体制中的地位和作用。因此,在多边贸易体制下,中国一方面应遵循国际谈判的"双重博弈"(国际/国内层面博弈)性质,努力实现"双重博弈"的互动、互促和共赢,另一方面应调整多边贸易谈判体制,提高整体谈判能力。

1.遵循国际谈判的性质,实现"双重博弈"的互动、互促和共赢

在多边贸易体制框架下,中国参加WTO各项谈判所制定的原则、立场、具体方案应深深扎根于中国的产业发展现状和未来发展规划,应深深扎根于中国的工商界。需要在政府和企业间建立起运行灵敏、反应迅速,急企业之所急、想企业之所想的规范而成熟的行业协会,使行业协会成为企业与政府联络与沟通的重要桥梁与纽带,并为参加WTO各项谈判提供第一手的基础事实和资料,从而在准确把握国内"获胜集合"的基础上,准确无误且有的放矢地制定出适合中国经济发展和符合工商界利益的谈判立场和方案,以使国际层面的博弈顺利达成均衡并切实维护我方利益。

对谈判对手提出的要价、谈判过程中达成的初步共识或达成的初步协议应及时在国内进行一定程度的公布,组织相关人员对其进行分析研究或以"听证会"形式进行研讨,以确定其合理和需改进之处,以便最终的谈判成果可以在国内得到顺利批准和贯彻实施,以避免国内层面博弈对国际层面博弈成果的否定,以及谈判徒劳无功或对国民经济发展产生不可挽救之消

极影响等局面的出现,避免只重事后评价、不重事前分析的不良习惯,真正使国际谈判的双重博弈互动、互促和共赢。

在谈判的同时,应根据预计的谈判结果,积极推动国内体制改革、市场开放和各种经济政策、法规的修订,以使国内了解自身对谈判结果的可承受度,并科学地依据经验做出成本—收益分析,重构国内的"获胜集合",避免国人只根据自身想象来评价谈判协议造成的冲击、对其心存恐惧,使国人能正确地认识、分析和评价协议将会造成的影响。

2.调整多边贸易谈判体制,提高整体谈判能力

在多边贸易体制框架下,为充分反映各行业、各产业和工商企业家的利益和要求,中国应考虑建立公开、透明、公众参与程度较高的贸易政策制定机制和贸易政策顾问委员会体系,保证外经贸政策更加科学、有效地体现国家利益、公众利益和企业利益,更好地为国内经济建设服务。可以效仿美国成立特别贸易代表办公室,负责制定国际贸易(包括商品问题和与贸易有关的直接投资)政策,协调政策实施中产生的问题,进行国际贸易谈判。特别贸易代表在享有充分授权的同时,必须和商务部、农业部等部门分工负责、密切合作,与行业协会、企业建立规范的制度化联系,让国内所有的利益相关者充分表达意见,以便使对外谈判、对外交涉、对外磋商和对外争端解决建立在坚实、稳固的工商企业界基础上,使谈判立场和提议尽可能地反映国内各方利益,并最终建立起一整套对涉外经济贸易问题(单边、双边、多边)迅速做出反应并能统一对外交涉和谈判的机制和规则化、制度化的快速协商咨询机制,整合谈判资源,提高综合谈判能力。

二、多边贸易体制下贸易政策调整的策略

中国加入 WTO 之后,经济贸易发展进入了一个新的、更加开放的阶段,中国的对外开放由局部的、有选择的开放向全面的、可预见的开放转变,因此,中国的贸易政策要在多边贸易体制框架下进行重新确认,以构造有利于经济发展的产业结构,实现产业的持续升级,推动中国经济的全面发展。多边贸易体制下中国贸易政策调整的策略,从外到内应从三个层面展开:一是充分利用多边贸易体制,二是加强区域经济合作,三是推进国内贸易改革。

(一)充分利用多边贸易体制,实现总体利益平衡

自 1991 年加入亚太经合组织(APEC)到 2001 年宣布与东盟在十年内建立自由贸易区及同年加入 WTO,中国推进全球化与区域经济合作的战略从以往只注重开放的地区主义(Open Regionalism)转变为同时重视制度性的区域贸易安排,中国对外开放进入新的发展轨道——从政策性被动式开放转向契约性自主式开放,从单向性优惠式开放到双向性共赢式开放。在多边贸易体制框架下,在开放促改革的发展进程中,必须牢牢把握对外开放的自主权,在谈判议题选择、市场准入交换和经济安全等方面必须统筹兼顾,做到渐进、有序、可控,实现总体利益平衡。

1.利用多边贸易谈判,贸易政策与市场开放协同调整

在多边贸易自由化谈判中,要吸取发展中成员在以前谈判中消极防御而处于被动和守势的教训,转向积极进攻,均衡、有序、逐步地把握对外开放主动权。因此,要认真研究谈判议题,准确评估各种议题对本国的影响,同时要尽可能掌握其他成员方的不同议题偏好,提出正面的积极议程,在多边贸易体制的前期谈判中占据主动;必须能在不同议题中设计出不同方案,同时对本国和其他成员方在不同方案中的得益有一个整体把握,即尽量获取博弈的完全信息,以便在多边贸易谈判中赢得有利地位。

所研究的议题应不仅包括有利于增进自身利益的议题,还应包括发达成员提出的、“与贸易有关”的、不利于自己的议题。有利于本身的议题不应当只指望从发达成员那里获得非互惠待遇,而应当证明其共赢的内核,并且不应放弃在以往谈判中被否定、搁置的议题,应借鉴发达成员的“服务”、“投资”等议题并非经过一次提议就被纳入正式谈判的经验。而对于不利于本身的议题,研究对策、提出反建议才是上策,而不应采取消极抵制的防御性姿态。

同时,要充分理解 WTO 互惠性原则的内涵,在 WTO 框架下,通过互惠谈判的方式,来逐步扩大市场开放。WTO 归根到底是一个谈判的场所,而实力和利益是进行谈判的两个条件。对中国来说,要使其他成员不断扩大对中国产品的市场准入,就必须用相应的条件来加以交换。这就要求中国必须掌握尽可能多的在谈判中可以利用的筹码,而中国庞大的市场以及相应的市场限制措施就是最好的筹码。要善于创造和利用各种制度安排

(如议题挂钩)寻求合作或市场准入的交换,避免产生各种低效的均衡或对最佳策略的偏离,以较小的开放成本获得最大的利益。

2.借助多边贸易体制,在互惠开放中寻求经济安全

事实证明,一个经济系统只有在开放中才是安全的,对于不断发展的中国来说,只有更加开放,才能确保中国的经济安全和持续发展,才能保障中国应有贸易利益的实现。在多边贸易体制框架下,必须处理好开放与安全的关系,要学会在开放中寻求经济安全,在扩大开放的实践中寻求安全防范机制的建立,借助WTO框架下整体推进的对外开放,深化经济体制改革,完成制度创新,增强市场风险防御能力,从而确保经济安全。多边贸易谈判的一系列对外开放承诺要与国内体制改革的具体步骤并驾齐驱,同步俱进,否则两者之间出现的脱节越大,矛盾、阻力和障碍就会越大。如果国内改革(特别是市场经济的制度创新步伐)严重滞后于开放的速度,那么对外开放事业的政治、经济风险自然就会越高,其后果很可能是以牺牲开放速度,来保全国内步履蹒跚的体制改革,甚至会导致开放逆转。

多边贸易体制框架下的对外开放,要求减少对产业的行政干预,并不等于放弃对产业的保护,而是要充分运用各种灰色区域和例外条款来扩大和保护我国的贸易利益,建立适合WTO规则的产业安全保护机制。首先,在关税保护方面,降低关税总水平并不意味着将目前所有商品的关税同比例下降,也不完全是减高不减低,而是根据关税保护政策和发展政策的需要对关税税率结构进行合理调整,提高关税对产业的有效保护程度。其次,在非关税保护方面,要顺应WTO框架下非关税保护的发展趋势,采用技术标准和反倾销等手段;在产业保护方式上,要培育行业中介组织,使它们起到产业保护的主导作用。

同时,中国应把WTO视为规则运行体系、信息沟通渠道、磋商协调机制和压力释放平台,视为全球化条件下的国家经济安全机制。在WTO这个平台上,中国成功地化解了中欧和中美的纺织品争端。

3.充分用好WTO规则,保持外贸持续稳定发展

(1)用好WTO的环保规则

无论对限制进口还是扩大出口而言,用好WTO的环保规则都至关重要。一方面,我国可以利用WTO环境保护的例外条款加强对进口商品的检验,实施合理的贸易保护,严格管制、禁止有害于生态环境和人体健康的

商品的进口,大力进口有利于改善我国生态环境的商品、技术和设备,保证进口商品符合相关的质量标准、环保标准及其他标准,以加强对进口的管理和对国内环境及产业的保护。另一方面,由于世贸组织关于环境保护的规定为各国设置与环境有关的绿色壁垒开辟了新的"灰色区域",当今国际贸易中绿色壁垒日益泛滥。面对绿色壁垒的袭击,我国的一些出口产品屡屡受到限制甚至禁止,特别是由于我国出口市场集中在技术性贸易壁垒严重的欧、美、日等发达国家和地区,这些国家和地区在产品的安全、环保、卫生等方面标准较高,这给我国产品出口市场的扩大造成了极大的阻碍。为了应对绿色壁垒的影响,我国除深入研究国际贸易中的绿色壁垒外,还需要利用 WTO 的有关规则和贸易争端解决机制,力求公正、公平、高效地解决贸易摩擦、打破绿色壁垒、扩大出口贸易。当然,我国一些出口产品本身也存在不符合国际市场环境保护标准和人类健康标准的地方。因此,为了扩大出口,除了加强反绿色壁垒的力度外,我国还需要根据 WTO 环境规则的要求,进一步完善环保法规,加强贸易中的环保管理,引导企业按照相关标准组织生产和经营,积极建立绿色产品生产体系,重点开发绿色出口产品,使出口产品符合国际市场在有利于环境保护和人类健康方面的商品品质要求,保证我国出口贸易的可持续发展。

(2)用好 WTO 的贸易救济措施

贸易救济措施是自由贸易的"安全阀",通过援用有关的例外条款、发展中成员待遇或采取保障措施等,可以消除或减轻贸易自由化给我国带来的负面影响。针对日益增加的反倾销、反补贴起诉和保障措施案,我国政府除了利用 WTO 贸易救济措施条款的规定有效应对外,还需要进一步调动企业应诉的积极性,并在应诉技巧、方法等方面继续加强对企业的引导,大力打击滥用贸易救济措施的贸易保护行为,以便为我国出口贸易的发展创造良好的市场环境。同时,从目前的实践情况来看,我国还应该适当加强反倾销、反补贴调查和保障措施的运用,主动起诉,合理强化进口贸易保护和规范贸易秩序。贸易救济措施就可以在维护竞争秩序、保障国内产业合法权益等方面发挥更大的作用。

(3)大力实施 WTO 许可的补贴措施

根据 WTO 给予我国农业补贴方面的发展中成员待遇,我国可以对农业提供占农业生产总值 8.5% 的"黄箱补贴",补贴的基期采用相关年份,而不是固定年份,这使我国不仅可以利用"绿箱补贴",而且可以利用"黄箱补贴"支持农业的发展。除了农业领域,我国还可以在其他领域加大实施可诉补贴和不可诉补贴的力度,特别是通过加强对企业研究和开发活动的援助,加强对高等教育机构、研究开发机构与企业签约进行研究和开发活动的支持和援助,以及加强对贫困地区的补贴,我国可以利用 WTO 许可的保护方法保护、支持重点地区、重点产业和重点企业的发展,促进出口商品结构的改善,从地区、产业、企业和产品各个层面为出口贸易的发展提供持续的生产力。

(二)有效推进区域经济合作,做到均衡、有序、渐进发展

在多边贸易体制进展缓慢的情况下,我国应积极有效地推进区域经济合作。过去几年里,中国已经开始积极参与东亚地区的区域经济合作,因此,中国目前面临的已经不是是否要参与 FTAs 的问题,而是如何更好地参与其中及如何进行相应的贸易政策调整。在多边贸易体制和区域集团化背景下,我国区域贸易安排应遵循均衡、有序、渐进的原则。[①]

1.均衡:区域经济合作必须实现三结合

区域经济合作的有效推进,必须与我国目前正在实施的多项经济、外交、政治战略相结合。

(1)与外贸市场多元化战略相结合

我国目前还未和任何中东、非洲等地区的关税主体缔结 FTA,若世界 FTA 继续蓬勃发展,我国和这些区域的外贸有被边缘化的危险。因此,应该在这些地区中挑选某些对我国外贸地位重要或具有一定国际经济地位的关税主体,如中东的以色列、非洲的南非等,进行 FTA 提议和商谈。

(2)与国际资源战略角度相结合

我国应积极拓展合作空间,推进相互间的能源、资源开发和技术、劳务、投资合作。在扩大与成员国经贸合作的过程中,通过增大总量和调整结构,实现资源、能源的国际替代和国内战略储备,追求动态的利益增长和平衡。对于经济相对落后、贸易总量偏小的成员国,我国应通过政府和企业间的合

---

① 黄建忠.全球化与区域集团化背景下我国外经贸战略的集约性调整[R].福建省教育厅重点课题,2005—2006.

作增加对其资本、技术、教育和劳务培训等输出,加快其资源开发和开展加工贸易,适当增加对其资源、能源类产品、半产品的进口;对于韩国、印度等国,则应当在推动出口贸易的同时,开展更大范围内的技术、信息、金融和投资合作,全方位、多渠道地挖掘经贸技术合作的巨大潜力,引导区域合作向高层次和纵深方向发展;在拓展经贸合作空间方面,现有框架主要局限于相互贸易中的关税减让,而对非关税壁垒、服务贸易、国际投资、知识产权合作等领域涉及不够,这客观上反映了成员国的谨慎态度,但也大大地束缚了成员国政府及企业间的合作步伐。因此,应适应当代国际经贸合作的潮流,积极创造条件并适时地推进区域合作进一步发展完善。

(3)与引进来战略和走出去战略相结合

我国要置身于更大规模的无关税市场,以提升引资区位优势。我国产业有必要置身于一个更大的"无边界市场"以实现素质提升。因此,在承受能力得到充分论证的基础上,我国有必要选择恰当时机,尽早与 EU、NAF-TA 或美洲自贸区等大型 RTAs 以单对多的方式缔结 FTAs。实际上,这多项工作的实际意义、事前规划、具体操作和我国加入 WTO 不无类似之处。

2.有序:"三步走"的阶梯式开放战略

中国参与区域经济合作(自由贸易区)的进程可以归结为"三步走"的阶梯式开放战略:

第一步:形成中国内地、香港、澳门之间"更紧密的经贸关系安排"

这样做的考虑是:

(1)中国加入 WTO 以后有义务对其他成员实行最惠国待遇和国民待遇,形成"更紧密的经贸关系安排"可以进一步体现内地和香港、澳门之间的相互支撑作用。

(2)香港作为开埠百余年的自由港,有着丰富的自由贸易经验,首先与香港开展自由贸易可以使内地积累足够的经验,以应付更广阔的区域自由贸易合作所带来的挑战。目前,香港是内地第三大贸易伙伴,内地则是香港第一大贸易伙伴。

(3)对于地域、市场狭小的澳门,建立内地与港澳自由贸易区可以充分发挥澳门在资金、信息上的优势,给其经济带来持续发展的动力。此外,建立"更紧密的经贸关系安排"之后,可望改变澳门与内地、香港之间进出口贸易结构不平衡的情况。目前,澳门从内地和香港的进口额占其进口总额的近 2/3,而向内地和香港的出口额只占其出口总额的 1/6 左右(对美出口占近一半)。在文化方面,由于澳门有 5% 左右的居民会讲葡萄牙语,建立内地与港澳自由贸易区以后,可以进一步发挥澳门促进内地与拉丁语系国家经贸联系的优势。

(4)从可能性来讲,建立"更紧密的经贸关系安排"难度相对较小,官方的推动力更是不成问题。

第二步:积极推进中国—东盟自由贸易区建设,与若干个有潜力的国家发展双边自由贸易关系

由于东盟内部各国经济发展水平参差不齐,再加上中国与其在某些产业上的竞争性,中国应当同时寻求与若干个其他地域的国家开展双边自由贸易,实行"迂回策略"。可供选择的国家有非洲的南非,拉美的智利、墨西哥等。理由如下:

(1)这些国家虽然与中国相距遥远,但都对开展双边自由贸易持积极态度。南非一直实行自由贸易制度,只对少数进口货物如鱼类及鱼制品、部分乳品、饮料酒类、部分鞋类等实行许可证管理,由南非贸工部发放。目前南非已成为东南非自由贸易区的领头羊,也是环印度洋经济圈的积极倡导者之一,还与欧盟签订了双边自由贸易协定。最近,南非已经表露出发展中、南两国双边自由贸易关系的意向。智利和墨西哥向来是拉美国家中倡导自由贸易的排头军,两国已与西半球绝大多数国家有多边或双边自由贸易安排,并且把触角伸向日本、韩国、新加坡、澳大利亚、新西兰等国。

(2)它们目前的经济发展水平略高于中国,在产业结构和贸易结构上可以与中国实现较大程度的垂直分工。

(3)这几国自然资源丰富,与中国的贸易互补性较强。如南非的金、铬、锰、铂族贵金属,墨西哥的石油、白银,智利的铜、铁、硝石等均世界闻名,可以弥补中国矿产资源相对匮乏的不足。

第三步:联合东盟建立与日本、韩国、澳大利亚、新西兰等国及中国台湾地区之间的自由贸易关系

首先应当争取中国—东盟自由贸易区比完整的东亚自由贸易区(包括日韩甚至澳大利亚和新西兰)先行一步。原因在于:同中国单独与日、韩实现自由贸易相比,联合东盟不发达成员可以在与日、韩等国家的谈判中争取

有利的条件(刘昌黎,1998、2001)。同样,由于东盟与澳、新联合建立自由贸易区的贸易与投资自由化时间表是澳、新两国在 2005 年以前、东盟 6 个老成员在 2010 年以前、4 个新成员在 2015 年以前,显然通过中国—东盟自由贸易区实现与澳、新两国的自由贸易比中国单独与这两国达成自由贸易协议更容易在时间上争取对中国有利的安排。

在此基础之上,中国可以积极谋求与美国、欧盟、印度、俄罗斯等国家或经济一体化组织建立双边自由贸易关系。

3.渐进:以双边 FTA 为主的渐进发展战略

必须承认,我们对参与多边贸易体制与区域集团化对中国经济的影响还缺乏定量分析。至少在目前,我们还无法从经济学分析的角度确定同哪些国家签订区域一体化协议对中国最为有利。同时,与 WTO 问题一样,我们在区域一体化方面严重缺乏实践经验。此外,在当前全球区域集团化发展进程中,各国出于本身政治、经济发展的需要和国际战略的考虑,在初期中国是被不自觉地排除在外的。随着中国外贸地位的进一步上升,中国又很可能会成为其他国家构建 FTA 时的防御性因素。从过去几年的经验看,未来一段时间内各国之间 FTA 谈判的进程应该会进一步加速。如果不采取积极的态度,长期看来,中国目前在这方面的战略劣势会进一步恶化。在这种情况下,我们就必须以发展双边 FTA 为切入点,逐渐构造以自己为核心的双边自由贸易协议网络。

第一,从谈判对象上看,中国可以选择的对象有限,因而中国应该在有限的谈判对象中尽快取得突破。从总体上看,中国必须尽快将注意力转移到构建双边 FTA 关系上来。

第二,从谈判策略上看,中国必须从政经结合的综合战略角度考虑,以主动让步尽快达成协议。对于经济竞争力基本都不如中国的谈判对象,中国在谈判策略上,可以学习美国的经验,采取早让步、早成功、早受益的务实做法。

第三,充分发挥香港和澳门的作用。香港和澳门是自由贸易港,完全可以依照新加坡的模式,加速它们与不同国家和区域经济集团的双边 FTA 谈判。如果港澳的对外 FTA 谈判能够取得一定的进展(特别是香港和英国、加拿大等英联邦国家之间的贸易关系,澳门和葡萄牙等南欧国家、其他葡萄牙语系国家的贸易关系),就能在战略上改变中国内地的孤立地位。

(三)积极稳妥地开展贸易改革,促进外贸又好又快发展

1.明确贸易政策目标,改善贸易环境,争取贸易利益

确定中国贸易政策的目标应该既有战略上的考虑,又有策略上的分析。战略上的考虑,就是要确定中国贸易政策的远期目标。维护与争取国家的贸易利益是贸易政策的根本目标,也是远期要达到的目标。当今的世界贸易领域,尽管有 WTO 制度约束各成员的贸易政策选择,不再是混杂无序的"丛林"社会,但它并不存在主权国家独有的权威性和强制性约束力。世界贸易领域中仍然会有各种不公平、不公正的行为发生,因此,从策略上考虑,为实现成员的根本利益,成员的贸易政策还应以改善贸易环境为近期目标,以维护正常的贸易行为,使成员的贸易利益逐步提高,最终达到维护与争取成员贸易利益的根本目的。

(1)中国贸易政策的近期目标:改善贸易环境

加入 WTO 以来,中国的国内、国际贸易环境发生了重大改变。为了使自己的产品进入国际市场,国内企业之间常常发生恶性竞争,既减少了应得的利益,又给国外发起贸易救济措施调查提供了借口;从国际贸易环境来说,中国的迅速崛起给部分国家造成了一定的竞争压力,国际上不断出现针对中国的贸易保护主义,打压中国的出口产品。国际、国内贸易环境的变化对中国的正常贸易发展造成重要影响。中国只有在和谐的贸易环境中发展自己,才能真正由贸易大国走向贸易强国,所以,改善贸易环境应该成为中国贸易政策选择的近期目标。

(2)中国贸易政策的远期目标:争取贸易利益

国家鼓励对外贸易是为了国家利益,利益是一切行为的根本出发点,因此,中国贸易政策选择的最终目标是争取贸易利益,具体表现为:(1)促进经济发展与稳定,包括促进生产力的发展,增加国家财政收入,提高国家的经济福利,调整和优化产业结构,提高企业的竞争力,实现利润最大化,维持国际收支平衡;(2)完善经济体制,促进积极参与经济全球化的进程;(3)获取良好的国际经济与政治环境等。

2.调整贸易政策定位,提高外贸竞争力

从总体上讲,由于 WTO 推崇自由贸易,要求其成员在坚持自由贸易原则的前提下,以适当的措施管理进口和出口,这就使传统的、以减少进口数

量和增加出口数量为直接目的的贸易保护行为变得非常被动,特别是就进口而言,只要国外的商品有竞争力而我国的市场又有相应需求,限入措施就很难奏效。当然,从另一层面讲,限入措施的这种局限性也表明,增加出口的积极有效的途径在于提高出口产品的竞争能力,只要我国的出口产品有竞争能力而国外又有市场需求,贸易壁垒就阻挡不了我们发展出口贸易的脚步。

因此,在WTO框架下,我国应该在遵循WTO基本原则、有效利用WTO赋予我国的权利以及顺应我国贸易政策变化趋势的基础上,树立合理保护的理念。这包括两方面的内涵:一是调整贸易战略和政策目标,创新奖出限入观念,树立以维护公平贸易秩序、提高进口效率和出口竞争力为奖出限入工作重点的思想,消除片面追求进口量减少和出口量增加的短视行为,将短期的减少进口增加出口目标与长期竞争力的提高相结合,促进贸易模式从主要依靠扩大规模、增加数量的粗放型向主要依靠提高质量、优化结构的集约型转变,加大一些资源性的、低附加值的产品和有利于提高出口竞争力的产品的进口,促进高附加值、深加工产品的出口,加强对企业核心竞争力及产业竞争力的培育,做到标本兼治;二是调整管理进出口的方式和手段,使进出口管理方式由直接管理向间接管理、由行政和计划管制向市场调节及法制规范转变,并通过运用WTO许可的措施来实现贸易政策的有关目标。

3.调整贸易税收政策功能,促进本国经济发展

在经济全球化时代,关税的地位与作用非常重要。关税被WTO视为合法的调控和保护手段,WTO成员都充分运用关税政策促进经济发展。如何正确制定中国未来的关税政策关系重大。根据市场经济条件下关税政策的目标模式,我国加入WTO后关税政策的具体改革措施为:

(1)优化关税结构组合,强化关税产业保护功能

我国加入WTO后关税税率调整的首要问题是降低关税总水平,但是降低关税并不意味着将目前所有商品的关税同比例下降,也不完全是减高不减低,而是根据关税保护政策和发展政策的需要,对关税税率进行合理调整。

目前,我国许多最终产品,主要是劳动密集型产品,都已具备了比较竞争优势,产业结构正在向资本技术密集型转变,为此,在加入WTO谈判的

协议框架内,我国关税税率宜作如下调整:

①最终产品。可分为两类:一类是我国发展水平较高的家电业和服装业,应当大幅度降低税率,这样既可在这些行业内按照 WTO 的要求,创造公平竞争的环境,也可在总体上降低关税税率水平;另一类是我国发展较为落后的资本技术密集型消费品(如轿车),尽管目前仍需保持相对较高的关税,但今后要加快下降的速度。

②中间产品。应当保持现有税率或以较小的幅度下降,因为中间产品大多属于基础工业产品和资本技术含量高的资本品,如果说前一个时期我们对中间产品实行低税率是以进口替代来促进经济发展的话,那么,现在我们就应对这些产品采取相对较高的税率,引导市场资源向这些行业流动。

③初级产品。从总体上看,我国目前仍应适当对农产品实行相对较高的税率,因为相对其他产业而言,农产品受自然因素和技术因素影响较大,而受政策性因素影响相对较小。提高农业生产水平并非一朝一夕之功,因而应当通过关税保护来保证农产品的价格,保护农民生产的积极性。而对于我国有一定竞争力的资源产品,仍应保持较低税率。

(2)调整税收减免政策,提高出口退税的产业调整能力

针对我国现行关税减免政策的现状,我们应当进行以下改革:

首先,完善加工贸易的制度管理。可借鉴国际上通行的做法,将加工贸易纳入保税管理的范畴,通过保税区、保税工厂和保税仓库制度来加强管理;同时,将现行的不征不退改为有征有退,即当产品不进入保税制度设定的范畴时,应一律照章缴纳关税和进口环节流转税,在加工产品出口时再退还所征税款。

其次,提高关税减免的产业结构调整能力。关税减免政策作为宏观经济政策的一种,应当积极促进产业结构的升级换代,特别是提高产业结构的科技含量。尤其在我国产业结构调整方式正在由行政主导型向市场型转变的过程中,这一点尤为重要。第一,对于符合产业政策的进口产品,无论什么类型的企业,都应当给予关税优惠。第二,对于企业科研开发中使用的设备,应当给予关税支持。第三,对于信息产品,我国将参加信息技术协议并承诺取消计算机、通信设备、半导体设备和其他高科技产品的全部进口关税。因而,目前应加快减税的步伐,以保证平稳过渡。

(3)发挥特别关税政策的功能,维护我国正当权益

我们知道,反倾销税和反补贴税是 WTO 允许的关税保障措施。20 世纪 90 年代以来,一些国家认为我国属于非市场经济国家,因而,以其国内的生产成本为依据,对我国具有成本优势的服装、玩具等劳动密集型产品,征收高额反倾销税,此类案件多达数百起,而我国自 1997 年以来,对进口产品的不正当竞争的调查只有 3 起,最终裁决予以征收特别关税的只有 1 起,即对原产于加拿大、美国和韩国的新闻纸征收 57.95%~78.93%的反倾销税。我国加入 WTO 后,应加强特别关税手段的运用,这就要求我们应以 WTO 的有关协议为蓝本,对现行的有关法律进行改进和完善,对不正当竞争的调查标准、调查程序、判定标准、征收特别关税的数额、执行期限等都要明确规定,并通过专门的机构和人员进行调查和裁决。

本章小结

本章首先从三个层面分析了中国参与多边贸易体制的实践和发展:

一是中国在 WTO 中的表现。加入 WTO 以来我国全面认真地履行了入世承诺,享受了 WTO 成员的权利。根据 WTO 规则,我国全面清理修订了相关法律、法规和政策措施,完善了经济、行政体制,积极参与了 WTO "多哈发展议程"以及其他磋商,接受并参与了 WTO 框架内的"政策审议",有效维护了我国政治、经济利益。

二是实证分析了加入 WTO 前后,中国贸易政策调整的绩效。比较研究显示,加入 WTO 后我国对外贸易总量迅速增长,经营主体多样化进程加快,高新技术产品比重上升并形成较强的国际竞争力,收入贸易条件稳步改善,整体国民经济和对外贸易持续高速发展。

三是分析了中国参与多边贸易体制进程中面临的博弈。随着我国"义务保留期"基本结束,我国全面融入多边贸易体制中。多边贸易体制下中国对外贸易的发展将面临更多的挑战:如何权衡参与多边贸易体制与区域一体化的关系;中国在多边贸易体制中"非市场经济"地位所面临的政治与经济上的双重博弈;加入 WTO 后迎来贸易摩擦高峰期,带来的诸多不和谐因素对中国外贸发展的困扰;在多边贸易谈判进程中,议题外延拓展的冲突对中国外贸发展的挑战；WTO市场开放原则与国家主权让渡、经济安全之间的博弈与协调；等等。本章对中国参与多边贸易体制过程中面临的这些深层矛盾和制约因素进行了分析，旨在有针对性地提出对策。

中国在WTO这一国际多边贸易体制中地位、作用和影响的变迁，是中国全面融入经济全球化进程的缩影。中国将自身定位于"参与者、维护者和建设者"，显示了中国维护和发展这一体制的良好愿望。"建设者"既包含着正面的积极意义，也蕴含着承认现有关系和状况相对困难、有待突破的含义。从这个意义上说，发挥"建设性作用"既要着力解决现有的矛盾和争端，合理规范地运用WTO的框架和规则发展自己、保护自己，更要着眼于长远，积极参与"游戏规则"和中长期发展规划的制定，改革和完善现行体制，使WTO真正转变为国际政治经济新秩序的制度典范。

在多边贸易体制下，中国的应对策略主要包括如何参与多边贸易体制，以及在WTO规则约束下如何进行贸易政策的调整。在基于多边贸易体制理论与实践分析的基础上，结合中国参与多边贸易体制的实践与发展，本书提出了多边贸易体制下中国的应对策略：承担制度的建设者和利益的平衡者双重角色；恪守承诺履行义务，妥善处理贸易争端；提高多边谈判能力，实现合作共赢博弈等。而贸易政策的调整主要是充分利用多边贸易体制，实现总体利益的平衡；有效推进区域经济合作，做到均衡、有序、渐进发展；积极稳妥地开展贸易改革，促进外贸又好又快发展。

参考文献

[1]科依勒·贝格威尔,罗伯特·W.思泰格尔.世界贸易体制经济学[M].北京:中国人民大学出版社,2005.

[2]罗伯特·基欧汉.霸权之后:世界政治经济中的合作与纷争[M].上海:上海世纪出版集团,2006.

[3]WTO总干事顾问委员会.WTO的未来——应对新千年的体制性挑战[M].北京:中国商务出版社,2005.

[4]安妮·O.克鲁格编.作为国际组织的WTO[M].上海:上海世纪出版集团,2002.

[5]I.戴斯勒.美国贸易政治[M].北京:中国市场出版社,2006.

[6]约翰·O.麦金尼斯,马克·L.莫维塞西恩.世界贸易宪法[M].北京:中国人民大学出版社,2004.

[7]约翰·H.杰克逊.世界贸易体制:国际经济关系的法律与政策[M].上海:复旦大学出版社,2001.

[8]伯纳德·霍克曼,迈克尔·考斯泰基.世界贸易体制的政治经济学[M].北京:法律出版社,1999.

[9]罗伯特·吉尔平.国际关系政治经济学[M].北京:经济科学出版社,1992.

[10]迈克尔·J.希斯考克斯.国际贸易与政治冲突——贸易、联盟与要素流动程度[M].北京:中国人民大学出版社,2005.

[11]约翰·麦克米伦.国际经济学中的博弈论[M].北京:北京大学出版社,2004.

[12]WTO秘书处.贸易政策审议:WTO秘书处关于中华人民共和国的报告[M].北京:中国财政经济出版社,2006.

[13]杨永福.规则的分析与建构[M].广东:中山大学出版社,2004.

[14]江小娟等主编.中国对外经贸理论前沿Ⅲ[M].北京:社会科学文献出版社,2003.

[15]裴长洪主编.中国对外经贸理论前沿Ⅳ[M].北京:社会科学文献出版社,2006.

[16]黄静波.多边贸易体制的理论与实践[M].广东:中山大学出版社,2004.

[17]沈玉良.多边贸易体制与我国经济制度变迁[M].上海:上海社会科学出版社,2003.

[18]张幼文等.多哈发展议程:议题与对策[M].上海:上海人民出版社,2004.

[19]刘光溪.共赢性博弈——多边贸易体制的国际政治经济学分析[M].上海:上海财经大学出版社,2007.

[20]刘光溪.互补性竞争论——区域集团与多边贸易体制[M].北京:经济日报出版社,2006.

[21]梁碧波.美国对华贸易政策决定的均衡机理[M].北京:中国社会科学出版社,2006.

[22]屠新泉.中国在 WTO 中的定位、作用和策略[M].北京:对外经济贸易大学出版社,2005.

[23]盛斌.中国对外贸易政策的政治经济学分析[M].上海:三联书店,2002.

[24]海闻,P.林德特.国际贸易[M].上海:上海人民出版社,2007.

[25]张军旗.多边贸易关系中的国家主权问题[M].北京:人民法院出版社,2006.

[26]陈志敏,崔大伟.国际政治经济学与中国的全球化[M].上海:三联书店,2006.

[27]樊瑛.多边贸易体制:绩效、挑战与解决之道[D].北京:对外经济贸易大学博士学位论文,2006.

[28]夏晖,韩轶.世界贸易组织的博弈分析[N].电子科技大学学报,2001(30).

[29]施锡铨.由 WTO 谈判所衍生的博弈研究[N].上海财经大学学报,

2001(3).

[30]谢建国.多边贸易自由化与区域贸易协定:一个博弈论分析框架[J].世界经济,2003(12).

[31]胡磊.世界贸易组织多边贸易体制的博弈分析[J].国际商务,2004(3).

[32]刘光溪.试析多边贸易体制谈判中的博弈战略问题[N].复旦学报,2004(3).

[33]冯春丽.WTO制度的博弈分析[J].国际经贸探索,2005(21).

[34]海闻,沈琪.贸易保护、演化博弈与福利分析[R].第五届中国经济学年会论文,2005.

[35]侯云先,林文.规划与博弈混合多层次模型[J].系统工程理论与实践,2003(7).

[36]方友林,冼国明.市场准入交换与发展中国家的金融服务贸易自由化[J].数量经济技术经济研究,2004(2).

[37]罗良文.国际贸易理论的新制度经济学研究范式及其启示[J].山东社会科学,2006(7).

[38]刘光溪.试析多边贸易体制谈判中的博弈战略问题[N].复旦学报,2004(3).

[39]盛斌.WTO体制、规则与谈判:一个博弈论的经济分析[J].世界经济,2001(12).

[40]陆燕.未能如期结束的谈判——WTO"多哈发展议程"启动三年评析[J].国际贸易,2005(1).

[41]盛斌.贸易、发展与WTO:多哈回合谈判的现状与前景[J].世界经济,2006(3).

[42]盛斌.以发展的视角评估"多哈回合"工作计划的新进展[J].世界经济,2005(3).

[43]邓炜.从"多哈回合"中止看多边贸易体制的危机[J].经济经纬,2007(1).

[44]盛斌.区域贸易协定与多边贸易体制[J].世界经济,1998(9).

[45]雷达.从经济学角度看世界贸易体系[N].中国人民大学学报,2005(1).

[46]张斌.多边贸易体制的变迁:一个国际机制理论的解释[J].世界经济研究,2003(1).

[47]曲振涛.论法经济学的发展、逻辑基础及其基本理论[J].经济研究,2005(9).

[48]田野.国际制度的形式选择——一个基于国家间交易成本的模型[J].经济研究,2005(7).

[49]陆燕.走向未来的多边贸易体制——WTO成立十年的发展与挑战[J].国际贸易,2005(6).

[50]宋永明.我国加入WTO后的关税政策调整[J].税务研究,2001(6).

[51]黄建忠,张明志,郑甘澍.国际经贸理论与实践[M].厦门:厦门大学出版社,2007.

[52]庄惠明,黄建忠.国际贸易理论的演化:维度、路径与逻辑[M]//黄建忠,张明志,郑甘澍.国际经贸理论与实践.厦门:厦门大学出版社,2007.

[53]黄建忠,庄惠明.全球化与区域集团化互动效应的实证检验[J].国际贸易问题,2007(3).

[54]庄惠明.和谐亚太区域经济合作的构建:规则性合作与共赢性博弈[J].亚太经济,2006(5).

[55]庄惠明,张珍珍.国际垂直专业化分工理论研究述评[N].福建师范大学学报:哲学社会科学版,2007(11).

[56]黄克安,庄惠明.贸易模式动态演进的实证分析[N].福州大学学报:哲社版,2004(4).

[57]庄惠明.CEPA框架下服务贸易开放评析[J].亚太经济,2006(5).

[58]黄建忠.全球化与区域集团化背景下我国外经贸战略的集约性调整[R].福建省教育厅重点课题,2004—2006.

[59]Anne O. Krueger. The WTO as an International Organization[M].Chicago:The University of Chicago Press,1998.

[60]Anne O. Krueger. Are Referential Trading Arrangements Trade-Liberalizing or Protectionist? [J]. Journal of Economic Perspectives, fall 1999,Volume 13(4).

[61]Arvind Panagariya. The Regionalism Debate:An Overview[J].

World Economy,June 1999.

[62]Asif H. Qureshi. The World Trade Organization:Implementing International Trade Norms [M]. Manchester: Manchester University Press,1996.

[63] Bernhard Speyer, Klaus Gunter Deutsch. The Millennium Round:Prospects for Trade Liberalization in the Twenty-First Century [M]//Deutsch and Speyer eds. The World Trade Organization Millennium Round. New York:Routledge,2001.

[64]Bernhard Speyer. Dispute Settlement:a gem in Need of Polish and Preservation[M]//Deutsch and Speyer eds. The World Trade Organization Millennium Round. New York:Routledge,2001.

[65]Bernard M. Hoekman and Petors C. Mavroidis. WTO Dispute Settlement,Transparency and Surveillance[M]// Bernard Hoekman and Will Martin eds. Developing Countries and the WTO:A Pro-active Agenda. Oxford:Blackwell Publisher Inc, 2001.

[66]Bernard M. Hoekman,Michel M.Kostecki. The Political Economy of the World Trading System—From GATT to WTO[M]. Oxford: Oxford Press,1995.

[67]Bagwell,K. and R. Staiger. Will Preferential Arrangements Undermine the Multilateral Trading System? [J]. Economic Journal,July 1998,108:409.

[68]Bagwell,K. and R. Staiger. Multilateral Trade Negotiations,Bilateral Opportunism and the Rules of GATT[EB/OL]. NBER Working Paper 7071,1999[2008-01-15]. http://www.nber.org/papers/w7071.

[69]Bagwell,K. and R. Staiger. Backward Stealing and Forward Manipulation in the WTO[EB/OL]. NBER Working Paper 10420, 2004 [2008-01-15]. http://www.nber.org/papers/w10420.

[70]Bagwell,Kyle,and Robert W. Staiger. The Economics of World Trading System[M]. Cambridge Ma:MIT Press,2002.

[71]Bhagirath Lal Das. The WTO and the Multilateral Trading System:Past,Present and Future[M]. New York:Zed Books Ltd.,2003.

[72]Bhagwati, Jagdish. Regionalism and Multilateralism: An Overview[M]//Melo and Panagariya, eds. New Dimensions in Regional Integration. Cambridge, U.K.: Cambridge University Press, 1993.

[73]Bhagwati, Jagdish. Trading for Development: How to Assist Poor Countries[M]//Mike Moore ed. Doha and Beyond: The Future of the Multilateral Trading System. Cambridge: Cambridge University Press, 2004.

[74] Brain Hocking. Trade Politics: Environments, Agendas and Process[M]//Brain Hocking and Steven Mcguire eds. Trade Politics: International, Domestic and Regional Perspective. London: Routledge, 1999.

[75]Catherine C. Langlois, Jean-Pierre P. Langlois. Engineering Cooperation: A Game Theoretic Analysis of Dispute Settlement in International Agreements[R]. Paper for The American Political Science Association Meetings, San Francisco, August 30—September 2, 2001.

[76]Clare Sbot. Making the Development Round a Reality[M]//Gary P. Sampson ed. The Role of the World Trade Organization in Global Governance. New York: The United Nation University Press, 2001.

[77]David Henderson. International Agencies and Cross-border Liberalization: the WTO in Context[M]//Anne O. Krueger ed. The WTO as an International Organization. Chicago: The University of Chicago Press, 1998.

[78]David Vine. The WTO in Relation to the Fund and the Bank: Competencies, Agendas, and Linkage[M]//Anne O. Krueger ed. The WTO as an International Organization. Chicago: The University of Chicago Press, 1998.

[79]Edward D. Mansfield and Eric Reinhardt. Multilateral Determinants of Regionalism: The Effects of GATT/WTO on the Formation of Preferential Trading Arrangements[J].International Organization, 2003, (4).

[80]Finger, J. M. and P. Schuler. Implementation of Uruguay Round Commitments: The Development Challenge[J]. The World Economy, 2000, (23).

[81]Francois,J. Maximizing the Benefits of the Trade Policy Review Mechanism for Developing Countries[EB/OL]. [2008-01-05]. http://www.worldbank.org/trade.

[82]Frieder Roessler. Domestic Policy Objective and the Multilateral Trade Order:Lessons from the Past[M]//Anne O. Krueger ed.The WTO as an International Organization. Chicago: The University of Chicago Press,1998.

[83]Gary P. Sampson. Greater Coherence in Global Economic Policymaking:A WTO Perspective[M]//Anne O. Krueger ed.The WTO as an International Organization. Chicago: The University of Chicago Press, 1998.

[84]Gary P. Sampson. Overview[M]//Gary P. Sampson ed.The Role of the World Trade Organization in Global Governance. New York:The United Nation University Press,2001.

[85]Gene M. Grossman and Elhanan Helpman. The Politics of Free-Trade Agreements[J]. American Economic Review,1995,85(4).

[86]Giovanni Maggi. The Role of Multilateral Institution in International Trade Cooperation[J]. American Economic Review,1999,89.

[87]Grossman. Trade Wars and Trade Talks[J]. Journal of Political Economy,1995,103.

[88]Harry Gordon Johnson. Optimum Tariffs and Retaliation[J]. Review of Economic Studies,1953,21(2).

[89]Hoekman B. Most Favorable Treatment of Developing Countries and the Doha Development Agenda[R]. World Bank Group,Trade Note 3,2003.

[90]J. Michael Finger and L.Alan Winners. What can the WTO do for the Developing Countries? [M]//Anne O. Krueger ed. The WTO as an International Organization. Chicago:The University of Chicago Press, 1998.

[91]Jai Smah. Reflection on the Trade Policy Review Mechanism in the World Trade Organization[J]. Journal of World Trade,1997,31(5).

[92]Jane Art Scholte,Robert O'Brien and Marc Williams. The World Trade Organization and Civil Society[M] // Brain Hocking and Steven Mcguire eds. Trade Politics:International,Domestic and Regional Perspective.London:Routledge,1999.

[93]Jean Marie Paugam and Anne Sophie Novel. Why and How Differentiate Developing Countries in the WTO? [R]. Paper Prepared for the IFRI/AFD Conference,Paris,October 28,2005.

[94]Jeffrey A. Frankel. Regional Trading Arrangements:Barriers or Stepping Stones for Global Free Trade[C]. Conference:An Agenda for the Twenty-first Century,World Bank,July 9,1998.

[95]Jeffrey D. Sachs. A New Framework for Globalization[C]. Paper Presented to a Conference Entitled "Efficiency,Equity and Legitimacy: The Multilateral Trading System at the Millennium",Cambridge,MA, 2000.

[96]Jeffrey. J. Scott and Jayashree Watal. Decision Making in the WTO[M] // Jeffrey. J. Scott,ed.the WTO after Seattle. Washington,DC: Institute for International Economics,2000.

[97]John H. Jackson. Designing and Implementing Effective Dispute Settlement Procedures:WTO Dispute Settlement,Appraisal and Prospects [M] // Anne O. Krueger ed. The WTO as an International Organization. Chicago:The University of Chicago Press,1998.

[98]John Odell and Barry Eichengreen. The United States,the ITO, and the WTO:Exit Options,Agent Slack,and Presidential Leadership[M] // Anne O. Krueger ed. The WTO as an International Organization. Chicago:The University of Chicago Press,1998.

[99]John,G. Ruggie. Multilateralism:The Anatomy of an Institution [M] // John, G. Ruggie, ed. Multilateralism Matters:The Theory and Praxis of An Institutional Form. New York:Columbia University Press, 1993.

[100]Joost Pauwelyn. Conflict of Norms in Public International Law: How WTO Law Relates to Other Rules of International Law[M]. New

York:Cambridge University Press,2003.

[101]Joseph E. Stiglitz. Two Principles for the Next Round or,How to Bring Developing Countries in from the Cold[M]// Bernard Hoekman and Will Martin eds. Developing Countries and the WTO:A Pro-active A-genda.Oxford:Blackwell Publisher Inc., 2001.

[102]Joseph Stiglitz. The Trading System at the Millennium[C]// Roger B. Porter and Pierre Sauve,eds.The WTO and the Future of the Multilateral Trading System. Cambridge: Cambridge University Press, 2004.

[103]Joseph. F. Francois. Maximizing the Benefits of the Trade Poli-cy Review Mechanism for Developing Countries[M]// Bernard Hoekman and Will Martin eds. Developing Countries and the WTO:A Pro-active A-genda.Oxford:Blackwell Publishers Inc.,2001.

[104]Judith Goldstein. International Institutions and Domestic Poli-tics:GATT,WTO and the Liberalization of International Trade[M]// Anne O. Krueger ed. The WTO as an International Organization.Chicago: The University of Chicago Press,1998.

[105]Keck A. and Low P. Special and Differential Treatment in the WTO:Why,When and How? [C].WTO Economic Research and Statis-tics Division,Staff Working Paper ERSD,2004.

[106]Koichi Hamada. China's Entry into the WTO and its Impact on the Global Economic System[M]// Mike Moore ed.Doha and Beyond:The Future of the Multilateral Trading System. Cambridge:Cambridge Uni-versity Press,2004.

[107]Konard von Moltke. Trade and Sustainable Development in the Doha Round[M]// Mike Moore ed. Doha and Beyond:The Future of the Multilateral Trading System. Cambridge: Cambridge University Press, 2004.

[108]Krishna,Pravin. Regionalism and Multilateralism:A Political Economy Approach[J].Quarterly Journal of Economics,1998,113(1).

[109]Krugman,Paul R. What Should Trade Negotiators Negotiate A-

bout? [J].Journal of Economic Literature,1997,35(5).

[110]Krugman. The Illusion of Conflict in International Trade[J]. Peace Economics,Peace Science and Public Policy,1995,2.

[111]Kym Aderson. Environmental and Labor Standard:What Role for the WTO? [M]//Anne O. Krueger ed.The WTO as an International Organization. Chicago:The University of Chicago Press,1998.

[112]Laird,Sam,Raed Safadi and Alessandro Turini. The WTO and Development[C]//Douglas Nelson ed. The Political Economy of Policy Reforms. Amsterdam:Elsevier Science Direct,2004.

[113]LeRoy Trotman. The WTO:The Institutional Contradictions [M]//Mike Moore ed. Doha and Beyond:The Future of the Multilateral Trading System. Cambridge:Cambridge University Press,2004.

[114]Levy,Philip. A Political Economic Analysis of Free Trade Arrangements[J]. American Economic Review,1997,87(4).

[115]Madanmohan Ghosh,Carlo Perroni,John Whalley. The Value of MFN Treatment[R]. NBER Working Paper 6461,1998.

[116]Maggi,Giovanni. The Role of Multilateral Institutions in International Trade Cooperation[J]. American Economic Review,1999,86.

[117]Mansfield,Edward D. The Proliferation of Preferential Trading Arrangements[J]. Journal of Conflict Resolution,1998,42(5).

[118] Martin Wolf. What the World Needs from the Multilateral Trading System[M]//Gary P. Sampson ed. The Role of the World Trade Organization in Global Governance. New York:The United Nation University Press,2001.

[119] Martin Wolf. What the World Needs from the Multilateral Trading System[M]//Gary P. Sampson ed. The Role of the World Trade Organization in Global Governance. New York:The United Nation University Press,2001.

[120]McMillan,J. Does Regional Integration Foster Open Trade? Economic Theory and GATT's Article XXIV[M]//Anderson,K. and R. Blackhurst,eds. Regional Integration and the Global Trading System.

London:Harvester-Wheatsheaf,1993.

[121]Pablo Solon,Robert Bissio and Timi Gerson. WTO and FTAA: Two Paths to the Same Disaster[M]//Lori Wallach and Patrick Woodall eds.Whose Trade Organization? —A Comprehensive Guide to the WTO. New York:The New Press,2004.

[122]Panagariya,Arvind. Preferential Trade Liberalization:The Traditional Theory and New Developments[J]. Journal of Economic Literature,2000,38(2).

[123]Patrick A. Messerlin. The Impact of EC Enlargement on the WTO[M]//Mike Moore ed. Doha and Beyond:The Future of the Multilateral Trading System.Cambridge:Cambridge University Press,2004.

[124]Paul Krugman. Regionalism versus Multilateralism:Analytical Notes[M]//Jaime de Melo and Arvind Panagariya eds.New Dimensions in Regional Integration. Cambridge,UK:Cambridge University Press,1993.

[125]Peter Sutherland,John Sewell and David Weiner. Challenges Facing the WTO and Policies to Address Global Governance[M]//Gary P. Sampson ed. The Role of the World Trade Organization in Global Governance. New York:The United Nation University Press,2001.

[126]Peter Sutherland,et al. The Future of The WTO,Addressing Institutional Challenges in the New Millennium[R].WTO,2004.

[127]Philip I. Levy. A Political-Economic Analysis of Free-trade Agreements[J]. American Economic Review,1997,9.

[128]Pravin Kirshna. Regionalism and Multilateralism:A Political Economy Approach[J]. Quarterly Journal of Economics,1998,113.

[129]Richard Blackhurst. The Capacity of the WTO to Fulfill its Mandate[M]//Anne O. Krueger ed. The WTO as an International Organization. Chicago:The University of Chicago Press,1998.

[130]Richard Blackhurst. Reforming WTO Decision Making:Lessons from Singapore and Seattle[M]//Klaus Gunter Deutsch and Bernhard Speyer eds. The World Trade Organization Millennium Round: Freer Trade in the Twenty-First Century. London:Routledge,2001.

[131]Richard Snape. Reaching Effective Agreement Covering Services[M] // Krueger. The WTO as an International Organization. Chicago: Univ. of Chicago Press,1998.

[132]Robert E. Baldwin. Key Challenges Facing the WTO[M] // Mike Moore ed. Doha and Beyond:The Future of the Multilateral Trading System. Cambridge:Cambridge University Press,2004.

[133]Robert O. Keohane and Joseph S. Nye. The Club Model of Multilateral Cooperation and the World Trade Organization: Problems of Democratic Legitimacy[C]. Paper Presented to a Conference Entitled "Efficiency,Equity and Legitimacy:The Multilateral Trading System at the Millennium,Cambridge,MA,2000.

[134] Robert Wolfe. The World Trade Organization[M] // Brain Hocking and Steven Mcguire eds. Trade Politics:International,Domestic and Regional Perspective. London:Routledge,1999.

[135] Rubens Ricupero. Rebuilding Confidence in the Multilateral Trading System:Closing the Legitimacy Gap[M] // Gary P. Sampson ed. The Role of the World Trade Organization in Global Governance. New York:The United Nation University Press,2001.

[136]Srinivasan,T. N. Discussion[M] // J.de Melo and A. Panagariya eds. New Dimensions in Regional Integration. Cambridge:Cambridge University Press,1993.

[137]Stephen Woolcock. The Multilateral Trading System into the New Millennium[M] // Brain Hocking and Steven McGuire eds. Trade Politics:International,Domestic and Regional Perspectives.London:Routledge,1999.

[138]Steven McGuire. Firms and Governments in International Trade [M] // Brain Hocking and Steven McGuire eds. Trade Politics:International,Domestic and Regional Perspectives. London:Routledge,1999.

[139]Sylvia Ostry. External Transparency:The Policy Process at the National Level of the Two-Level Game[M] // Mike Moore ed. Doha and Beyond:The Future of the Multilateral Trading System. Cambridge:Cam-

bridge University Press,2004.

[140] T. Ademola Oyejide. Development Dimension in Multilateral Trade Negotiations[M] // Mike Moore ed. Doha and Beyond: The Future of the Multilateral Trading System. Cambridge: Cambridge University Press,2004.

[141] Thoms Hungerford. GATT: A Cooperative Equilibrium in a Noncooperative Trading Regime[J]. Journal of International Economics, 1991,30.

[142] Tibor Scitovsky. A Reconsideration of the Theory of Tariffs[J]. Review of Economic Studies,1942,2.

[143] Whalley,John. Why Do Countries Seek Regional Trade Agreements? [M] // Jeffrey A. Frankel ed. The Regionalization of the World Economy. Chicago: University of Chicago Press,1996.

[144] 世界贸易组织网站.http://www.wto.org.

[145] IMF 官方网站.http://www.imf.org.

[146] 中国商务部官方网站.http://www.mofcom.gov.cn.

图书在版编目(CIP)数据

多边贸易体制的理论与实践/庄惠明著. —厦门:厦门大学出版社,2014.12
ISBN 978-7-5615-5327-5

Ⅰ.①多…　Ⅱ.①庄…　Ⅲ.①多边贸易-贸易体制-研究　Ⅳ.①F740.4

中国版本图书馆 CIP 数据核字(2014)第 283653 号

官方合作网络销售商:

厦门大学出版社出版发行

(地址:厦门市软件园二期望海路 39 号　邮编:361008)

总 编 办 电 话:0592-2182177　传真:0592-2181406
营销中心电话:0592-2184458　传真:0592-2181365
网址:http://www.xmupress.com
邮箱:xmup @ xmupress.com

厦门市万美兴印刷设计有限公司印刷

2014 年 12 月第 1 版　2014 年 12 月第 1 次印刷
开本:720×970　1/16　印张:14　插页:2
字数:250 千字

定价:42.00 元

本书如有印装质量问题请直接寄承印厂调换